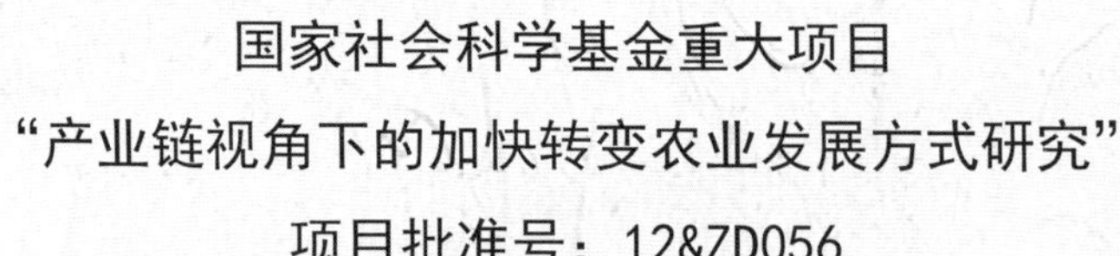

国家社会科学基金重大项目
“产业链视角下的加快转变农业发展方式研究”
项目批准号：12&ZD056

多维视角下的

加快转变农业发展方式研究

姜长云　等著

中国社会科学出版社

图书在版编目(CIP)数据

多维视角下的加快转变农业发展方式研究/姜长云等著.—北京：中国社会科学出版社，2017.9

ISBN 978-7-5203-0658-4

Ⅰ.①多… Ⅱ.①姜… Ⅲ.①农业发展—研究—中国 Ⅳ.①F323

中国版本图书馆CIP数据核字（2017）第137520号

出版人 赵剑英
责任编辑 王 茵
特约编辑 吕 丞
责任校对 李 莉
责任印制 王 超

出 版 中国社会科学出版社
社 址 北京鼓楼西大街甲158号
邮 编 100720
网 址 http://www.csspw.cn
发行部 010-84083685
门市部 010-84029450
经 销 新华书店及其他书店

印 刷 北京明恒达印务有限公司
装 订 廊坊市广阳区广增装订厂
版 次 2017年9月第1版
印 次 2017年9月第1次印刷

开 本 710×1000 1/16
印 张 19
字 数 274千字
定 价 79.00元

目　　录

第一章　政策演变和观察维度

近年来，在粮食连年增产或高产、农民连年增收的同时，加快转变农业发展方式的重要性和紧迫性迅速凸显，日益引起政府和学术界的重视。加快转变农业发展方式问题作为中国现代化过程中亟待回答的重大理论和实践问题，具有广延性、复杂性、全局性和战略性的特点，需要通过开放式、跨学科、多视角的研究，形成对问题的综合把握。经过多年的积累，学术界关于加快转变农业发展方式的研究成果日益丰富，研究视野迅速拓展，研究视角、研究方法也日益多元化，特别是从全球视角和产业链、供应链、价值链视角开展的相关研究逐步加强。但总体而言，基于这些视角的研究成果仍然较为少见。因此，在前人研究基础上，多视角、全方位地探讨加快转变农业发展方式问题，并在研究中突出全球视角和产业链、供应链、价值链视角，努力形成基于实践而又具有前瞻性和决策参考价值的研究成果，具有重要意义。

一　从转变经济增长方式到加快转变经济发展方式

近年来，中共中央和政府相关部门对于加快转变经济发展方式、加快转变农业发展方式的思想，经历了一个不断深化和成熟的过程。对这一过程的回顾，有助于更好地理解加快转变经济发展方式、加快转变农业发展方式的内容。

中共中央关于转变经济发展方式的思想，经历了一个从酝酿到形成、发展的过程。1982 年 9 月 1 日，时任中共中央总书记胡耀邦在中共十二大的报告中要求，在“六五”计划期间，“把全部经济工作转到以提高经济效益为中心的轨道上来”，“集中主要力量进行各方面经济结构的调整”。1995 年中共十四届五中全会通过的《中共中央关于制定国民经济和社会发展“九五”计划和 2010 年远景目标的建议》提出，“实现‘九五’和 2010 年的奋斗目标，关键是实行两个具有全局意义的根本性转变，一是经济体制从传统的计划经济体制向社会主义市场经济体制转变，二是经济增长方式从粗放型向集约型转变，促进国民经济持续、快速、健康发展和社会全面进步”。

转变经济发展方式不仅涵盖转变经济增长方式的全部内容，还对经济发展的理念、目的、战略和途径等，提出了新的更高层次的要求。2007 年，时任中共中央总书记胡锦涛在中共中央党校的重要讲话中，第一次提出转变经济发展方式的概念，指出“实现国民经济又好又快发展，关键要在转变经济发展方式、完善社会主义市场经济体制方面取得重大新进展”。同年 10 月，胡锦涛同志在中共十七大的报告中要求，“促进经济增长由主要依靠投资、出口拉动向依靠消费、投资、出口协调拉动转变，由主要依靠第二产业带动向依靠第一、第二、第三产业协同带动转变，由主要依靠增加物质资源消耗向主要依靠科技进步、劳动者素质提高、管理创新转变”。2008 年 4 月 28 日在中央政治局第五次集体学习时，胡锦涛同志指出，转变经济发展方式“不仅要求经济增长方式由‘粗放型’向‘集约型’转变，实现质量和效益的提高，同时还要求由追求单纯的经济增长向全面协调可持续发展转变；不仅注重量的扩张，更要注重质的提高；不仅注重经济增长，还要注重社会发展，因此在发展理念、目的、战略等方面有着更高的要求”。2010 年，《中共中央关于制定国民经济和社会发展第十二个五年规划的建议》明确提出“以科学发展为主题，以加快转变经济发展方式为主线”。

2012 年 10 月，胡锦涛同志在中共十八大的报告中将“转变经济发展方式取得重大进展，在发展平衡性、协调性、可持续性明显增强的基础上，实现国内生产总值和城乡居民人均收入比 2010 年翻一番”

作为2020年全面建成小康社会的重要目标；要求“适应国内外经济形势新变化，加快形成新的经济发展方式，把推动发展的立足点转到提高质量和效益上来，着力激发各类市场主体发展新活力，着力增强创新驱动发展新动力，着力构建现代产业发展新体系，着力培育开放型经济发展新优势，使经济发展更多依靠内需特别是消费需求拉动，更多依靠现代服务业和战略性新兴产业带动，更多依靠科技进步、劳动者素质提高、管理创新驱动，更多依靠节约资源和循环经济推动，更多依靠城乡区域发展协调互动，不断增强长期发展后劲”。

中共十八大以来，中共中央关于加快转变经济发展方式的认识更加丰富，视野更加开阔，更加突出问题导向。中共十八届三中全会通过的《中共中央关于全面深化改革若干重大问题的决定》要求“紧紧围绕使市场在资源配置中起决定性作用深化经济体制改革……加快转变经济发展方式，加快建设创新型国家，推动经济更有效率、更加公平、更可持续发展”。2015年中央经济工作会议提出，“认识新常态、适应新常态、引领新常态，是当前和今后一个时期我国经济发展的大逻辑”，“推动经济发展，要更加注重提高发展质量和效益。稳定经济增长，要更加注重供给侧结构性改革。实施宏观调控，要更加注重引导市场行为和社会心理预期。调整产业结构，要更加注重加减乘除并举。推进城镇化，要更加注重以人为核心。促进区域发展，要更加注重人口经济和资源环境空间均衡。保护生态环境，要更加注重促进形成绿色生产方式和消费方式。保障改善民生，要更加注重对特定人群特殊困难的精准帮扶。进行资源配置，要更加注重使市场在资源配置中起决定性作用。扩大对外开放，要更加注重推进高水平双向开放”。这10个“更加”，都与加快转变经济发展方式密切相关。《中华人民共和国国民经济和社会发展第十三个五年规划纲要》提出，必须清醒认识到“发展方式粗放，不平衡、不协调、不可持续问题仍然突出”，要“牢固树立和贯彻落实创新、协调、绿色、开放、共享的发展理念，以提高发展质量和效益为中心，以供给侧结构性改革为主线，扩大有效供给，满足有效需求，加快形成引领经济发展新常态的体制机制和发展方式”，实现“更高质量、更有效率、更加公平、更可持续的发展”。这4个“更加”，则是对加快转变经济发展方式的方向性概括。

随着对世情、国情、发展阶段和经济发展方式转变规律认识的深化，中共中央对加快转变经济发展方式重要性和紧迫性的认识日益深刻。2010年2月，时任中共中央总书记胡锦涛在中共中央党校举办的省部级主要领导干部转变经济发展方式研讨班上的讲话中提出，“国际金融危机对我国经济的冲击，表面上是对经济增长速度的冲击，实质上是对经济发展方式的冲击”；“转变经济发展方式关键是要在‘加快’上下功夫、见实效”。

中共十八届三中全会以来，中共中央、国务院将加快转变经济发展方式重要性和紧迫性的认识，进一步提升到新的高度。中共十八届三中全会通过的《中共中央关于全面深化改革若干重大问题的决定》明确要求，“紧紧围绕使市场在资源配置中起决定性作用深化经济体制改革，坚持和完善基本经济制度，加快完善现代市场体系、宏观调控体系、开放型经济体系，加快转变经济发展方式，加快建设创新型国家，推动经济更有效率、更加公平、更可持续发展”。2014年中央经济工作会议要求，“坚持以提高经济发展质量和效益为中心，主动适应经济发展新常态，保持经济运行在合理区间，把转方式调结构放到更加重要位置”。2015年习近平总书记在《关于〈中共中央关于制定国民经济和社会发展第十三个五年规划的建议〉的说明》中提出，“新常态下，我国经济发展表现出速度变化、结构优化、动力转换三大特点，增长速度要从高速转向中高速，发展方式要从规模速度型转向质量效率型，经济结构调整要从增量扩能为主转向调整存量、做优增量并举，发展动力要从主要依靠资源和低成本劳动力等要素投入转向创新驱动”；“必须充分考虑这些趋势和要求”，“适应新常态、把握新常态、引领新常态”。

2015年11月10日习近平总书记主持召开的中央财经领导小组第十一次会议提出，“在适度扩大总需求的同时，着力加强供给侧结构性改革，着力提高供给体系质量和效率，增强经济持续增长动力”。《中华人民共和国国民经济和社会发展第十三个五年规划纲要》要求，“牢固树立和贯彻落实创新、协调、绿色、开放、共享的发展理念，以提高发展质量和效益为中心，以供给侧结构性改革为主线，扩大有效供给，满足有效需求，加快形成引领经济发展新常态的体制机制和发展方式”。推进供给侧结构性改革问题，从根本上说也是个加快转变发展方式问题。

二　关于加快转变农业发展方式政策思想的演变

发展现代农业的过程，从根本上说就是推进农业发展方式转变的过程。近年来，加快转变农业发展方式的问题日益引起政府重视。2007 年中央一号文件提出，“要用现代物质条件装备农业，用现代科学技术改造农业，用现代产业体系提升农业，用现代经营形式推进农业，用现代发展理念引领农业，用培养新型农民发展农业，提高农业水利化、机械化和信息化水平，提高土地产出率、资源利用率和农业劳动生产率，提高农业素质、效益和竞争力。建设现代农业的过程，就是改造传统农业、不断发展农村生产力的过程，就是转变农业增长方式、促进农业又好又快发展的过程”。2008 年中共十七届三中全会通过的《中共中央关于推进农村改革发展若干重大问题的决定》提出，“发展现代农业，必须按照高产、优质、高效、生态、安全的要求，加快转变农业发展方式，推进农业科技进步和创新，加强农业物质技术装备，健全农业产业体系，提高土地产出率、资源利用率、劳动生产率，增强农业抗风险能力、国际竞争能力、可持续发展能力”，要“建立资源节约型、环境友好型农业生产体系”。2010 年中央一号文件提出，“转变农业发展方式的要求越来越高”，要“把发展现代农业作为转变经济发展方式的重大任务”。在同年召开的省部级主要领导干部专题研讨班上，胡锦涛总书记把加快转变农业发展方式作为转变经济发展方式的八方面重点工作之一。2012 年发布的《全国现代农业发展规划（2011—2015 年）》（国发〔2012〕4 号）要求从加快转变农业发展方式的关键环节入手，重点加强完善现代农业产业体系等事关现代农业发展全局、影响长远的八个方面建设。2014 年中央一号文件要求，“以解决好地怎么种为导向加快构建新型农业经营体系，以解决好地少水缺的资源环境约束为导向深入推进农业发展方式转变，以满足吃得好吃得安全为导向大力发展优质安全农产品，努力走出一条生产技术先进、经营规模适度、市场竞争力强、生态环境可持续的中国特色新型农业现代化道路”。

最近两三年来，中央政府将加快转变农业发展方式进一步提到新的政策高度，相关文件密集出台。如 2015 年专门出台的《国务院办公厅关于加快转变农业发展方式的意见》（国办发〔2015〕59 号），要求“把转变农业发展方式作为当前和今后一个时期加快推进农业现代化的根本途径，以发展多种形式农业适度规模经营为核心，以构建现代农业经营体系、生产体系和产业体系为重点，着力转变农业经营方式、生产方式、资源利用方式和管理方式，推动农业发展由数量增长为主转到数量质量效益并重上来，由主要依靠物质要素投入转到依靠科技创新和提高劳动者素质上来，由依赖资源消耗的粗放经营转到可持续发展上来，走产出高效、产品安全、资源节约、环境友好的现代农业发展道路”。有些文件虽然并非以农业发展方式冠名，但加快转变农业发展方式成为其重要内容，有的甚至全部与推进农业发展方式转变相关。前者如 2015 年《国务院关于积极推进“互联网 +”行动的指导意见》将互联网 + 现代农业作为 11 项重点行动之一。后者如《国务院办公厅关于促进农村电子商务加快发展的指导意见》（国办发〔2015〕78 号）、《国务院办公厅关于推进农村一二三产业融合发展的指导意见》（国办发〔2015〕93 号）。2016 年中央一号文件要求“加大创新驱动力度，推进农业供给侧结构性改革，加快转变农业发展方式，保持农业稳定发展和农民持续增收，走产出高效、产品安全、资源节约、环境友好的农业现代化道路，推动新型城镇化与新农村建设双轮驱动、互促共进，让广大农民平等参与现代化进程、共同分享现代化成果”。《中华人民共和国国民经济和社会发展第十三个五年规划纲要》将推进农业现代化作为其全部 20 篇内容的第 4 篇，明确指出“必须加快转变农业发展方式，着力构建现代农业产业体系、生产体系、经营体系，提高农业质量效益和竞争力，走产出高效、产品安全、资源节约、环境友好的农业现代化道路”。

近年来，中央对加快转变农业发展方式的方向更加明确，内涵也更加丰富。如2016年10月通过的《全国农业现代化规划》明确要求，“以提高质量效益和竞争力为中心，以推进农业供给侧结构性改革为主线，以多种形式适度规模经营为引领，加快转变农业发展方式……走产出高效、产品安全、资源节约、环境友好的农业现代化发展道路”。2016年12月召开的中央经济工作会议提出，“要把增加绿色优质农产品供给放在突出位置，狠抓农产品标准化生产、品牌创建、质量安全监管”。同月召开的中央农村工作会议提出，“把推进农业供给侧结构性改革作为农业农村工作的主线，培育农业农村发展新动能，提高农业综合效益和竞争力”；“促进农业农村发展由过度依赖资源消耗、主要满足‘量’的需求，向追求绿色生态可持续、更加注重满足‘质’的需求转变”。

三　加快农业发展方式转变的观察维度

基于前文分析，可以更好地理解什么是加快转变农业发展方式。所谓方式即方法和形式。转变经济发展方式说到底是要解决经济为什么要发展、靠什么发展、怎样发展和实现什么样的发展等问题，聚焦发展的目标、手段和路径，它不仅关注发展的必要性，更关注发展的质量、发展成果惠及的广泛性和可持续性等问题。转变农业发展方式依次类推。对转变农业发展方式的研究可从以下四个维度来展开。根据需要交叉采用以下维度和分析视角，有利于深化加快农业发展方式转变的研究。

（一）需求结构—产业结构—要素投入结构—产业组织结构—区域结构维度

从需求结构观察农业发展方式，主要解决农业发展如何更好地面向需求、适应需求、引导需求的问题。如顺应工业化、城镇化带来的农产品需求结构变化；引导居民对农产品消费结构的转型升级，鼓励健康消费、安全消费、绿色消费等。农业功能由生产功能拓展到生活功能、生态功能，也与农业需求结构转变相关。

从产业结构（供给结构）来观察农业发展方式，主要考察不同农业产业部门之间、不同农产品种类之间甚至不同农业功能之间的联系和比例关系。如农业内部种植业、林业、畜牧业、渔业的联系和比例关系，种植业内部粮食作物、经济作物、饲料作物的数量和比例关系等。

从要素投入结构来观察农业发展方式，主要考察在农业发展过程中资本、科技、土地、劳动力等投入要素的地位作用和相互关系。随着对农产品安全需求、营养需求和农业多功能需求的强化，环境作为农业投入要素的重要性也迅速凸显。推进农业机械化和农业科技进步及创新能力建设，培育新型职业农民，引导金融资源、金融资本、工商资本更多投向农业，加强高标准农田等农业基础设施建设均与此有关。

从产业组织结构来观察农业发展方式，主要包括两个方面；一是农业发展中不同类型农业经营主体的数量、相对地位和影响力的变化，主要涉及农业生产中的农户分化问题，不同类型农户之间、普通农户与新型农业经营主体之间的联系和相互关系；二是不同类型农业组织之间联结方式的调整，主要涉及农业发展中的横向一体化和纵向一体化，在现代农业产业体系中产业链、供应链、价值链不同环节产业组织之间的联系和相互关系，如农业发展中的集群化和产业链一体化。推进农业发展方式转变的重要目标之一是提高农业竞争力。但是，农业产业组织如果没有竞争力，农业就不可能有竞争力。农业产业组织的竞争力是农业竞争力的基本依托。提高农业产业组织的竞争力应该双管齐下，一方面培育富有竞争力的农业经营主体，特别是专业化、规模化、集约化的新型农业经营主体；另一方面，优化农业经营主体之间的联结方式。

从区域结构观察农业发展方式转变，主要考察农业发展区域格局的变化和不同区域之间利益分配格局的调整。如农产品主产区的变化及其和主销区、产销平衡区关系的调整。近年来，中国粮食主产区由南向北转移，推进“镰刀湾”地区玉米结构调整，推进“一带一路”、京津冀协同发展、长江经济带建设对农业结构调整的影响，均与农业区域结构转变密切相关。

从需求结构—产业结构—要素投入结构—产业组织结构—区域结构维度观察农业发展方式转变，应该注意需求结构、产业结构、要素投入结构、产业组织结构、区域结构转变的联动效应，增进其协调性。一般而言，在农业发展方式转变中，农业需求结构转变是引擎，农业产业结构转变是表象，农业要素结构转变是根基，农业产业组织结构是载体，农业区域结构是空间表现。通过这五个方面观察农业发展方式转变，只是角度不同，但不可割裂。如引导农业发展由生产导向向消费导向转变，推动这五个方面的结构转变都是不可或缺的。

（二）产业链—供应链—价值链维度

产业链是产业部门基于技术经济联系，与其前向关联部门、后向关联部门之间形成的具有价值增值功能和资源—市场利用关系的链状关联形态。如农业产前、产中、产后部门之间的关系，农产品生产与农产品加工、销售部门之间的关系等。关于农业产业链的研究文献较多，在此不必赘言。

供应链概念的演变，经历了从企业内部供应链到企业间的供应链，再到围绕核心企业的网链关系三个阶段。近年来，供应链理论日益重视核心企业与供应商、供应商的供应商等一切前向关系，以及与客户、客户的客户等一切后向关系。现代供应链管理强调始终以客户为中心，注重对物流、信息流、资金流、组织流、工作流的整合集成和一体化精细管理，促进供应链的动态优化管理，增进整个供应链的效率，实现伙伴间的合作和风险共担、利益共享（李波、洪涛，2006，第2—7页）。供应链管理强调通过集成管理的理念和方法，实现供应链各环节的有机结合，使整个供应链的效率和利益最大化；供应链管理带给企业的主要竞争优势不仅是成本，还有时间，即对客户需求的快速响应（徐琪，2008，第5页）。

由迈克尔·波特提出的价值链理论认为，企业的价值创造活动包括生产经营、销售、后勤、售后服务等基本活动和人力资源、技术研究与开发、原材料采购、财务等辅助活动，它们共同构成企业价值创造的动态过程，即价值链。在这些环节中，只有一些特定节点的活动创造价值，可称为价值节点。企业的价值链是一个由许多“联系点”居间联结的相互依赖系统或活动网络。这些联系点的作用通常影响企业进行各种活动的成本高低或效益大小。为发展竞争优势，企业需要将价值链看作一个系统而非个别活动的总和；价值链的联系点要发挥功能，也需要各种活动相互配合。将企业价值链的分析视角拓展到行业或产业层面，可观察行业价值链或产业价值链，或称“价值体系”，包含满足企业价值链的上游供应商（提供价值链所需原料、零件、设备和采购等服务）、完成价值链活动的营销渠道和最后的客户。迈克尔·波特认为，价值链能否有效运转，关系到企业能否建立竞争优势；价值链是企业了解成本优势的工具，会提高企业在客户心中的特色（迈克尔·波特，1997，第36—39页；2002，第39—42页）。迈克尔·波特的价值链理论虽然是基于制造业研究提出的，但将其拓展到关于农业发展方式的研究中，也是富有价值的。

产业链、供应链、价值链思维①强调的重点尽管有所不同，但在总体上有明显的共通之处。如供应链和价值链思维都强调以客户为中心，都强调对产业上中下游之间价值增值活动的有效组织。产业链、供应链、价值链思维都重视产业上中下游之间的经济技术联系，在考虑产业形态和组织方式时，都突破了传统的第一、第二、第三产业界限，体现了跨越产业边界的产业融合发展理念。

（三）微观—中观—宏观维度

从微观层面看，农业发展方式转变表现为农业专业化、规模化、集约化的迅速发展，以及与此相关的农业经营方式转型。近年来，农村土地承包经营权流转的迅速推进，以专业化、规模化、集约化为特

① 关于产业链、供应链、价值链思维的研究，详见丁永健（2010，第4、17、18页）、肖晓红（2012，第18—29页）和戴孝悌（2015，第8—11、19—22页）。

征的新型农业经营主体的迅速崛起，都是从微观层面推进农业发展方式转变的重要结果。

从中观层面看，农业发展方式转变主要表现为两个方面。一是在产业层面，农业分工分业的迅速深化和农业生产性服务业的迅速发展。如许多地方农户将农机服务、植保服务、农资配送或农产品流通服务外包，许多农民合作社也是农业生产性服务的重要供应商。二是在区域层面，农业发展的集群化和连片化，导致生态环境、基础设施、公共平台乃至农业产业组织之间竞争—合作关系的变化，越来越成为农业发展方式转变的重要影响因素，如推进一村一品、一镇一业和农业区域专业化，加强优势、特色农产品产业带建设等（姜长云，2011，第6页）。

从宏观层面看，农业发展方式转变可结合需求结构、产业结构、要素投入结构、产业组织结构和区域结构转变进一步分析。农业服务化和农业生产性服务产业化，也是宏观层面农业发展方式转变的重要表征。所谓农业服务化，即生产性服务业在农业产业链和现代农业产业体系建设中的重要性迅速凸显；在农业产业链增加值构成中，农业生产性服务业的占比不断提高。农业生产性服务业产业化，即按照产业化方向，推进农业生产性服务业发展。近年来，这方面的研究迅速增多，为避免重复，在此存而不论。

（四）结构—效率—竞争力—可持续性维度

从结构视角观察农业发展方式转变，可主要围绕两个层面来展开。一是从品质结构或同种产品的数量、质量关系来看，农业发展是以追求产量增长为主还是以追求质量提高为主，抑或数量质量并重。当然，此处的农产品质量也是一个多维的概念，包括营养化、安全化、功能化和美食化、方便化、个性化等体验化内容。农产品品牌作为其生产者或经销商赋予农产品的名称和标志，往往基于消费者对农产品质量的标准化、规则化认知，是能给农产品供给者带来溢价和价值增值的无形资产。对农产品品牌的追求，是追求农产品质量的高级形式。二是从产品结构或不同品种、品类关系来看，有口粮—谷物—

粮食—非粮食物—非食物农产品的关系。随着消费水平的提高和消费结构升级的推进，特别是优质化、个性化、多样化消费渐成主流，这两个方面的农业发展方式转变都会经历内涵日益丰富、深度和广度迅速加大、难度明显增加的过程；甚至社会对农业功能的需求日益由生产功能拓展到生活、生态、文化功能，衡量社会的农业需求不仅要重视农产品需求，还要日益重视对农业提供生活、生态、文化价值的需求。

从效率视角观察农业发展方式转变，不仅要求农业发展能满足社会日益增长的需求，还要求农业资源和生产要素能以更有效率的方式得到利用。单要素生产率（如土地产出率、劳动生产率、成本利润率）比较容易理解，长期以来这方面的深入研究较多，在此不需赘述。全要素生产率系在各种生产要素投入水平既定条件下，所达到的额外生产效率（蔡昉，2015）。提高全要素生产率的途径大致有三个，一是通过推进创新技术产业化等，提高技术效率；二是加快技术进步；三是通过生产要素的优化配置和重新组合，提高要素配置效率（沈坤荣，2016）。鉴于资源利用率的提高有利于提高要素配置效率，提高资源利用率也是提高全要素生产率的重要途径。一般而言，经济增长的来源主要有两个，一是生产要素投入的增加，二是全要素生产率的提高。相对于单要素生产率，全要素生产率能够更为综合、准确地反映生产活动的效率。但由于全要素生产率测算的困难和复杂性，单要素生产率也是农业效率的重要测量指标。而且，将单要素生产率和农业资源利用率结合起来，能够更为及时、动态地观察农业生产活动的效率。一般而言，在一国或地区内部，农业效率的提高有利于增强农业与工业、服务业的资源竞争能力。在工业化中后期、城镇化深入发展阶段，农业效率的提高赶不上工业、服务业效率提高的步伐，往往是农业陷入萧条、衰败的重要原因。

从竞争力视角观察农业发展方式转变，要求把培育农业作为产业的竞争优势放在优先地位，致力于提高农业的国际竞争力。“具有竞争力的产业扩张出口，缺乏竞争力的产业则出走”（迈克尔·波特，2002，第7页）。因此，从竞争力角度观察农业发展方式转变，需要密切关注当前扩大和深化农业开放背景下，农业国际竞争力的变化。迄今为止，关于产业竞争力的研究，较有影响力的成果是比较优势理论和竞争优势理论，倡导农业发展由利用比较优势向培育竞争优势的转变，有利于全面提升农业的国际竞争力。从竞争力视角观察农业发展方式转变，可以发现近年来中国加快转变农业发展方式的紧迫性正在迅速凸显。比如，近年来，中国粮食产量、进口量、库存量“三量齐增”，“洋粮入市、国粮入库”现象的发生，就是农业国际竞争力面临问题的典型表现。

从可持续性视角观察农业发展方式转变，主要关注两方面的问题。一是农业资源环境的可持续性，二是农业发展的社会可持续性。2015 年中央一号文件提出，“我国农业资源短缺，开发过度、污染加重，如何在资源环境硬约束下保障农产品有效供给和质量安全、提升农业可持续发展能力，是必须应对的一个重大挑战”；农业部等八部委联合发布的《全国农业可持续发展规划（2015—2030）》提出，中国农业可持续发展面临资源硬约束日益加剧、环境污染问题突出、生态系统退化明显、体制机制尚不健全等重大挑战，要“加快发展资源节约型、环境友好型和生态保育型农业，切实转变农业发展方式，从依靠拼资源消耗、拼农业投入、拼生态环境的粗放经营，加快转到注重提高质量和效益的集约经营上来”；实际上都是主要关注农业资源环境的可持续性。农业发展的社会可持续性，主要关注农业发展过程的社会参与和发展成果的社会分享。这是事关农业发展的社会公平的重要问题。自 2004 年以来，中国粮食连续 12 年增产，2016 年粮食虽较上年略有减产，但仍是历史上的一个高产年。在此背景下，部分农产品价格下行压力加大，制约了农民农业经营净收入的增长，提高了主产区农民群体性减收的可能性，新型农业经营主体甚至首当其冲。这一问题如果长期得不到有效的机制性解决，粮食安全特别是粮食产能建设的可持续性很可能遭受较大侵蚀，甚至培育新型农业经营主体、推进农业发展方式转变的良好形势也可能发生逆转。推进农业的绿色生产、绿色消费，都属于从可持续性视角推进农业发展方式转变的重要内容。

四 课题组织方式和主要研究发现

（一）课题组织方式

本项目全名“产业链视角下的加快转变农业发展方式研究”，系2012年国家社会科学基金重大项目（第二批）招标课题。招标公告要求“紧紧围绕‘十二五’时期我国发展的目标任务和战略需求，深入研究关系改革发展稳定全局的重大理论和现实问题，大力推动实践基础上的理论创新，着力推出有实践指导意义、有决策参考价值的重大成果，充分发挥哲学社会科学思想库作用，更好地为党和国家工作大局服务”；投标者要“紧紧围绕问题深入实地调查，加强战略性思考，开展前瞻性研究”。本项目2012年6月投标后，同年7月底8月初全国哲学社会科学规划办公室组织专家对初评入围投标者进行了会议陈述和答辩，同年8月获全国哲学社会科学规划办公室立项通知。参加会议陈述和答辩的评审专家组建议本项目：①充实农业发展方式转变的基本理论和问题的研究内容，包括内涵、外延、影响因素和转变途径；②由单一视角扩展为多视角研究；③加强国际比较和典型案例研究。

按照本项目申请书的设计理念，加快转变农业发展方式，不仅要求农业增长实现从粗放型向集约型的转变，提高经济增长的质量和效益；还要求由追求单纯的经济增长向追求全面、协调、可持续发展转变，更加注重依靠科技进步、劳动者素质提高和管理创新促进农业发展方式转变，提高农业要素质量，优化农业产业链的要素配置，开拓农业产业链的要素利用空间、市场空间和价值增值空间，提高农业及其产业链的全要素生产率；更加重视从战略和现实的结合上考虑社会需求结构和消费方式变化对农产品生产结构的影响，更加重视发展过程的利益分配和发展成果的利益分享，并为此建立有效机制，通过有效的组织创新和制度创新与之呼应。加快转变农业发展方式，关键要在“加快”上下功夫，注意攻坚克难，明确加快转变农业发展方式的难点，突出加快转变农业发展方式的重点，完善加快转变农业发展方式的体制机制和政策环境。借此，提高农业和农村经济的整体素质，增强农产品供给保障能力、农业竞争力和可持续发展能力，促进农民收入持续较快增长和社会主义新农村建设。本项目力求基于工业化、信息化、城镇化、市场化、国际化深入发展的大背景，按照在工业化、城镇化深入发展中同步推进农业现代化的要求，站在国民经济和社会发展全局的高度，从城乡互动、三次产业互动、产业链不同环节互动、国内经济和世界经济互动中考虑问题。

按照投标申请书的设计，本项目综合运用发展经济学、农业经济学、产业经济学和服务经济学的理论与方法，在借鉴国际经验的基础上，科学分析中国加快转变农业发展方式的重要性与紧迫性，重点研究近年来中国农业发展方式转变的经验、趋势和问题，剖析农业发展方式转变的典型案例和中国加快转变农业发展方式的难点。

本项目研究采取总课题和专题并行展开、互动推进的组织方式。在课题研究过程中，注意努力通过典型地区调研，形成源于实践而又高于实践，并能有效指导实践的理论创新和政策创新成果。在典型地区调研中，主要采取实地访谈和召开地方政府相关部门、农民和新型经营主体座谈会的方式。同时，本项目还多次组织专家座谈会，借此拓展研究视野，更好地了解宏观政策需求。

为了更好地了解不同类型农户与加快转变农业发展方式相关的行为和需求，我们还设计了农业发展方式转变和农业生产性服务业调查问卷。该项问卷调查于 2013 年 12 月至 2014 年 4 月展开。其间，本项目组组织来自中国农业大学、南京农业大学、安徽农业大学、新疆农业大学、四川省社科院研究生院、沈阳农业大学、内蒙古财经学院、中国人民大学、四川农业大学、台州职业技术学院、广东金融学院的部分学生，利用春节放假回乡机会开展农村入户调查。调查所涉及的省份包括四川、安徽、江苏、新疆、河南、辽宁、广东、内蒙古、河南、浙江 10 省和自治区。在本次问卷调查正式开展前，对应省、自治区问卷调查负责人对问卷调查员进行了认真培训。要求问卷调查员在随机选择调查农户的同时，适当注意问卷调查对象覆盖不同类型农户，特别关注以农为主的普通农户、以农为辅的普通农户和南方实际耕种面积50亩以上、北方实际耕种面积100亩以上的大户或农场（简称农场类户）。本次问卷调查采用问卷调查员和被调查对象一对一问卷访谈的形式。为确保调查质量和数据的准确性，要求问卷调查员在调查结束前对调查问卷进行复查，并将问卷信息录入课题组统一设计的调查问卷模板中。问卷调查结束后，课题组委托各省、自治区问卷调查负责人对相关问卷进行了复核。在此基础上，3名课题组成员对来自各省、自治区的调查问卷再度进行了复核。通过反复核查，剔除了无效问卷；并通过问卷调查员电话复查或利用"五一"放假机会回乡复查等方式，请问卷调查员对部分答案存疑的问卷内容进行了再核查。经调查员、各省（自治区）调查负责人、课题组三个层面的检查和复查，共获取农户调查问卷1213份，剔除重要数据严重缺失的问卷，实际有效问卷1121份，问卷有效率92.4%。

基于本项目性质和招标公告的要求，本项目坚持问题导向，在研究方法上重视案例研究和制度分析，以及分类研究和比较分析。我们认为，加快转变农业发展方式的过程，实际上也是一个推动农业转型发展的过程。案例研究和制度分析是研究经济转型问题的有效方法，可以规避应用计量经济分析方法存在的数据不够或"方法失灵"问题。通过选择典型案例"解剖麻雀"，发现案例背后的普遍规律，有利于更好地把握农业发展方式转变的实际，更深入地了解不同类型利益相关者的行为和需求，从而深化理论和政策研究。当然，本项目研究也不排斥数量经济分析方法的应用，但对数量分析方法的选择，必须服从研究工作的需要。

（二）本项目主要研究发现

综合本项目的研究成果，可将其主要内容、重要理论观点和对策建议归纳为以下六个方面。需要说明的是，在进行这种综合时，我们将相关国际经验的研究融入相关问题的分析。

1. 中国农业发展的问题、趋势与加快转变农业发展方式的方向

近年来，中国农业发展连创佳绩，但是农业发展面临的问题和挑战也在明显增加。这些问题和挑战，以及当前农业发展中的趋势性变

化，凸显了加快转变农业发展方式的重要性与紧迫性。中国农业发展已经进入生死攸关的“十字路口”，加快农业发展方式转变应该是未来推进农业发展的主旋律。为此要统筹考虑需求结构、产业结构（供给结构）的变化，注意促进农业发展由生产导向向消费导向转变；加快农业发展方式转变关键是要转换农业发展的动力结构，着力推进农业发展的创新驱动；推进农业机械化的发展是加快转变农业发展方式的重要抓手，要把引导农机作业服务组织发展作为促进农业机械化的重要方向。要注意从生产和流通的结合上、从引导农业全产业链的协调上，综合把握农产品供求平衡问题，不能把供求紧平衡等同于产需紧平衡。农业政策的制定和农产品市场的调控，要努力克服片面追求粮食增产的倾向，着力提高粮食生产、流通环节的资源配置效益。要加强对消费需求、消费结构变化的引导和前瞻性、细分性研究，为增强农产品市场调控政策的针对性和有效性，为促进农业发展由生产导向向消费导向的转变提供决策支撑。要统筹利用两种资源、两个市场，优化农产品供求关系管理和风险管理；要根据不同类型农产品供求格局及其特点，实现有差别性的调控政策，增强农产品市场调控的精准性和针对性。近年来农民收入增长格局发生重大变化，农民增收的难度和局部减收的风险显著增大。促进农民增收要在继续重视总量增长的同时，更加重视结构性问题，完善农民农业增收的长效机制，着力推进农业发展方式转变和产业融合发展。要科学把握食品短链、生态农场等业态创新对农业发展方式转变的影响，有效解决其发展中的问题。

从提高农业生产效率、优化农业产业结构、加强食品安全、实现农业可持续发展和实现四化同步发展五大目标出发，转变农业发展方式要求引导农村土地适度规模经营和农民有序转移，深化农村金融改革、加强农村金融支持，建设新型职业农民培养培训机制；要求加快农业产业链组织创新，构建农业产业链利益协调机制，加快农业科技创新和成果转化机制改革。转变农业发展方式还要求健全农产品质量安全生产保障体系，建立保护环境、节约资源的农业生产体制，推进农业生态文明制度建设等。应注意户籍制度和土地制度等多项制度改革的联动推进。要全面认识创新农业生产经营体制机制的重要性和紧迫性，加快完善农村土地承包政策，加强土地流转服务；提高农业组织化程度；加强农村集体资金资产资源管理，增强集体服务功能；大力提升农业产业化水平。

推进农村一、二、三产业融合发展，是加快转变农业发展方式的重要方向。要注意用创新的思路推进农村产业融合，加强对日本“六次产业化”等国际经验的借鉴。推进农村产业融合，要科学认识其真问题和伪问题，有效把握不同主体的角色定位，注意提升农民参与产业融合的能力和产业融合项目的竞争力，拓宽完善利益联结机制的视野，抓准推进农村产业融合的着力点。

2. 需求结构、消费方式转变对农业发展方式转变的影响及选择

基于对中国省级城乡消费数据的观察，本项目分析了城镇化背景下食品消费的演进路径，采用 QUAIDS 模型估计不同时点的消费特征，分离出食品消费演进路径中的“收入效应”与“迁移效应”。考虑到食品消费中渐次递进的“增长—稳定”机制，根据 2030 年的外生设定条件，本项目模拟了中国食品消费顶峰的具体情景；发现中国食品消费顶峰所带来的生产与进口压力均在可接受范围内，中国现行农业支持政策有必要进行适度调整，以适应未来食品消费的新变化。本项目从食品角度透视了中国农产品消费变迁及其成因。随着城镇化、工业化的逐步推进和最终趋于稳定，人口结构与收入水平的变化将进入新阶段，届时中国食物消费升级和消费总量也将趋于稳定。在加入 WTO 前，国内食物消费水平的提升主要依靠国内的农业生产资源；但随着经济社会的进一步发展，国内农业生产将先于食物消费达到顶峰，导致中国农产品进口呈现常态化。在经济发展进入新常态的背景下，农产品进口增长是不可扭转的趋势。最终随着食物消费顶峰的实现，市场达到高水平均衡，国内农业生产与农产品贸易将会进入动态稳定状态。

本项目还就如何科学看待农产品供求的紧平衡调控、如何解决中国当前的粮食库存问题、如何看待近年来中国牛羊肉价格上涨的原因进行了分析，提出了对策建议。如要科学研判农产品供求格局，不能

把供求紧平衡等同于产需紧平衡；鉴于中国牛羊肉价格持续大幅上涨的原因，要加强良种繁育体系建设，提高良种供应能力；加快推动牧草产业发展，扩大非粮饲料资源来源；加大扶持力度，提高牛羊养殖业规模化、标准化、产业化水平；建立健全监测预警体系，创新市场风险调控手段。

3. 构建新型农业经营体系与加快农业发展方式转变

本项目通过分析农户家庭经营、公司农业经营与发展现代农业的相容性，揭示了中国“小而全”“小而散”的农户家庭经营实现转型提升的必要性和紧迫性；通过分析传统农业经营体系的问题与局限性，提出了构建新型农业经营体系的重要性和紧迫性，将新型农业经营体系的基本特征概括为集约化、专业化、组织化和社会化四个方面，四者共同构成支撑新型农业经营体系“大厦”的“基石”。当前中国构建新型农业经营体系面临的主要任务是培育充满活力、富有竞争力和创新能力的新型农业经营主体，发展引领有效、支撑得力、网络发展的农业生产性服务业，形成分工协作、优势互补、链接高效的现代农业产业组织体系，按照构建新型农业产业体系的要求加快制度创新和政策创新。

基于国内外经验，我们认为，在可以预见的将来，至少在大多数常规农业生产领域，农户家庭经营具有广泛的适应性，并具有相对于公司农业经营的比较优势。家庭经营相对于公司农业经营的比较优势主要表现在农业生产环节。但在设施农业、有机农业和受天气影响较小的规模化、集约型种养业中，公司农场在农业生产环节仍具有一定的比较优势。坚持家庭经营在农业生产经营中的基础性地位，可以同公司农场在特定领域加快发展并形成比较优势并行不悖。要看到公司农场在特定领域的比较优势和加快发展的合理性，但也不要将此盲目放大。美国农场结构演变的经验值得中国借鉴，但两国农业发展环境和农业组织功能的差异仍应引起高度重视。未来中国公司农场发展的重点应是家庭持有的公司农场；非家庭持有的公司农场或由工商资本投资农业生产形成的公司农场不应成为中国公司农场发展的主要选择。

基于问卷调查，本项目将农户分为农场类户和以农为主、以农为辅两类兼业农户。农场类户代表着专业化、规模化、集约化的新型农业经营主体，两类兼业农户均属普通农户。通过比较不同类型农户的粮食生产和种植行为选择、不同类型农户的耕地流转行为发现，农场类户可望成为农业发展方式转变的探路先锋，但容易出现较强的“非粮化倾向”。要客观看待耕地流转租金的“双刃剑”作用。发展家庭农场是推进农业发展方式转变的重要途径，但家庭农场和普通农户在实践中面临着不同的困难与问题，要适度重视政策因素对家庭农场发展的影响，多用“文火”和“滴灌”方式，忌用“猛药”和“喷灌”方式。在农业发展和发展方式转变中，家庭农场和普通农户的表现各有千秋，难以完全相互替代，要把支持家庭农场的发展与引导普通农户转型升级结合起来。

新型农业经营主体是构建新型农业经营体系的生力军，也是普通农户转变农业发展方式的领跑者。对于支持新型农业经营主体的成长既要积极，又要稳健；要谨防操之过急形成妨碍粮食安全的隐患。推进中国农业发展方式转变，支持新型农业经营主体固然重要，有效引导和支持普通农户发展也是不可或缺的。要审慎处理二者关系，将适度支持新型农业经营主体成长与有效引导以农为主和以农为辅两类兼业农户扬长避短结合起来，完善中国粮食安全保障机制。通过“新型农业经营主体 + 各类农业服务主体（农业生产性服务业） + 普通农户”，形成“少数企业家（新型农业经营主体带头人）带着农民干，发达的农业生产性服务业帮着农民干”的政策支持格局，是加快农业发展方式转变的一种理想选择。当前发展新型农业经营主体面临若干新难题。要注意引导新型农业经营主体增强抗风险能力和可持续发展能力；创新对新型农业经营主体的补贴方式，加强对农业的生产性服务补贴和保险补贴；加强对农业经营权保护的立法，完善对不同类型农户的分类引导政策。优先支持“本土化”或社区亲和型的新型农业经营主体成长。要发挥新型农业经营主体的示范带动作用，引导农户利用耕地流转合同保护合法权益。

通过对农民专业合作社的典型案例分析发现，通过市场创新带动组织创新，由“特色资源导向”转向“高端消费者导向”，培育适应需求甚至创造需求的能力，引导专业合作社走向联合，培育富有开拓创新精神的企业家，都有利于促进农民专业合作社由利用比较优势向增强竞争优势转变，推进农业发展方式转变。

4. 发展农业生产性服务业与加快农业发展方式转变

本项目研究显示，农户兼业是各国农业特别是东亚小农国家农业的常态而非过渡形态，要全面评价农户兼业对于农业发展和农民增收的影响。在鼓励发展农业适度规模经营的同时，家庭农场的土地经营规模也不宜过大。户均土地经营规模几十亩，应该是中国农业适度规模经营的现实指向；户均经营规模几百亩甚至更多，不宜成为未来中国农业经营主体的主流。当今世界，农业竞争力的实质是农业产业链的竞争力。要客观评价以企业和工商资本为核心的农业纵向产业链建设，防止农民因此陷入被市场边缘化的困境。要将支持农业纵向产业链建设与大力加强对农业横向产业链的支持政策结合和协调起来，大力发展围绕农业生产者的农业服务业，特别是农业公共服务业。随着分工的深化，在传统农业生产模式下需要农户自己完善的大多数生产环节，都可以通过服务外包方式由专业化的服务机构或农业公共服务体系来完成。以农业服务体系为主要内容的横向产业链越完善，农户在纵向产业链中的风险规避和谈判地位就越强，利益分配就越公平。

基于分析农业生产性服务业对于解决农业当前和长远问题的作用，本项目提出农业的根本出路在于发展农业生产性服务业。农业适度规模经营形式多样，但发展路径主要有两条，一是通过农地经营权流转，培育新型农业经营主体；二是在支持普通农户发展的同时，大力发展农业生产性服务业，实现以服务链接的农业适度规模经营。农业生产性服务业在推动发展农业适度规模经营中的作用，可以比肩甚至超越新型农业经营主体。大力发展农业生产性服务业，可以将大量分散的小规模兼业农户纳入发达的农业分工协作网络，有效规避产权问题对土地流转的制约，实现以服务链接、更高效率的农业适度规模经营。加快农业发展方式转变，应优先发展农业生产性服务业。发展农业生产性服务业与建设农业社会化服务体系大致等同，但也有明显不同。相对于农业社会化服务体系建设，发展农业生产性服务业更多地强调农业服务供给的市场化和产业化，强调服务创造价值，农业生产性服务业是农业产业链价值增值的主要源泉，是农业产业链运行和引领农业向价值链高端跃升的主导力量。明确提出“积极发展农业生产性服务业”的政策取向，较之于“加强农业社会化服务体系建设”等现有提法，有利于更好地把握农业生产性服务业运行特点和发展规律，有利于进一步重视农业生产性服务业产业化的措施，引导农业社会化服务体系建设走市场化、产业化道路。应明确提出发展农业生产性服务业的政策基调，代替“加强农业社会化服务体系建设”的传统提法。发展农业生产性服务业应科学处理公益性服务与经营性服务、专业服务和综合服务、阶段性服务和全程性服务、支持农业生产性服务主体与支持其服务体系建设之间的关系。

基于问卷调查和实地考察，本项目分析了不同类型农户对农业产中环节生产性服务的需求表达和供给评价、农户分化对农机服务使用和需求的影响、不同类型农户对农业产业链不同环节生产性服务的供给评价和需求意愿；提出要把支持发展农业生产性服务业同顺应农户分化趋势加强分类指导结合起来，科学引导不同类型农户的农业生产性服务需求，引导农业生产性服务业优质高效发展，积极培育和扶持以市场为导向的新型农业社会化服务组织，鼓励不同类型服务组织平等发展、公平竞争。要积极创造条件推进由农机购置补贴政策向农机服务补贴政策转型；加强对农机具租赁服务业发展的引导和支持；创新政策完善农机服务组织的运行环境。

5. 依靠科技创新驱动加快农业发展方式转变

通过分析加快农业发展方式转变对依靠科技创新驱动的新要求，以及依靠科技创新驱动加快农业发展方式转变面临的难点和挑战，提出依靠科技创新驱动加快农业发展方式转变，一要加强农业科技和创新能力建设的统筹规划，健全财政引导的农业科技多元融资机制；二要健全农业技术转移和转化机制，强化农业科技创新向产业创新转化的动力支撑；三要优化公共农业服务机构的职能定位，加快推进其改革创新；四要完善创新创业环境，引导服务主体通过转型升级推进科技与经济融合发展；五要用产业链、供应链、价值链等现代产业发展理念和组织方式创新科技与经济融合发展的途径，推动农业科技创新、业态创新、商业模式创新和组织制度创新协同发展。

6. 粮食安全与农业发展方式转变

粮食安全状况是农业发展方式转变的重要约束条件，粮食发展方式转变则是农业发展方式的重要缩影。通过分析 20 世纪 60 年代以来日、韩两国谷物自给率迅速下降的过程及其原因，提出中国要注意借鉴其经验教训，采取有效措施和政策调整，加强对谷物生产和粮食安全的支持，避免重走日、韩谷物自给率显著下降的老路。要注意总量平衡与结构平衡统筹兼顾但更加重视结构平衡，将主食自给和供求平衡置于更加重要的政策地位；更加重视统筹利用两种资源、两个市场，在推进农产品贸易自由化过程中努力做到扬长避短、趋利避害；科学评估通过政府干预来稳定谷物自给率政策的长期影响，创新中国粮食价格政策；要加大对农业发展方式转变的支持引导，注意增强农业的国际竞争力；支持农产品质量的提高和引导农产品消费方式转变，可以成为提高农业竞争力的重要措施。

五　本书结构

本书系在姜长云担任首席专家的国家社会科学基金重大项目“产业链视角下的加快转变农业发展方式研究”的研究成果中，选择部分研究成果经体系化编辑而成。全书共分 12 章。

第一章相当于总论，分析了加快转变经济发展方式、加快转变农业发展方式的政策演变，探讨了加快农业发展方式转变的观察维度。在此基础上，介绍了本书对应的国家社会科学基金重大项目的主要组织方式和主要研究发现，并对本书结构进行了介绍。

第二章为理论回顾与研究述评，介绍了与农业发展方式转变相关的经典理论，并对国内外关于农业发展方式转变的主要研究成果进行了述评。

第三章对当前中国农业发展面临的主要问题和农业发展中值得重

视的几个趋势进行了探讨，据此提出加快转变农业发展方式日益成为中国农业发展的时代要求。该章相当于分析加快转变农业发展方式的实践基础，有助于更好地辨识加快转变农业发展方式的历史方位。

第四章实际上从农民增收的视角，进一步剖析加快农业发展方式转变的现实起点和未来需求。

第五章探讨了加快转变农业发展方式的总体要求、战略取向和主要任务。该章认为，鉴于推进农业供给侧结构性改革的重要性和紧迫性正在迅速凸显，以推进农业供给侧结构性改革为主线，是加快转变农业发展方式的总体要求。推进农业供给侧结构性改革要注意走出若干认识误区。要科学辨识加快转变农业发展方式的战略取向，注意统筹协调农业发展的多元目标，积极引导农业发展由生产导向转向消费导向，着力增强农业的创新驱动能力，积极推进农村一二三产业融合发展。要高度重视加快转变农业发展方式面临的主要任务，积极发展多种形式的农业适度规模经营，大力发展农业生产性服务业，积极培育立体式复合型新型农业经营体系，优化鼓励消费导向、创新驱动、绿色生产、产业融合的制度和政策环境。

第六章通过分析农业经营规模演变的国际经验，重点剖析日本扩大农地经营规模的努力和成效，结合未来中国推进城镇化面临的现实约束，探讨未来中国农地经营规模的可行选择。该章实际上回答了如何看待农地适度规模经营的问题。

第七章基于对美国公司农场发展和农场结构演变经验的分析，以及对农户家庭经营、公司农业经营与发展现代农业相容性的研究，就农户家庭经营和新型农业经营主体的关系进行了探讨，进而提出培育新型农业经营主体要有新思路。

第八章基于问卷调查数据，探讨了农户分化对粮食生产和种植行为选择的影响，揭示了在加快转变农业发展方式的过程中，如何科学对待以农为主、以农为辅两类兼业农户和新型农业主体关系的问题，提出要审慎处理新型农业经营主体与普通农户的关系，完善粮食安全保障机制；完善对不同类型农户的分类引导，加强对农业组织创新的结构性支持政策。

第九章实际上围绕大力发展农业生产性服务业问题进行了专门探讨，提出农业的根本出路在于发展农业生产性服务业，探讨了建设农业社会化服务体系与发展农业生产性服务业的异同，提出发展农业生产性服务业要科学处理公益性服务与经营性服务、专业服务和综合服务、阶段性服务和全程性服务、农业生产性服务主体和其服务体系的关系。在此基础上，以农机服务为重点，探讨了培育新型农业服务主体如何才能有新作为。

第十章围绕农村一二三产业融合发展问题进行了专门探讨，提出推进农村产业融合是加快转变农业发展方式、培育农业农村发展新动能的重要途径，也是统筹促进农业增效、农民增收、农村增绿的战略选择。该章揭示了日本的“六次产业化”与中国推进农村一二三产业融合发展的异同，剖析了推进农村产业融合的主要模式，探讨了当前推进农村产业融合面临的主要问题和制约，提出培育农业农村发展新动能需要新办法。

第十一章提出，由要素驱动、投资驱动向创新驱动转变，已经成为加快转变农业发展方式的时代潮流。从需求结构、产业结构、要素投入结构、产业组织结构乃至区域结构等方面，剖析了加快转变农业发展方式对增强农业创新驱动能力的新要求，提出增强农业的创新驱动能力有利于重塑农业发展方式转变的动力源。通过揭示增强农业创新驱动能力面临的难点和挑战，提出了增强农业创新驱动能力的战略思路和对策选择。

第十二章鉴于保障粮食安全是推进农业发展方式转变的根基，通过对日、韩两国谷物自给率变化的历史回顾，探讨了对加快转变农业发展方式的若干启示。

第二章　理论回顾与研究述评

国内外与农业发展方式转变相关的理论和政策研究成果丰硕。这些成果为我们深化加快转变农业发展方式的研究提供了重要基础，具有重要的借鉴价值。

一　国外经济学经典理论中农业发展思想的演变

在实践中，不同的农业发展方式往往打下了农业发展思想的深刻烙印。农业发展理论不仅体现了丰富的农业发展思想，还对农业发展思想的演变产生深刻影响。长期以来，农业发展理论往往自觉不自觉地把农业发展方式问题纳入研究视野。

（一）古典经济学与农业发展思想的演变

从 17 世纪中叶到 19 世纪初，农业是最主要的生产部门，经济领域所讨论的问题大多与农业有着密切关系。如重农学派直接把农业作为唯一的生产部门，多以农产品价格问题为重点讨论价格问题、土地报酬递减规律直接用来说明农业生产的特点。古典经济学的价值理论、分工理论、地租理论、价格理论、市场理论等，都曾成为当时农业发展思想的理论来源。法国的魁奈（1757）比较了大农经营和小农经营，认为大农业比小农业具有优越性。英国的阿瑟·杨格（1770）认为“诺福克轮作制”是合理的，大农场比小农场具有优越性，主张发展以利润最大化为目标、以雇用农业工人为主的大农场。18 世纪后半期，一些德国学者，如冯·尤斯蒂及其学生约翰·贝克曼，把英国农业技术和管理革新介绍到德国，为“农业经营学”的创立和发展准备了条件。阿·泰尔在1809—1821年出版了四卷本的《合理农业原理》，提出农业利润最大化经营原理，认为合理农业（英国的轮作制）的经营目标是在保持增进地力的条件下获得最高和持久的利润，要处理好饲养家畜、饲草生产与耕地利用之间的关系。屠能发展了阿·泰尔的理论，认为没有绝对合理的农业制度，只要适合当地条件就是合理的。在《孤立国》一书中，他研究了经济位置对农业经营的影响，提出了农业集约经营和农业生产位置配置（农业圈层）两个理论。在屠能理论的基础上，布林克曼（1914）和艾瑞保（1917）把农场各部门作为“共同体”，探讨了如何达到理想的经营形态，并将其与国民经济联系起来。

这一时期的农业发展方式，主要是从封建自给农场向资本主义雇用农场转变。农业发展思想的演变顺应和推动了这一过程。但古典经济学在农业的遗产却成为几种经济学说的来源，如农业收益递减规律、李嘉图地租理论、重农学派的论断等（舒尔茨，1964）。随着古典经济学向马克思主义经济学和新古典经济学的分野，农业发展思想也朝这两个方向分化，并对农业发展方式转变产生影响。

（二）马克思主义政治经济学与农业发展思想的演变

马克思、恩格斯继承和完善了古典经济学的劳动价值学说、剩余价值理论和级差地租理论等，揭示了资本主义生产方式和生产关系的基本规律。马克思、恩格斯关于农业和农民问题的基本思想，是小农经济与先进生产力不相容，终将被社会化大生产所取代，这是历史发展的必然趋势。对于大生产怎样取代小农经济，马克思提出“合理的农业所需要的，要么是自食其力的小农的手，要么是联合起来的生产者的控制”①，应该把“大地产转交给（先是租给）在国家领导下独立经营的合作社”②。恩格斯认为“由组合工作者经营大规模的农业”，

① 《马克思恩格斯全集》第46卷，人民出版社1979年版，第137页。

② 《马克思恩格斯全集》第36卷，人民出版社1974年版，第416页。

才能应用现代工具、机器，展现大规模经济的优越性。[①] 组合工作其实就是合作社模式。列宁认为只有共耕制——公社、劳动组合耕种制和农民协作社——才是摆脱小农经济弊病的出路[②]，在废除土地私有制后应该建立社会主义国营农场、自愿联合的农业公社和共耕制。

在马克思主义农业经济思想的指导下，许多社会主义国家的农业发展方式一度经历了从生产者联合到互助合作、合作社，再到农业集体化的探索过程。探索社会主义农业大生产形式，旨在顺应当时农业生产力快速发展的趋势，但许多社会主义国家在实践中忽略了农民的主观意愿、轻视了农业生产的基本规律，导致多数实践模式并没有成功，引起了一些学者的反思。恰亚诺夫（1925）从农户家庭的微观经济行为出发，认为小农的出路只能是合作形式的纵向一体化。这一思想虽然没有付诸实践，但影响了欧洲和中国农业经济理论的发展。

（三）新古典经济学与农业发展思想的演变

在19世纪末经济学“边际革命”的基础上，马歇尔集经济学之大成创立了新古典经济学。1936年，凯恩斯发表《就业、利息和货币通论》，标志着宏观经济学的诞生，自此，新古典经济学朝着微观与宏观两个方向发展。农业经济学逐步引进了新古典经济学的分析框架，对农业问题的研究不再限于农场管理层面，更多地从国民经济发展的层面进行探讨。新古典经济学学派众多，对农业发展思想进而对农业发展方式影响各异。这里只介绍影响较大的工业中心论、二元经济论、人力资本论和诱导发展论等。

1. 工业中心论的农业发展思想

20世纪前半期，工业化是经济发展的主流，经济增长模型、发展阶段论和经济结构转换论，大都认为工业化是经济发展的重心。工业中心论者对农业的态度不同。[③] 一种观点认为农业是停滞、落后的，

---

① 《马克思恩格斯全集》第18卷，人民出版社1964年版，第318页。

② 《列宁全集》第35卷，人民出版社1985年版，第174页。

③ 马尔萨斯和李嘉图认为农业是阻碍经济增长的重要因素，而穆勒（Mill）和马歇尔则认为土地边际收益递减的负面作用可以被抵消，引发了经济学家对农业地位和作用的长期争论（约翰逊，1993）。

是经济发展的负担；另一种观点认为农业是经济起飞的必要条件。但这两种观点都低估了农业发展的作用。在这种思想的引导下，许多发展中国家把农业作为工业发展的资金、市场、劳动力来源，甚至以损害农业来发展工业。这种发展战略在初期带来了较高的工业增长率，但随后并没有实现真正的发展，农业的落后反而制约了经济增长。因此，经济学家开始意识到农业发展对经济增长的推动作用（克拉克，1951），如何改造传统农业、发展现代农业就成为发展经济学关注的重点问题。

2. 二元经济论的农业发展思想

二元经济论由刘易斯（1954）提出，经拉尼斯和费景汉（1961）及刘易斯本人不断完善。二元经济论蕴含的农业发展思想，从传统农业部门存在剩余劳动力的假设出发，认为现代工业部门吸收农业劳动力，以“渗透机制”带动农业发展。发展的关键是跨越农业劳动力边际产出开始为正时的“第一拐点”和统一劳动力市场形成时的“第二拐点”。之后，农业与非农产业一样，由制度性机制转为边际生产力方程。其政策含义往往被理解为把农业看作经济增长的累赘（约翰逊，1993）。但这并非二元经济论的本意。拉尼斯和费景汉（1961）把提高农业生产率作为农业劳动力转移的先决条件。刘易斯（1979）也辩解道，政策制定者的合理信念是“径直去解决传统部门的问题，而不仰仗渗透机制使该部门受益”；多数经济学家信奉平衡发展观念，并非只注重工业忽视农业，只是大多数政府出于自身利益无视了经济学家的意见。乔根森（1961、1967）放弃了刘易斯的假设，考虑了农业剩余、资本积累、技术进步、消费结构、人口增长等因素，得出了与舒尔茨类似的结论。

3. 人力资本论的农业发展思想

舒尔茨（1964）反对各种轻视农业的观点，认为现代农业是经济增长的源泉，发展中国家经济发展的中心问题不是强调工业，而是如何通过农业现代化推动经济腾飞。舒尔茨批判了刘易斯零值劳动学说，认为传统农业要素配置是理性的，停滞、落后是因为原有生产要素收益率低，对储蓄和投资的经济刺激不够，导致农业收入流的价格高昂。改造传统农业的关键是引入现代农业生产要素。为此，舒尔茨提出了三条路径：建立适合的农业制度，发展适应市场变化的家庭农场；加大农业公共投资，向农民提供信息，创造引进条件；对农民进行人力资本投资，提高运用现代生产要素的能力。舒尔茨还认为农业效率提高的源泉是专业化分工，通过投资专用性人力资本获得回报。可见，只要小农能对价格激励和技术改变做出反应，增强人力资本、引进现代要素、提高分工水平就是推动农业发展方式转变的重要力量，甚至主要内容。

4. 诱导发展论的农业发展思想

20 世纪后半期，在农业扩散发展理论[①]的影响下，发达国家对发展中国家进行了大量技术援助，引发了“绿色革命”，但未考虑发展中国家的资源禀赋条件，实践效果并不理想。舒尔茨（1964）的理论没有说明农民怎样引进和选择新要素，鉴于这一点，速水和拉坦（1971）提出了农业诱导发展模式，认为生产要素相对价格体现相对稀缺关系，会诱导农民选择适用的新技术，如人多地少会诱导替代土地的高产技术，为农业发展方式转变提供了技术路径。农业诱导创新活动，包括公共部门科学技术研究、私人部门管理革新、科学技术开发与分配机制创新、非农部门动态呼应等，要反映资源禀赋、产品需求、发展环境等的诱导作用。速水和拉坦（1971）认为诱导模式主要与生产和生产率有关，对需求关注较少，形式上并不完善，但却增强了对农业发展过程的解释力。

5. 结构主义的农业发展思想

钱纳里（1975）认为，国民经济中农业份额的下降往往伴随着技术运用（资本对劳动力替代），但下降不是线性的，前期只是相对份额下降，晚期才是绝对量减少，存在一个农业发展的关键时期。如何根据产业结构转换把握这个关键时期，对经济发展具有重要意义。梅勒（1976）将农业分为技术停滞、劳动密集、资本密集三个发展阶段，认为应按照资源投入互补性要求，同比例增加各种

---

① 发达国家农业成功的原因在于成功应用了先进农业技术，但发展中国家农民决策能力弱、资源配置效率低，需要发达国家帮助推广和普及先进农业技术。

要素投入，主要是非农部门的科研、服务等要素。雷瑟与李（1993）通过对发达国家生物技术和农业科研投资的考察，认为技术创新能通过增加产出降低成本、改变农业要素环境，导致农业发展方式的转变。

总体来看，对农业、工业辩证关系认识的不同，是农业发展思想分异的根源，但都遵循了新古典经济学的最基本假设前提。一旦放松假设，这些农业发展思想所主导的农业发展方式的有效性就值得怀疑。这已被发展中国家的实践所证明。总之，农业对经济发展的重要作用是不容否认的，要想发挥农业对经济发展的作用，必须重视解决农业发展面临的问题，尤其应尊重不同国家的实际情况，顺应经济结构转变趋势，推动农业发展方式转变。

（四）可持续发展理论与农业发展思想的演变

20 世纪 80 年代初，可持续发展概念一经提出，就产生了广泛影响。推进可持续发展，也是农业面临环境恶化、资源危机挑战的必然选择。1988 年联合国粮农组织提出了可持续农业和农村发展战略。1991 年，《登博斯宣言》给出了可持续农业的定义，即“能保护土地、水资源、植物和动物遗传资源，不会造成环境退化，同时技术上适当、经济上可行，能被社会接受的农业发展方式”。1992 年，《21 世纪议程》把农业和农村作为“可持续发展的根本保证和优先领域”。许多发达国家视可持续农业为农业发展的主流方向（Pretty，1997），认为必须构建从农户到政府不同层次的新型农业管理系统（Roling and Wagemakers，1998）。对于农业主体来说，可持续理念也是一种经营战略，用环保、高效的生产方式，迎合消费者对自然、健康、高品质农产品和农业多功能需求迅速增加的趋势。可持续农业理论在发展中，逐步吸纳了农艺学、土壤学、生态学、生物学等最新成果，衍生出绿色农业、生物农业、有机农业、循环农业等新型农业模式。对于发展中国家来说，可持续农业正引发“新绿色革命”。可持续农业已经成为引领全球范围内农业发展方式转变的重要理论支撑。

二　国外对农业发展方式转变研究的新进展

随着农业发展理论的演进，农业发展思想日益成熟起来。越来越多的发展经济学家认识到，快速发展的农业是工业增长、经济发展的先决条件。在早期工业增长被简单混同于经济发展的时期，农业发展终归是为工业化铺路。由恩格尔定律得出，随着人均 GDP 的增加，农业占 GDP 的份额下降，农业部门对吸纳就业和增加 GDP 的贡献越来越低，农业容易成为竞争公共投资的夕阳产业。在经济全球化的背景下，引进国外资本和技术、加速城镇化，被当作推进工业化的更好选择（Rodrik，2006）。因此，重视农业的理论传统在 20 世纪七八十年代的实践中被否定，导致接下来的 20 多年对农业发展作用和策略的认识停滞不前（Alain，2009）。不少国家为此付出了粮食短缺、贫富分化、环境恶化等代价，不得不将农业重新提上发展议程，探寻以农业促发展的新模式。为此，要重新定义农业在发展中的角色，重新设计有效的实施方式，推动农业发展方式转变。国外学者为此开展了很多研究，主要表现在如下几个方面。

（一）基于消费结构变化的视角

农产品需求高值化、多样化趋势正引领农业从数量型向质量型转变。Mcinerney（2002）认为消费者对食物的多样性需求和偏好，决定了农业发展的调整路径。许多农户从单纯的原料提供者变成真正的食品生产者，直接生产符合消费者偏好的高附加值农产品。Minot et al.（2003）、Gulati et al.（2005）、Hazell（2007）等研究显示，发展中国家随着经济增长和收入的增加，居民主粮消费减少，肉类、乳品、水果、蔬菜、油脂等高价值农产品消费增加，且城市居民对高值农产品需求增加更快。OECD/FAO（2011）指出，全球食物篮（food basket）正在朝着生产更高价值的产品转变，消费者需求继续从主粮转向加工食物和现成食物，亚洲、中东和拉美的一些经济体人均肉类消费会显著增长。Frederick（2011）针对中国的研究发现，消费者更加注重质量、便利性和安全性，高端农产品市场空间较大。城镇高收入群体的数量需求已达到饱和，但质量需求仍具弹性；农村居民和城镇低收入群体的肉类、奶制品、水果等的数量—收入弹性仍相当可观。

（二）基于农业供给侧结构调整的视角

消费结构变化伴随着农业结构升级。如畜牧业（尤其是生猪养殖和家禽业）、农产品加工业迅速发展，批发市场不断升级，超市和快餐业迅速兴起（Reardon et al.，2009）。Pingali（2006）认为处于农业转型高端的国家，面临的最大挑战是如何为农村增收创造新的机会，农业扮演的非商品角色提供了这样的机会，如延续乡村传统、农村景观、资源多样性、农业多元化等（Vera-Toscano et al.，2007）。关于农业主体对需求的供给响应，Nathan et al.（2014）利用美国玉米和大豆主产区数据所进行的研究认为，短期供给弹性可能大于长期供给弹性。受价格刺激而改种作物的农户为获取轮作收益（rotational benefit），可能会在下一年重新种植原先的作物。学习、计划、重组、准备等调整成本的存在，会延迟农业主体对市场变化的反应。Yang and Shumway（2016）从气候变化角度分析了农业供给结构调整，结果显示，在理性预期下，受调整成本影响，农作物调整速度是畜牧产品的两倍，资本、劳动、化肥三种要素中化肥调整速度最快、资本调整最慢。若不对变化做预期准备，会增加调整成本。因此，政策干预要考虑供给结构调整的时滞性，重视调整成本对结构调整的影响。

（三）基于产业链分工和组织创新的视角

高效、完整的农业产业链是应对“小生产、大市场”矛盾，提高农业竞争力的重要保障。农户加入农业产业链，通过契约和资产所有权分享把生产的上下游环节联结得更加紧密（MacDonald and McBride，2009），可以克服信息不对称、资产专用性和市场垄断等，建立共享协作关系，提高市场效率（Narasimhan，2010）。Young and Hobbs（2002）认为，未来的农业生产者将是一个供应商网络（networks of qualified suppliers），通过营销合作社或营销网络向下游延伸。Humphrey（2006）研究发现，大型零售商已成为农产品生产和销售的驱动者。他们在农产品供应链中自建品牌，加强对各环节的直接控制，提高集中度。这导致农业产业链运营资产扩大、农业经营体系专业化、贸易投入依赖减弱（Pingali，2007），需要政府为提高农业产业链的组织化、一体化、协作化（Agribusiness）创造条件，改善工商资本介入农业产业链对农村和城市社区生计的负面影响（FAO，2007）。

不少学者关注了农业产业链的建设和优化。Dan et al.（2017）研究了罗马尼亚小农整合进农业产业链的最佳实践方式，认为给农民足够的财政金融支持和建立高效的现代农业技术体系是远远不够的。小农最缺乏与产业链上下游环节尤其是流通环节的合作关系，要建立贯穿产业链的各类服务组织，把小农整合起来对接农业产业链，减少生产与分配的矛盾。Oliveira and Alvim（2017）的研究发现，低效的物流体系、对政策需求响应缓慢，是制约巴西玉米和大豆供应链发展优化的主要因素。Belton et al.（2017）通过研究印度水产养殖产业链发现，需求是引领发展的重要因素，产业链非农环节的创新与转型是农业繁荣发展的重要特征。Munsol et al.（2017）研究了日本食品供应链的损失率，认为损失率最高的供给部门是食品服务业、损失率最高的食品类别是蔬菜。还有学者关注了鲜活农产品供应链的优化管理（Ghezavati et al.，2017）、私人投资对农业供应链可持续性的影响（Rueda et al.，2017）、绿色农业供应链绩效指标（Sharma et al.，2017）、供应链不同环节和主体的价值增值关系（Shashi et al.，2017）、循环农业产业链建设（Banasik et al.，2017）等问题。

（四）基于农业经营方式转变的视角

小农还是大农，是讨论农业经营方式的核心问题。早期的多数研究表明农业规模与土地生产率负相关，小农场比大农场具有更高的集约化水平（Oduol，2005）。Swinnen（2006）的研究表明，在面向超市的供应链中，小农户与大农场相比，能够精心照料农作物以满足质量要求，传统生产方式更符合有机产品要求，退货率更低。但小规模经营也面临许多挑战，如更难获得贷款和服务，采用新技术、购买农机、追加资本投入等不合算；小农户市场地位弱（Kolackova et al.，2017），联结市场更加困难，在农业产业链中容易被边缘化；环境退化和气候变化使小农户处境更加困难（Pingali and Traxler，2002）。事实上，当农业垂直一体化水平提高时，农场规模和生产率之间的负相关关系可能无法成立（Pingali，2007）。关于经营方式转型，国外学者主要关注农户如何应对市场风险（Bathfield et al.，2016）、气候变化（Vignola et al.，2015）等，除了参加合作社和提高产业链组织化程度外，也希望农户发展社区支持农业（Hvitsand，2016）、采用绿色有机生产方式（Jouzi et al.，2017）等。

（五）基于农业服务体系的视角

关于小农在生产经营中面临的挑战，国外很多学者认为可以通过加强农业服务的方式来解决。Hazell（2007）认为，各类自愿生产者组织（voluntary producer organizations）可以把小农组织起来对接市场，化解小农参与市场的高交易成本问题。Gaiha et al.（2007）研究认为，内部化（internalization）和中介（intermediation）可以帮助小农融入供应链。内部化指建立生产者组织，代表农民与销售商进行谈判。中介可以采取公共部门和私营部门合作的形式，如政府制定食品质量安全标准，引导民间投资；供应商为农户提供资金支持和技术服务，帮助农户执行标准。Ramos-Sandoval et al.（2016）研究了使用农业科研与推广服务对农户创新行为（如市场导向、学习取向、创新态度）的影响。Flanigan and Sutherland（2016）注意到农民合作社从合作组织到提供服务的转变趋势，认为这为发展农业服务企业提供了经济可行性，这本身也是农民合作社向农业服务商的角色转型。Luqman et al.（2016）以巴基斯坦的实践为例，认为政府农业咨询和推广服务机构的低效率为非政府农业服务组织的发展创造了空间。这些组织为农民提供高效的农业生产性服务，提高了农业生产力，改善了农村生计水平。Mehmann and Teuteberg（2016）的研究发现，第四方物流供应商可以帮助节省大宗农产品物流成本，优化农产品供应链管理。

（六）基于政策和制度创新的视角

土地产权稳定性与土地利用效率之间有着紧密关系。早期的研究认为有保障的土地权利可以增强投资激励，便利土地交易，增强可抵押性，改善家庭劳动分配（Deininger，2003；Field，2007）。Alain et al.（2015）研究了墨西哥土地确权的影响，证实土地确权提高了农户劳动力外出就业的概率，小农户更容易转向非农就业，大农户倾向于扩大土地经营规模、增加农业投资，使农业劳动力转出后的种植面积没有减少。土地交易市场和城乡劳动力市场是其中的关键环节。以土地制度改革为核心的农村产权改革，是提高农业生产率、扩大农业经营规模、拓展信贷和投资渠道，进而促进经济发展的关键所在（Galiani and Schargrodsky，2011；Adamopoulos and Restuccia，2014）。

农业补贴政策是引领农业发展方式转变的重要手段。Roberts et al.（2003）把补贴政策分为"挂钩"补贴（coupled payment）和"脱钩"补贴（decoupled payment or direct payments）两种。补贴如果与土地"挂钩"就会转换成土地租金（Alston，2010）。"脱钩"支付已成为美国、欧盟等最主要的农业补贴方式。一般认为，"脱钩"补贴会通过改变经营风险、信用约束、期望等影响产出，但可衡量的影响很小（Bhaskar and Beghin，2009），改变工具变量或模型设计会得出不同的结论（Weber and Key，2012）。农业补贴政策对流转租金有显著影响。Barrett（2009）研究了美国农地补贴政策的分配效应，结果显示不管是政策变动的短期还是中长期，土地所有者与实际经营者的补贴分配比例约为1∶3；土地流转市场的竞争程度越高，土地所有者受益比例越高。Alston（2010）认为，农地供给弹性、需求弹性的变化会对政策红利分配产生影响。Barrett and Michael（2016）利用美国数据研究了"脱钩"补贴对租金的影响，结果显示田块层面的边际增量租金转化率为20%—28%，农场层面的转化率为42%—49%；土地规模越大、租期越长，同等条件下的租金就越低。这不是因为

"脱钩"补贴没有真正脱钩，而是因为土地流转市场具有买方垄断势力。很多学者研究了欧盟良好农业规范（GAP）补贴政策的分配效应，得出了类似结论。

（七）基于农业技术进步的视角

许多学者强调了小规模农业背景下技术进步的重要性。Pender（2008）认为小规模农业可以通过技术创新解决环境问题并提高单产。更多学者研究了技术进步的取向。农业科技和创新体系不仅要提高产出，还要适应资源稀缺性和农业结构转型带来的挑战（Singh，2009）。Emerick et al.（2016）以印度实例说明，降低风险的农业技术创新，可以促使农民改进生产行为、增加农业投资，提高农业生产力。农业研究、科技创新要植根于经济原理，持续提升生产率、收入和生活水平。Robert（2012）分析了农业技术和农业发展的关系，认为农业技术发展需要重视农业物理和生物特性中的空间可变特性，重视农业发展过程中技术支持的制度挑战，考虑转移技术的本土适应性，培养具备引进适宜技术和制定实施农业政策能力的工作者等。Long et al.（2017）研究认为，技术创新是推动农业向气候适应型农业（climate-smart agriculture，CSA）转型发展的关键因素，但存在技术扩散的经济社会障碍，需要发展为技术创新扩散服务的服务商，并为加速技术创新扩散提供商业模式创新服务。

三 近期国内关于加快转变农业发展方式的研究

许多国内学者从不同视角探讨了转变农业发展方式的内涵、问题、路径及对策，张春舒（2011）、刘志荣和姜长云（2012）等对此进行了综述。本章将在此基础上，对 2012 年以来的有关研究进行梳理。

（一）转变农业发展方式的内涵与方向

明确转变农业发展方式的内涵，关键在于科学研判农业发展所面临的主要矛盾。在中央政府提出转变农业发展方式任务的初期，农业发展面临的突出矛盾主要是传统农业发展方式带来的农业从业人员素质低下、经营规模小且组织化程度低、技术装备水平落后、基础设施建设薄弱、资源环境问题等。近年来，国家对农业发展的重视程度不断提高，部分问题和矛盾有所缓解。但随着城乡消费结构升级的推进以及农业发展内外环境的变化，多数问题和矛盾在总体上仍呈加重趋势，甚至衍生出一些新的问题与挑战。叶兴庆（2016）把农业发展方式中不健康、不可持续、缺乏竞争力的问题归纳为产能严重透支、生产成本上涨、国内外价格倒挂、“黄箱”政策收窄等。姜长云（2015）认为，农产品成本和机会成本提高导致农业比较利益迅速下降，农业对农民增收的贡献趋势性减弱，农业产业链、价值链整合协调机制不健全，跨国公司对中国提升农业价值链和维护农业产业安全的挑战日益增多等也是当前中国农业发展面临的突出矛盾。

基于农业发展主要矛盾和问题的演进，转变农业发展方式的内涵也逐步丰富起来。李铜山（2014）指出，农业发展方式的转变除了要由粗放型增长向集约型增长转变、由外延型增长向内涵型增长转变外，还应向农业发展目标和功能的多元化、农业产业结构优化、农业经济增长质量和效益并举、培育可持续发展的绿色产业和生态产业等方面转变。刘志荣和姜长云（2012）对转变农业发展方式与发展现代农业的关系进行梳理，认为转变农业发展方式与发展现代农业具有目标的趋同性和实践过程的一致性。宋洪远（2015）认为当前农业发展的环境条件和内在动因正在发生深刻变化，依靠转变农业发展方式推进农业现代化的要求更为迫切。就总体而言，转变农业发展方式从提出到实践，体现了在明确发展现代农业的目标后，不断推进农业现代化的发展过程。转变农业发展方式的核心在于不断化解农业发展中面临的突出矛盾，抓住农业改革调整的重大机遇，优化要素投入结构和利用方式，提高农业发展质量和效益，建设有竞争力且适应宏观经济动态变化的现代农业产业体系。

农业发展方式的转变是与诸多因素互动的结果。这些因素基本上框定了农业发展方式转变的方向。一是顺应农户向兼业农户、家庭农场、种养大户加速分化的趋势（刘同山等，2014），培育新型农业经营主体、发挥引领带动作用，引导他们分工协作、优势互补（姜长云，2015），构建新型农业经营组织体系和服务体系。二是顺应农产品需求数量、结构和消费方式变化的趋势（胡冰川，2015），强化消费导向意识、创新供给形式、增强引导和创造需求的能力，切实提高农产品供给质量、效率和效益。三是适应农业产业纵横交错、一体化、网络化的发展趋势（张克俊，2015），注重以价值链、供应链理念整合农业产业链，挖掘农产品潜在增值空间和多重价值功能，拓展农业的外延和发展领域，打造现代农业产业体系（郭玮，2016）。四是适应农业资源禀赋的变化趋势和资源约束趋紧的形势要求（刘祚祥，2012），加快农业科技创新进度，健全农业科技创新成果转化机制，推动科技创新与制度创新、组织创新、商业模式创新的协同与呼应，使农业价值链升级的进展快于农业资源、要素成本攀升的速度（姜长云，2015）。五是抓住国内外粮食供给压力有所缓解的“窗口期”，跳出粮食生产与结构调整非此即彼的思维定式（宋洪远，2015），把增强粮食生产能力作为首要前提，“藏粮于地、藏粮于技”，构建与资源环境承载力相匹配的农业生产新格局，走出粮食产量与产能协调发展、相互促进的新路。六是贯彻落实绿色发展理念，建立农业可持续发展体系，减少对水、化肥、农药的依赖，提高农业资源利用效率，发展绿色农业、有机农业等环境友好型循环经济产业链，将农业发展转到资源节约、环境友好、生态循环的轨道上来（左停，2014）。

（二）转变农业发展方式的路径选择

近年来，适应农业发展形势的变化，国内学者对农业型工业化、绿色循环农业、都市型现代农业等的关注度越来越高，成为促进中国农业发展方式转变的新途径、新亮点（魏志甫，2015；凌红，2016）。叶兴庆（2016）认为，转变农业发展方式的关键在于找准撬动农业发展方式转变的支点，只有当新发展方式净收益大于旧发展方式净收益时，才能形成驱动农业发展方式加快转变的内生动力。推动农业发展方式加快转变关键在于解好“不等式”。求解“不等式”的思路在于做大新发展方式的净收益，即增加收益、减少成本，如将新型农业生产经营活动的正外部性内部化，降低新型农业经营方式的风险和生产经营成本等。同时，做小旧发展方式的净收益，即减少收益、增加成本，如降低旧发展方式的政策支持力度，将传统农业生产经营活动的负外部性显性化等。总之，当前需要结合国家的重大政策导向，抓准关键领域，因地制宜、实事求是地选择路径，以求解转变农业发展方式的“不等式”。

1. 构建新型农业经营体系

只有调动新型农业经营主体的积极性，转变农业发展方式才能取得实质性的突破（李国祥，2015）。新型农业经营体系由农业龙头企业、农民合作社、家庭农场、专业服务公司等新型经营主体及其联结方式构成，具有集约化、专业化、组织化和社会化的基本特征（姜长云，2014），可以作为加快农业发展方式转变的重要抓手。具体发挥作用的路径如引入现代农业发展理念，加速科技成果推广应用，推进标准化、品牌化生产和质量安全建设，促进农村产业融合发展，让广大农户分享发展成果等（苑鹏、张瑞娟，2016）。不同经营主体在产业链不同环节的比较优势不同（孙正东，2016），农业龙头企业的要素组织能力和市场整合能力较强，适合引领农业的加工、营销和流通；农民合作社联结农民、组织农民、提供规模化服务的能力较强；农户家庭在农业生产环节具有比较优势（朱启臻等，2014）。应该在产业链不同环节明确扶持重点，形成分工协作、优势互补、联结高效的经营体系。当然，不能忽视普通农户的发展问题，要通过新型农业经营主体的示范作用，引导普通农户参与农业发展方式转变（姜长云，2015）。政府在推进新型农业经营体系建设时，要合理界定干预的权力边界，尽量发挥市场机制的内生动力作用。

2. 发展农业生产性服务业

发展农业生产性服务业可以为加快农业发展方式转变培育新引擎（姜长云，2016）。农业生产性服务业所构建的服务联结通道能够促进产业横向拓展与纵向延伸，支撑农业产业链高效运行。而且，以农业服务体系为主要内容的横向产业拓展越完善，农户在纵向产业链中的风险规避能力越强、谈判地位越高，利益分配就越公平（林万龙，2016）。未来，农业生产性服务业还有可能引领农业发展的潮流。张军（2015）认为，分子生物、物联网和电子商务技术的应用，将成为农业发展第三次浪潮的主要内容。这其实就是农业生产性服务业发展的过程。农业生产性服务业正成为传统农业服务组织参与现代农业发展的重要渠道。如供销合作社在开展农业生产社会化服务、发展农民合作社及联合社、构建农村电子商务服务网络、发展农村合作金融等方面具有独特优势，能够成为推进农业发展方式转变的重要抓手（陈金龙、李思庚，2016）。

3. 推进农村产业融合发展

农村产业融合发展的过程，体现了优化要素投入结构和利用方式的努力，契合了转变农业发展方式对提高农业发展质量和效益的要求。日本、韩国“六次产业化”的实践提供了通过促进农村产业融合推进农业发展方式转变的经验。农村产业融合发展已成为加快农业发展方式转变的重要选择（韩俊，2015）。目前，中国各地实践的农村产业融合形式多样、各具特色，但都立足农业、依托农村、惠及农民。因而，作为政策导向，所强调的是农业作为融合的基础，农户、农民合作社实质性地参与进来，把农业流到非农领域的就业机会和附加值内部化，让农民分享产业融合带来的增值收益。农村产业融合的关键，是发展过程中不同环节、不同主体之间实现紧密的契约联结、要素联结和利益联结，不同经营主体分工协作、优势互补、互利互惠、风险共担，尤其要注意提高产业链薄弱环节参与融合发展的能力。姜长云（2016）认为，要切实维护农户和农村地区在农村产业融合中的合法权益，避免其利益被边缘化。

4. 推动农业供给侧结构性改革

推进农业供给侧结构性改革，提高农产品供给质量和效率，宏观层面主要包括去库存、降成本、统管理、调结构、转方式、提品质、促融合（陈晓华，2016；杨建利、邢娇阳，2016）。在微观层面上，涉及经营主体的具体生产行为，如按需生产、按质生产、高效生产、绿色生产，适应消费者的多元化、个性化需求，与消费者建立良性的互动关系。可见培育新型农业经营体系、发展农业生产性服务业、推进农村产业融合发展，都属于农业供给侧结构性改革的范畴。以推进农业供给侧结构性改革为主线做好农业农村工作，更加重视推进农业转方式、调结构、促改革，更加重视三者的融合互动和协调联动，并将推进农业转方式、调结构、促改革的重点聚焦于供给侧（姜长云，2017）。推进农业供给侧结构性改革，考验着政府政策调控的水平，需要供给侧、需求侧同时精准发力，做到农产品供求“紧平衡”调控。如降库存必须把握好节奏，避免冲击农产品价格。结构调整要防止农户“盲从”，避免出现新的供给问题。

（三）转变农业发展方式的实践模式

近年来，针对农业发展中面临的主要矛盾，各地区依托自身农业发展条件，因地制宜地进行了不同的改革试验和探索创新。学者们对一些做法及成效进行了分析。有些经验做法具有系统性、针对性，被归纳为模式，如现代农业产业示范区引领的区域现代农业发展模式，农业产业化龙头企业引领的农业产业链发展模式，农业生产性服务业支撑的高效农业发展模式，农产品营销平台或渠道牵引的优质农产品基地建设模式，绿色发展理念和农业多重功能需要推动的生态农业、绿色农业、循环农业等可持续发展模式（肖卫东、杜志雄，2012；凌红，2016）。在转变农业发展方式的具体实践中，一些较为典型的模式引起了关注，如四川省崇州市“农业共营制”改革试验（程国强，2015）、安徽省宿州市“现代农业产业化联合体”探索实践（孙正东，2016）、浙江省“现代农业综合体”探索实践（陈剑平，2014）。

这些实践模式具有诸多共同之处，基于学者们的研究，可将其主要概述如下：通过培育新型经营主体，实现由农户分散经营到组织化的适度规模经营；通过完善利益联结机制，建立分工协作、互惠互利的经营组织体系；通过强化技术创新应用，保持农业产业的竞争力；通过构建生产服务体系，保持产业链的高效运营；通过延伸拓展产业空间，挖掘增值潜力；通过对接营销平台或自建销售渠道，规避市场风险；通过提高品质、创建品牌，建立与消费者的互信机制；通过管理和商业模式创新，保障持久经营活力。其中，新型经营主体、新型农业经营体系及相关的生产经营服务体系，在转变农业发展方式中的作用至关重要，影响甚至决定着其他要素的组合成效。还有少数学者对国外转变农业发展方式的做法进行研究，如刘丽伟和高中理（2014）基于美国、荷兰、日本的分析提出，发达国家已从依靠科技创新走上了以文化创意与科技创新耦合驱动的农业发展方式转变之路。

（四）转变农业发展方式的保障机制

转变农业发展方式离不开政府的宏观调控和社会多方力量的支持，尤其在政府层面，为其顺利推进提供全方位保障是至关重要的。

1. 制度保障

制度创新是加快农业发展方式转变的基础和关键。围绕构建加快农业发展方式转变的制度框架，孙长学和郭冠男（2014）提出要加快农业经营制度创新，引导农户适度规模经营、农民有序转移和合理分布，建设职业农民培养机制；加快农业产业链组织创新，构建利益协调机制，改革农业科技创新和成果转化机制，构建与农业产业链匹配的新型农业服务体系；健全农产品质量安全保障体系，建立保护环境、节约资源的农业生产体制等。谢培秀（2016）指出要深化农村产权制度改革，推进农村土地确权登记颁证工作、探索农村集体资产和公益设施建管新机制等。还有一些政策改革和创新建议，集中于农业发展方式转变的规划方案、法律法规完善、金融服务创新、农产品价格形成机制改革等方面（韩俊，2015；陈文胜，2014）。

2. 投入保障

资金投入是实现农业发展方式转变的物质基础。高布权（2015）指出，政府要将农业存量资金投到稳定农业产出上，增量资金集中投入农业结构调整、农业产业链延伸、农产品深加工、特色农业、农民教育培训、农业科技推广、农业生态环境等重点难点领域。还有学者强调要强化农业支持保护领域的投入保障，如冯晓明（2016）指出，在加大公共财政支农支出的数量、比例及增速的同时，还要扩大农业支持保护的范围，优化农业支持保护结构，完善农业支持保护办法。这些建议具体包括：加大农业基础设施建设、土地整治、农业污染治理方面的投入力度；将新增农业补贴向家庭农场、农民合作社等新型经营主体倾斜，并与改进生产方式、调整产品结构、保护生态资源挂钩；实施重大专项行动、改革试验或示范项目等；以政府购买服务、奖助结合等方式，调动社会多方力量参与农业发展方式转变，突出表现在引导发展服务农村的金融、保险和担保体系上。

3. 服务保障

政府部门高度重视、主动作为、敢于创新、贴心服务是转变农业发展方式的必备要件。姜长云（2015）提出，要科学确定农业公共服务机构的职能定位，将精简提升普遍服务、优化改造重点服务和突出加强引导服务有机结合起来；与此同时，统筹考虑区域农业发展需求和农业区域布局结构的调整趋势，加强市、县两级公共服务机构和面向区域主导产业的农业服务中心建设，做实乡村两级普遍服务，强化企业、合作社、家庭农场层面的示范功能。在服务重点的选择上，集中于服务新型农业经营主体，营造创新创业环境，培育企业家精神，引导向专业化、规模化、集约化和品牌化发展。当然，政府服务保障并不否定市场机制的决定性作用。李国祥（2015）指出，中国前几番推动农业发展方式转变都是政府主导的，农业微观主体的积极性没有被充分调动起来，农业生产经营主体仍然沿袭传统的生产方式，新一轮农业发展方式转变要打破政府唱“独角戏”的格局。

4. 科技创新保障

农业科技创新是转变农业发展方式的技术支撑。许多研究认为，科技创新要与转变农业发展方式相适应。姜长云（2016）分析了加快转变农业发展方式对依靠科技创新驱动提出的新要求。闫石等（2015）认为，推进农业科技创新和推广，要正确处理好政府与市场的关系、体制内力量与体制外力量的关系、战略与战术的关系、重点突破与普遍提高的关系，以期更好地服务于农业发展方式转变。

四 现有研究进展评述

从前文分析可见，近年来国内外关于转变农业发展方式的研究紧扣农业发展形势的变化，研究领域不断拓宽，研究内容逐渐深入，研究视角也不断创新。但技术进步、制度创新等一直是国内外转变农业发展方式研究的重要议题，只是在不同的发展阶段被赋予不同的使命及内涵。但已有研究也有值得反思和加强之处。

首先，要慎防对加快转变农业发展方式的简单化、泛化理解。转变农业发展方式涉及面广、内涵丰富，要在科学理解其内涵的基础上有重点、有次序地推进。在不同阶段、不同背景、不同地区，转变农业发展方式的内涵和重点往往有所不同，应因地制宜、因时制宜地推动农业发展方式转变。要避免把“转变农业发展方式”简单化、口号化、标签化；也要避免泛化理解，“好方式”和“坏方式”不加甄别，把所有做法都纳入转变农业发展方式的范畴。

其次，加强风险防范机制的研究。加快转变农业发展方式，不仅要在化解农业发展面临的主要矛盾上发力，还要防止由此衍生出新的问题，或产生后续的负面效应。如近期玉米等粮食价格下跌，对粮食领域新型经营主体、新型发展模式的可持续性带来了挑战，加强风险防范机制研究就显得十分必要。部分地区部分新型农业经营主体的运行，开始产生对农业补贴的“过度依赖症”，如何解决这一问题，完善新型农业经营主体可持续发展机制，是农业发展方式转变中亟待解决的问题。

再次，加强实践案例的理论总结和提炼。加强对实践案例的总结提升，有利于形成“源于实践而又高于实践”的理论创新成果。当前总体而言，对转变农业发展方式成功案例的总结，以简单的经验介绍为主，理论解析较少，不利于成功模式的推介和相关理论的深化。对于实践案例的理论解析，要着重于新型经营主体组织创新路径、协同机制构建以及推动农业发展方式转变的内在机理等。当然，经验的借鉴要与当地实际情况相结合，不能简单地认为“放之四海而皆准”，更不能“一刀切”。对国外经验的分析应以转变农业发展方式的做法为主，不能将其泛化至整个农业发展的经验总结；且国外经验的借鉴应综合考虑国内农业发展的现实情况。

最后，加强多维视角的农业发展方式转变研究。近年来，关于农业发展方式转变的研究视角虽然不断创新，但就总体而言，仍存在两方面的问题。一是新视角的研究多处于初级阶段，亟待进一步加强。如关于农业产业链、供应链、价值链视角的研究，关于农户分化和新型经营主体、新型农业服务主体成长对农业发展方式转变的影响等。二是不同视角的互补研究仍然不太多见。这种不同视角的互补研究，往往有利于更好地认识加快转变农业发展方式的内涵和农业发展的动力结构转变，拓展加快转变农业发展方式的选择空间。本书将在关于加快转变农业发展方式的研究方面，努力开展多维视角互补研究的积极尝试。

第三章　找准加快转变农业发展方式的历史方位

近年来，中国农业发展连创佳绩，主要农产品产量和人均占有量显著增加，农民人均纯收入连年保持较快增长，城乡收入差距连续7年保持缩小趋势。但总体而言，农业发展面临的问题和挑战也在明显增加，正如2017年中央一号文件指出的，“农产品供求结构失衡、要素配置不合理、资源环境压力大、农民收入持续增长乏力等问题仍很突出，增加产量与提升配置、成本攀升与价格低迷、库存高企与销售不畅、小生产与大市场、国内外价格倒挂等矛盾亟待解决”。这些问题几乎是现有农业发展方式下农业发展的必然结果，也在很大程度上反映了加快转变农业发展方式的重要性与紧迫性。同时，中国农业发展正在出现一系列重大趋势性变化，逐步呈现新的阶段性特征。顺应农业农村发展的趋势性变化和阶段性特征，加快农业发展方式转变越来越成为时代要求。中共十八大特别是十八届三中全会以来，党中央、国务院将加快转变农业发展方式重要性和紧迫性的认识进一步提升到新的高度。2014年以来各年的中央一号文件都对加快转变农业发展方式给予专门重视，且程度日益加深。在此背景下，找准加快转变农业发展方式的历史方位，有利于科学选择加快转变农业发展方式的路径和着力点。

一　农业发展：当前的问题

（一）农业生产对资源和要素投入的依赖迅速增加，耕地质量退化、环境污染加重甚至局部生态破坏等问题日趋突出

近年来，中国粮食和主要农产品产量的较快增长，是以农业要素

投入的大量增加为代价的。2004—2015年，[①] 全国粮食、棉花、油料产量分别增长了44.3%、15.3%和25.8%，同期全国农作物总播种面积、粮食作物播种面积、农用化肥施用量、农机总动力分别增加了9.2%、14.0%、36.5%和85.0%。目前，中国农作物亩均化肥施用量21.9公斤，是世界平均水平的2.7倍，分别是美国的2.6倍、欧盟的2.5倍。[②]

同时，中国农业资源、农业要素低效利用的状况近年来虽有所缓解，但并未得到根本改观。全国化肥的综合利用率仅在30%上下，与发达国家50%—60%的水平存在较大差距；中国每立方米灌溉水可生产粮食1公斤，发达国家已达1.2—1.4公斤。[③] 中国有机肥资源的实际利用率不足40%。

长期超强度使用耕地、大量消耗水资源、超施化肥和农药，导致耕地质量退化问题加重，农业发展的资源环境压力显著增加，农业对环境污染甚至局部生态破坏的影响日趋凸显。2012年年底，在全国18.26亿亩耕地（二调前国土数据）中，基础地力较好、耕地质量被评为1—3等的占27.3%；但耕地质量被评为7—10等的也达27.9%，这部分耕地基础地力较差，生产障碍因素突出，且短期内难以根本改善。[④] 中低产田比重大、耕地质量退化、耕地污染加重，土壤有机质含量低、补充耕地等级低、基础地力低，已成为中国耕地质量面临的突出问题，全国耕地退化面积已超过耕地总面积的40%。[⑤] 近年来，中国农业面源污染问题日益严重，土壤重金属超标、有机质含量下降、农膜残留增加、部分地区地下水漏斗问题日趋严峻，在相当程度上侵

---

① 在本书中，"2004—2015年"代表以2003年为基期，2015年为报告期。本书数据凡未注明出处者，均据相关年份的《中国统计年鉴》数据整理。

② 农业部：《农业部关于印发〈到2020年化肥使用量零增长行动方案〉和〈到2020年农药使用量零增长行动方案〉的通知》，农业部网站2015年2月17日。

③ 国新办就农业面源污染防治工作有关情况举行发布会，www. china. com. cn. 2015年4月14日。

④ 农业部种植业管理司：《关于全国耕地质量等级情况的公报》，《农民日报》2014年12月18日。

⑤ 乔金亮：《中国中低产田占耕地总面积70%　耕地退化超4成》，《经济日报》2014年12月19日。

蚀着食品安全的根基。从2004—2016年的13年间，在全国粮食增产总量中，来自黑龙江、河南、河北和山东省的贡献分别占19.1%、12.8%、5.8%和6.8%。黑龙江省所属的东北黑土地，近年来耕地黑土层变薄、有机质含量下降的问题迅速凸显，耕地基础地力下降导致对粮食增产的支撑能力弱化。由于长期超采地下水，包括河南、河北、山东等省在内的华北平原已成为世界上最大的地下水"漏斗区"，农业往往是超采地下水的主因。超采地下水，形成了部分地区日趋严重的地面沉降和地裂缝问题。部分地区将湿地改为耕地，[①] 虽然促进了短期粮食增产，但对区域生态环境的破坏作用却在迅速凸显。

（二）农产品成本和机会成本提高、比较利益下降的问题迅速加重，增强农业可持续发展能力的重要性迅速凸显

近年来，中国部分主要农产品每50公斤主产品总成本和净利润的变化见图3－1。[②] 可见，总体而言，中国主要农产品每50公斤主产品总成本呈明显上升趋势，但其净利润却增加不多，甚至在波动中有所下降或为负。2004—2013年，中国三种粮食平均、两种油料平均、棉花和规模生猪每50公斤主产品总成本分别增加了118.15%、130.27%、133.12%和134.28%；但三种粮食平均、规模生猪每50公斤主产品净利润仅分别增加了71.1%、13.7%，两种油料平均和

---

① 2003年和2013年中共中央分别完成了两次全国湿地资源调查，通过对两次调查类型相同、范围相同、起调面积相同的湿地进行对比分析发现，近10年来中国湿地面积减少了339.63万公顷，其中自然湿地面积减少了337.62万公顷，减少率为9.33%。参见国家林业局《第二次全国湿地资源调查结果》，2014年1月13日国务院新闻办公室新闻发布会材料。

② 2014年以来，由于国际油价低迷、社会用工成本增加放缓等多种原因，中国农产品成本的增加明显放缓，甚至出现部分年份部分品种成本下降的现象。如三种粮食平均每50公斤主产品总成本2014年、2015年分别为111.37元和114.23元，分别仅比上年增加0.28元和2.86元。相比之下，2012年和2013年，三种粮食平均每50公斤主产品总成本分别较上年增加13.95元和11.5元。又如棉花每50公斤主产品总成本，2012年、2013年、2014年、2015年分别为900.38元、1035.89元、953.70元和996.40元，2012年、2013年分别较上年增加100.51元、135.51元，2014年比上年减少82.19元，2015年也仅比上年增加42.70元。因此，为在分析相关问题时使结论更加鲜明，本章在分析主要农产品成本和净利润变化时，主要采用2013年及其以前的资料。

棉花每50公斤主产品净利润还分别减少了26.60元和404.84元。2013年两种油料平均每50公斤主产品净利润仅相当于2003年的12.4%，棉花每50公斤主产品净利润甚至为－102.27元。与从2003—2008年的5年进行比较，从2009—2013年的5年间三种粮食平均、两种油料平均和棉花每50公斤主产品的总成本上升更快，净利润下降更明显（见表3－1）。

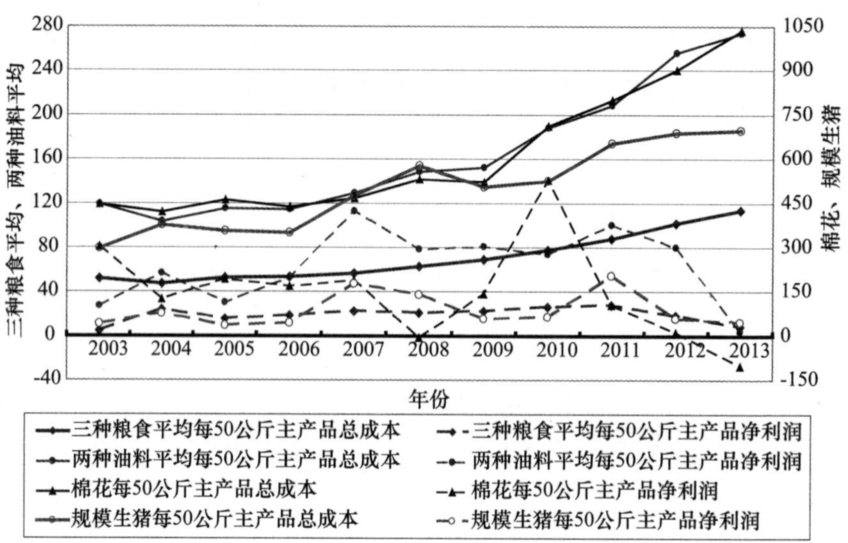

图3－1　2003—2013年中国农产品每50公斤主产品总成本和净利润的变化

表3－1　中国主要农产品每50公斤主产品总成本和净利润的变化

单位：元、%

指标		2003年	2008年	2013年	从2003—2008年		从2009—2013年	
					增量	增长率	增量	增长率
总成本	三种粮食平均	51.84	62.75	113.09	10.91	21.05	50.34	80.22
	两种油料平均	118.80	148.39	273.56	29.59	24.91	125.17	84.35
	棉花	444.35	530.74	1035.89	86.39	19.44	505.15	95.18
	规模生猪	297.97	575.70	698.07	277.73	93.21	122.37	21.26

续表

指标		2003 年	2008 年	2013 年	从 2003—2008 年		从 2009—2013 年	
					增量	增长率	增量	增长率
净利润	三种粮食平均	4.70	20.79	8.04	16.09	342.34	-12.75	-61.33
	两种油料平均	26.95	78.20	3.35	51.25	190.17	-74.85	-95.72
	棉花	302.57	-8.21	-102.27	-310.78	-102.71	-94.06	110.46
	规模生猪	39.46	138.57	44.86	99.11	251.17	99.11	-67.63

考虑到主要农产品单产水平的提高，将主要农产品每 50 公斤主产品净利润和每亩净利润结合起来，可以更加全面地看出主要农产品生产经营效益的变化。2003 年，中国三种粮食平均、两种油料平均、棉花的每亩净利润分别为 34.31 元、78.56 元和 461.28 元，规模生猪每头净利润为 79.19 元；2013 年分别变化为 72.94 元、13.25 元、-214.98 元和 103.91 元；2004—2013 年 10 年间，三种粮食平均每亩、规模生猪每头净利润分别上升了 38.63 元和 24.72 元，但两种油料平均和棉花的每亩净利润却有明显下降，2013 年每亩棉花的净利润甚至为 -214.98 元，比 2003 年降低 676.26 元。《全国农产品成本收益资料汇编·2014》中编入的稻谷、小麦、玉米、大豆、花生、油菜籽、棉花、烤烟、甘蔗、甜菜、桑蚕茧、苹果、散养生猪、规模生猪、大中城市蔬菜等 15 类农产品，从 2008—2013 年 5 年间仅有苹果和大中城市蔬菜每亩净利润有所增加，分别增加了 66.9% 和 51.6%；其他 13 类农产品每亩（头）净利润均有所减少。其中甜菜和稻谷减幅较少，分别减少 3.4% 和 34.3%，其他 11 类产品每亩（头）净利润减幅均在 50% 以上。2013 年大豆每亩净利润仅相当于 2008 年的 18.9%，小麦、油菜籽、棉花、烤烟、桑蚕茧、散养生猪每亩（头）净利润均为负，分别为 -12.78 元、-98.30 元、-214.98 元、-37.30 元、-3.63 元和 -106.15 元。可见，近年来中国大多数主要农产品生产经营效益不增反降。考虑到同期物价水平的上涨，问题更为严重。

如果考虑到每年国家用于抗旱防涝等救灾支出对维护农产品增产

的影响，则近年来中国农产品生产的社会成本还远远大于微观经营主体层面的生产成本。

如果把主要农产品生产经营效益的变化放到更大的宏观背景下考察，则农业比较利益下降和机会成本增加的问题更为严重。如2003年中国农民工外出务工人均月收入702元，2014年上升到2864元，增加了308.0%，年均递增13.6%。2013年，中国农民工外出务工人均月收入2609元，分别相当于种（养）4.05亩稻谷或4.90亩玉米、5.96亩油菜籽、2.28亩棉花、7.16头散养生猪、9.92头规模生猪的收入（包括净利润和人工成本）。

农产品成本和机会成本的提高、效益和比较利益的下降，为吸引优质资源和要素进入农业、提升农业的物质技术装备水平增加了障碍，也使提高农业资源利用率、要素产出率和增强农业可持续发展能力的重要性迅速凸显。

（三）国内农产品价格高于国际市场的问题较为突出，增强农业国际竞争力和可持续发展能力更加紧迫

在中国和美国，玉米均为第一大谷物。比较两国玉米生产的成本、收益状况，对于考察农业的国际竞争力和可持续发展能力具有重要的启发意义。从表3－2和图3－2、图3－3可见，与美国相比，近年来中国玉米生产总成本上升的趋势更为强劲；尽管两国每亩玉米净利润均呈较大的波动趋势，但总体而言，美国每亩玉米净利润增加的趋势却较中国更为鲜明。自2003年以来，中国玉米价格和生产总成本高于美国的问题日趋突出。① 2003年中国每50公斤玉米主产品总成本和平均出售价格分别是美国的1.15倍和1.52倍，2013年分别扩

① 自2015年8月人民币汇率中间价形成机制改革以来，人民币对美元汇率呈现在波动中贬值的趋势。自2017年3月以来国际油价呈现在波动中走高趋势。2016年对玉米价格形成机制和收储制度改革，实行“市场化收购＋补贴”，推动国内玉米价格下降。这些因素的综合作用，已导致国内玉米价格逼近甚至低于国际玉米价格。以2017年2月为例，根据农业部市场预警专家委员会提供的“农产品供需形势分析月报”，国内、国际玉米价格分别为每公斤1.62元和1.72元。但从可比口径看，分析农产品国际竞争力应该撇开这些外在因素变化的影响。因此，本章分析仍然沿用2013年的数据，以便问题分析更为鲜明。

大到1.92倍和1.94倍。从2003—2013年的10年间，美国每亩玉米主产品净利润增加了96.7元，中国仅增加了14.74元。

相对于美国，中国农业国际竞争力和可持续发展能力的状况可见一斑。需要说明的是，自2003年以来，虽然美国玉米生产的每亩净利润一直低于中国，甚至在2005年前连续几年为负，但美国庞大的农业补贴系统仍为美国玉米生产农民收入的增长提供了强劲支撑。[①]相对于美国，中国农业补贴的水平低得多，这种情况加剧了中国农产品对美国农产品在国际农产品市场竞争中的比较劣势，也容易削弱中国农业生产经营者从事农业的动力。

近年来，中国农产品价格的变化在总体上呈现长期趋势性上涨和短期波动性加剧并存的特征。特定时期特定农产品价格的变化，往往是两种趋势综合作用的结果。一般而言，对国计民生影响越大、国家提供价格支持保护越多、国内外市场开放度越低的农产品，价格上涨趋势的主导性就越强，价格波动性就越弱；对国计民生影响越小、国内外市场开放度越高，甚至市场规模越小、产地集中度越高、因而越容易形成垄断供给的农产品，价格波动加剧的主导趋势就越强。这种价格波动加剧的趋势，主要表现为价格波动幅度放大或波动频率增加。货币供应量增长过快，农产品生产和流通成本提高，粮食等部分农产品最低收购价和临时收储制度的实施，都是推动农产品价格上涨的主要因素。极端天气灾害和重大动植物疫病的发生、农业产业链垄断势力的强化及其向农产品流通领域的转移，农业组织结构的加快转型及由此带动的农产品市场运行方式的变化，往往是加剧农产品市场价格波动的主要原因。[②] 此外，国际农产品和能源、金融等相关产品价格的变化及其影响向国内的传导，也在较大程度上影响着国内农产

---

① 美国的农业补贴政策尽量与生产决策和当期价格脱钩，补贴额的计算基于历史单产、播种面积或收入水平；各种补贴充分互动形成农民收入保护网。如通过直接支付为农户提供基本的收入保障，通过目标价格和目标收入补贴帮助农户抵御农产品价格下跌的风险，联邦保险费补贴和收入补充计划则协助农户减少自然灾害带来的损失（彭超，2013，第129—139页）。

② 此处主要讨论农产品名义价格的变化，不讨论农产品实际价格或相对于工业品、服务品的价格变动。参见姜长云（2011）。

品价格的上涨或波动。今后中国农产品价格的变化，很可能继续呈现长期趋势性上涨和短期波动性加剧并存的趋势。

但是，最近几年来，随着粮食等重要农产品价格形成机制和收储制度改革的提速，越来越多的农产品价格变化将会呈现出波动加剧的特征。如2016年国家取消玉米临时收储政策，实行“市场化收购+补贴”。此项政策实施以来，玉米价格明显下降。到2017年2月，东北2等黄玉米运到广州黄埔港的平仓价已经下降到每公斤1.62元，较上年同期下降25%。从局部地区调查来看，玉米价格降幅更大。农产品价格波动加剧，增加了稳定农产品价格、优化农产品市场调控的难度，增加了农产品主产区出现区域性、群体性农民减少的可能性；也对有效利用国际农产品市场及其与能源市场、金融市场的联动性，提出了新的要求和挑战。

表3-2　2003年以来中、美两国玉米生产成本、收益的变化及其比较

单位：元、%

指标 \ 年份		2003	2004	2005	2006	2007	2008	2009	2010	2011	2012	2013
每亩总产值	美国	435.99	494.28	351.39	585.2	587.91	720.6	631.49	712.84	843.10	833.37	739.47
	中国	410.41	510.64	487.82	556.5	650.52	682.67	726.47	872.28	1027.32	1121.90	1089.56
每亩总成本	美国	483.45	514.94	522	538	556.61	617.31	615.12	605.51	636.08	664.38	690.22
	中国	347.63	375.5	392.28	411.8	449.7	523.45	551.10	632.59	764.23	924.22	1012.04
每亩净利润	美国	-47.46	-20.67	-170.61	47.23	31.31	103.29	16.37	107.33	207.02	168.99	49.24
	中国	62.78	134.94	95.54	144.8	200.82	159.22	175.37	239.69	263.09	197.68	77.52
每50公斤主产品平均出售价格	美国	34.72	34.72	28.05	50.52	48.99	59.65	48.27	58.64	72.87	84.25	56.17
	中国	52.74	58.06	55.53	63.39	74.76	72.48	82.01	93.62	106.07	111.13	108.81
每50公斤主产品总成本	美国	38.77	36.41	41.86	46.58	46.51	51.22	47.11	49.90	55.08	67.28	52.53
	中国	44.67	42.72	44.65	46.9	51.68	55.58	62.21	67.89	78.91	91.55	101.07

注：本表中美国农产品成本收益数据源自美国农业部经济研究中心，各年美元与人民币汇率按当年平均汇率计算。

资料来源：国家发改委价格司编著：《全国农产品成本收益资料汇编》，2009年、2014年。

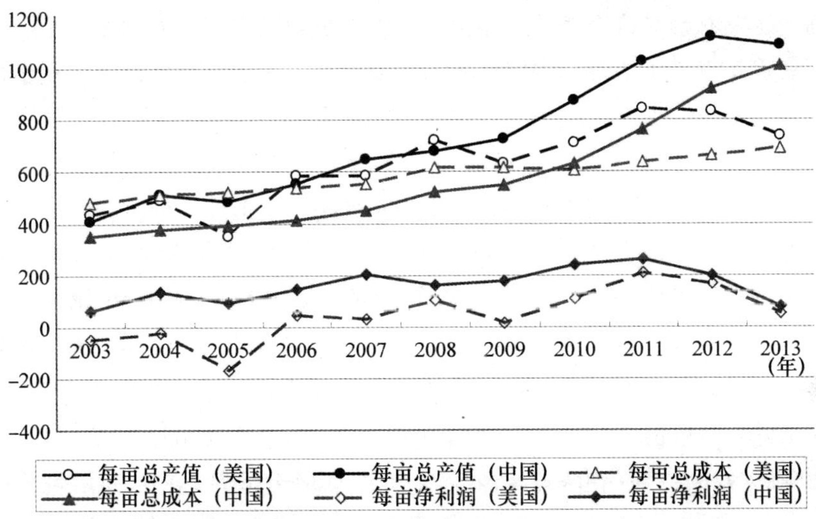

图 3－2　2003—2013 年中、美两国玉米生产每亩成本收益的变化

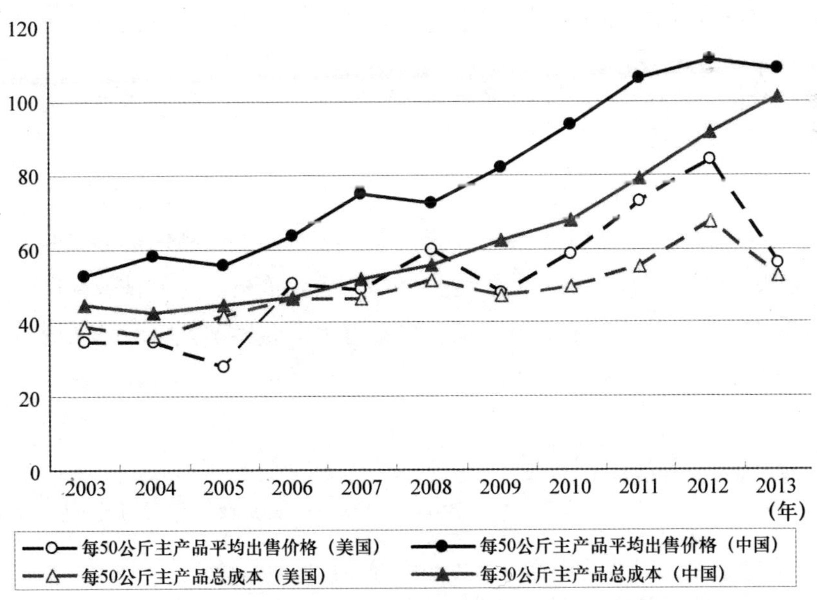

图 3－3　2003—2013 年中、美两国玉米生产每 50 公斤主产品成本收益的变化

在近年开始推进粮食等重要农产品价格形成机制和收储制度改革之

前，中国农产品价格的长期趋势性上涨，也为国内农产品价格高于国际市场价格提供了伏笔。中国许多农产品价格高于国际市场价格，就是这种长期趋势性上涨的结果。如 2013 年越南米在中国南方地区的销售价格约 3. 20—3. 60 元/公斤，较国内早籼米价格低 0. 2—0. 4 元/公斤。在国内价格稻强米弱的背景下，许多大米加工企业把低价进口的越南大米作配米，以降低大米出厂价格。[①] 2014 年 10 月，国内市场早籼米、晚籼米和粳米的批发价分别为每公斤 3. 84 元、4. 14 元和 4. 56 元，泰国大米的到岸税后价仅为 3. 14 元/公斤，明显低于国内。[②] 2014 年 10 月第三周进口棉花中国主港到岸均价折合人民币进口成本每吨 11912 元，低于国内市场价格 19. 6%；按滑准税计算，折合人民币进口成本 13770 元/吨，较国内棉花市场价格低 7. 1%。[③] 2014 年 8 月，中国生鲜乳价格 3. 9 元/公斤，高于国际鲜奶价格 63. 9%。如果考虑到国内外乳品质量的差距，则国内外奶价差距更大。[④] 2014 年 10 月，全国进口牛肉均价为 24 元，全国牛肉平均价格为 63. 36 元/公斤，进口牛肉价格仅相当于国内平均价格的 37. 9%。[⑤] 同期，中国进口食糖均价为 2677 元/吨，较国内食糖主产区广西现货均价低 1667 元/吨，国内外价差相当于进口食糖均价的 62. 3%。[⑥]

如果只是个别时期、个别农产品价格高于国际市场，问题尚不甚突出。问题的严重性在于，在近年推进粮食等重要农产品价格形成机制和收储制度改革以前，农产品国内价格高于国际价格的现象日趋普遍，在不少农产品上几近常态。在主要粮食品种上更为典型。农产品国内价格

---

① 佚名:《2013 年稻米市场回顾》，中国粮网：www. cngrain. com，2014 年 1 月 15 日。

② 佚名:《2014 年 10 月稻米市场监测报告》，www. jsagri. gov. cn，2014 年 11 月 6 日。

③ 佚名:《2014 年 10 月第 3 周中国棉花市场周报——国棉价涨跌互现 外棉价格反弹》，www. agri. gov. cn，2014 年 10 月 21 日。

④ 佚名:《2014 年中国鲜奶收购价现断崖式下跌的原因分析》，食品商务网（www. 21food. cn）2014 年 11 月 5 日。

⑤ 佚名:《2014 年 10 月全国牛肉价格继续上涨》，淘牛网，2014 年 11 月 25 日；《2014 年 10 月中国牛羊肉进口分析》，中商情报网（www. askci. com）2014 年 12 月 6 日。

⑥ 参见佚名《2014 年 10 月中国食糖进口分析》，海关统计咨讯网（www. chinacustomsstat. com）2014 年 12 月 6 日；濮晓鹏:《2014 年 10 月份食糖市场分析与预测》，《商务预报》2014 年 11 月 28 日。

高于国际价格，导致相关农产品进口压力明显加大,[①] 推动了近年来中国农产品国际贸易逆差的扩大，也为国际农产品市场上供给和价格的波动向国内传导“增开了窗口”。这会导致下列情况出现。①挤压国内农产品的市场空间和价格上涨空间，加大提高农产品价格、增加农民收入的难度；②侵蚀国内强农惠农政策的支持效果，容易导致中国增加农业补贴的效益大量外流；③增加中国农业生产经营的风险和稳定农产品供给能力的困难，容易加重中国农产品进口增加与国内积压滞销并存的现象。近年来，中国越来越多的农产品国内自给率下降，不只是国内需求缺口增大所致，更是在国内价格高于国际价格的背景下，农产品进口增加与国内积压滞销现象并存发生的结果。中国许多农产品生产缺乏转型升级的基本条件，难以吸收社会资本延伸产业链、提升价值链，甚至不得不在较低的利润水平下“苟延残喘”。这与相关农产品进口对市场的挤占和价格的打压密切相关。这些情况说明，增强中国农业国际竞争力已经空前紧迫，时不我待；也说明推进粮食等重要农产品价格形成机制和收储制度改革越来越成为时代要求，这直接影响农业可持续发展。

按照中国入世承诺，与大多数国家相比，目前中国农产品平均关税水平低，不足世界平均水平的1/4；最高关税水平与绝大多数国家相距更大；粮棉油糖等大宗农产品实行的关税配额量大，配额内关税多在1%—5%，配额外关税最高仅65%，已成为世界上农产品市场开放度最高的国家之一（倪洪兴，2008）。因此，中国农产品关税水平难以有效抵御来自国外低价农产品的进口冲击，关税“防火墙”作用有限。近年来，中国虽然不断加大农业补贴力度，但许多现行农业补贴政策属于“黄箱”范围，对部分农产品的支持已接近入世承诺上限，进一步加大支持面临上限约束。2014年，由于实施转基因管理及进口与库存配比销售等措施，中国玉米进口得到一定控制，进口量较上年同比下降20.4%；但作为其替代品的高粱和大麦进口却增势迅猛，较上年增加778万吨，增加了2.3倍（课题组，2015）。这些情况说明，增强中国农业的国际竞争力和可持续发展能力更加大意不得！

---

① 如2013年中国大米进口量较大，尤其是走私大米大量增加，一个重要原因是从国际市场特别是邻近的越南进口大米价格较低，导致大米进口压力加大。

（四）农业产业链、价值链的整合协调机制亟待健全，跨国公司对中国提升农业价值链和维护农业产业安全的挑战日益增多

近年来，中国农业和农业产业化的组织创新日趋活跃，构建新型农业经营体系步伐明显提速，有效地促进了农业发展方式转变。家庭农场、农民合作社、公司农业、农业产业化经营企业等新型农业经营主体和农机服务公司、植保服务公司、农业技术研究所等新型服务主体竞相发展、各显神通，成为加快农业发展方式转变的先行者，也是推进农业现代化的生力军。农业和农业产业化的组织创新，为农业乃至农业产业链增强竞争能力、抗风险能力和可持续发展能力，更好地对接资本市场、要素市场、产品市场和消费需求提供了重要支撑，也为参与全球价值链、构建国内价值链和推进价值链升级提供了重要载体。但总体而言，中国农业产业链、价值链的整合协调机制建设仍只处于初级阶段，利益联结机制不健全，甚至价值链片段化、碎片化的问题依然比较突出，价值链领导型企业不稳定、对价值链治理的主导能力不强也是突出问题；甚至在宏观农业政策的设计中，重生产、轻服务，重产中、轻产前和产后环节的现象仍时有发生。

随着农业对外开放的扩大和深化，农业发展中国际竞争国内化、国内竞争国际化趋势日盛。在此背景下，中国参与全球农业价值链的涉农企业和农业组织不断增加，但大多处于全球农业价值链的低端，难以进入其关键环节和战略领域，全球农业价值链的管理权和控制权大多掌握在以发达国家为主的跨国公司手中。顺应国内农业市场空间迅速拓展和市场需求结构迅速变化的潮流，越来越多的国内涉农企业致力于构建国内农业价值链，并力图向区域和全球范围拓展，形成由本土企业主导的全球农业价值链。但是，迄今为止，在中国，这方面仍只处于起步阶段，真正能在农业价值链的战略环节和关键领域形成有效的进入壁垒，进而在农业价值链利益分配中获得优势地位的领导型企业并不多。

随着经济全球化的发展和对外开放的扩大，越来越多的国内农业价值链面临着与全球农业价值链对接的问题。在此过程中，少数在全球农业价值链具有管理权和控制权的国外跨国公司很容易凭借其在核心技术、资本实力、管理经验、经营理念、信息化和市场营销手段等方面的优势，在较短时期内迅速蓄积起对中国农业价值链战略环节、关键环节的控制态势，进而导致中国农业价值链管理权和控制权失守、价值链领导型企业被边缘化或被跨国公司兼并重组等。这种现象在中国大豆产业链、价值链中较为典型。[①] 作为世界最大的大豆消费国，近年来中国大豆生产受到过度挤压，价格受到明显抑制，定价话语权显著减弱，产业控制力严重削弱，产业调控难度明显加大的问题迅速凸显（倪洪兴等，2010）。1995 年中国还是大豆净出口国，2003 年和 2014 年，大豆自给率已分别下降到 42.9% 和 14.6%。2016 年中国大豆进口总量 8391 万吨，自给率下降到 13% 上下。

跨国公司进入中国农业产业链、价值链，往往是从以低价进入为切入点的贸易控制起步，转向通过参股合资进入加工领域，进而通过低成本并购形成对农业产业链、价值链的控制态势（姜长云，2011，第 102 页）；甚至将这三阶段方法有机结合，通过在国际农产品市场及与此高度联动的金融市场、能源市场上“兴风作浪”，加剧国际农产品市场进而国内农产品市场价格的波动，为进行贸易控制、参股合资，进而低成本收购行业龙头企业提供契机。一般而言，跨国公司在进入中国农业产业链、价值链的过程中，比较青睐的领域往往集中在农产品、农加工品、农业投入品的现代营销体系，农村金融和农产品批发市场，规模化、集约化和现代化的农产品深加工业，农业种质资源开发，食品安全和农业品牌、销售渠道等领域。由此不仅容易导致中国农业价值链升级面临国际分工地位被“低端锁定”的风险，容易将中国的涉农企业和农业产业组织推向农业价值链利益分配的边缘地位；还容易加大中国维护农业产业安全面临的挑战，导致中国对农业发展和农产品市场的调控容易因农业价值链管理权和控制权失守而遭遇“屏蔽”。

---

① 2004 年在中国发生的大豆危机及其后在中国大豆产业链发生的连锁性事件，就清楚地说明了这一点。参见顾善松（2006）。

二　几个趋势

（一）对农业或农产品的需求总量持续增长，需求结构加速分化

迄今为止，中国城乡居民收入连续多年保持较快增长，近年来增速虽有所放缓，但2016年全国居民人均可支配收入已达23821元，较上年实际增长6.3%。其中城镇居民人均可支配收入达到33616元，农村居民人均可支配收入12363元，分别较上年实际增长5.6%和6.2%。城乡居民收入和消费水平的提高，为居民消费结构升级和消费需求分化提供了重要基础，也对农产品需求总量和需求结构的变化产生了深刻影响，基本趋势如下。

1. 社会对农产品的需求总量持续增长，需求结构多元化持续推进

近年来，农村居民对粮食和蔬菜的人均消费量有所下降，城市居民对粮食和蔬菜的人均消费量稳中略降；但农村居民人均植物油消费量、城乡居民人均猪牛羊肉消费量均呈增长趋势，城市居民人均植物油消费量、城乡居民人均家禽消费量稳中略增，城乡居民人均水产品消费量在经历较长时期的增长后趋于稳定（见图3－4、图3－5）。由于2016年中国城镇化率已达57.4%，今后城镇化率很可能继续以每年超过1个百分点的速度提高；同时考虑到目前城市居民人均粮食消费量不足农村居民的一半，城市居民人均蔬菜、食油、猪牛羊肉、家禽、水产品消费量均明显高于农村居民，据此可以粗略推算，今后中国城乡居民对粮食（主要是口粮）的消费总量将呈下降趋势，对植物油、猪牛羊肉、家禽、水产品的消费总量将呈加速提高趋势。从国内外经验看，城乡居民对猪牛羊肉、家禽、水产品等养殖产品消费总量的扩张，以及农产品加工业发展对动物毛皮、内脏、骨、血等养殖业副产品需求的增长，会带动社会对饲料粮需求进而粮食需求总量的增长。因此，在2020年前甚至更长时期内，农业发展对资源的需求总量仍将呈现增加趋势，农产品需求结构多元化也会加快推进，实现农产品供求平衡的难度在总体上将呈增大趋势。城乡居民消费结构升级，也将带动农产品进口总需求的扩张。

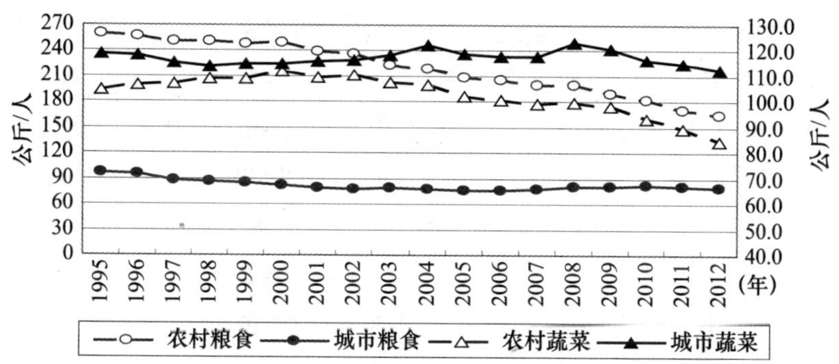

图 3－4 1995—2012 年中国城乡居民人均粮食、蔬菜消费量的变化

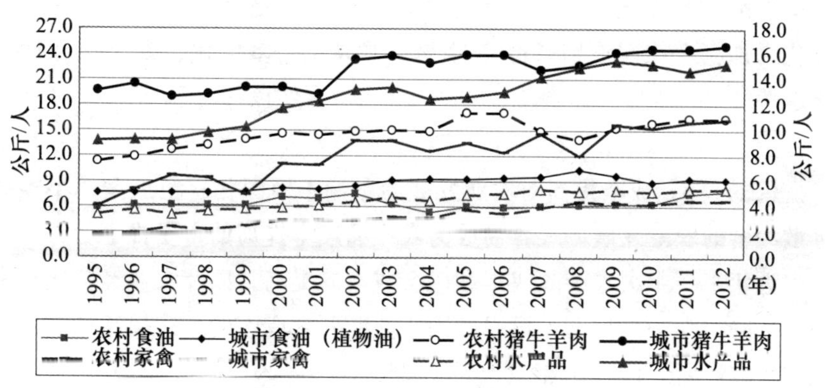

图 3－5 1995—2012 年中国城乡居民人均食油、猪牛羊肉、家禽、水产品消费量的变化

资料来源：农业部：《中国农业发展报告·2014》，中国农业出版社 2014 年版。

2. 不同类型消费者的农产品消费需求加快分化，消费市场进一步细分

随着收入水平的提高和收入分化，城乡居民对农产品需求的增长日益呈现个性化、差异化和多样化的趋势，专用化农产品、加工食品、品牌食品和安全化、优质化、体验化食品日益成为农产品需求增长的重点，甚至在产品功能之外对农业生活、生态功能的需求也日益成为农业需求的新增长点，农业发展的科技、教育、文化内涵和生态休闲、旅游观光等体验功能也将日益受到重视。这也导致创新供给，引导、凝聚、

激发农业需求的重要性和紧迫性迅速凸显。如许多地方通过激活农业的景观功能，引导和激发农业新需求。

值得注意的是，近年来，城镇化和人口老龄化对居民消费结构升级和消费需求分化的影响也在迅速深化。2020 年和 2030 年，中国城镇化率很可能分别将达 62% 和 70% 上下。2015 年，全国农民工总量已达 27747 万人，较上年增加 352 万人；其中本地农民工 10863 万人，外出农民工 16884 万人，分别较上年增加 289 万人和 63 万人。2016 年，全国 65 周岁及以上人口已达 15003 万人，占总人口的比重为 10.8%，分别较 2003 年增加 54.8%、提高 3.3 个百分点。城镇化和人口老龄化的深化，导致生活方式转变对农产品消费需求的影响日益深化，加剧农业需求增长的个性化、差异化、多样化、安全化和优质化趋势。

（二）要素成本提高对农业发展的影响不断深化，粗放型、小规模分散经营的农业发展方式容易成为农产品成本提高的重要推手

近年来，中国农产品成本和机会成本的提高，以及农业经营比较利益的下降，在很大程度上可以归因于农业要素成本的迅速提高和农业发展的粗放经营。以三种粮食平均为例，2009—2013 年的 5 年间每亩总成本的增量为 463.77 元，其中对增量贡献较大的主要有以下几项：①人工成本增量 254.69 元，占 54.9%；②物质与服务费用增量 127.34 元，占 27.5%；③土地成本增量 81.74 元，占 17.6%。人工成本和土地成本的增加，与工业化、城镇化迅速发展带动劳动力和土地等要素成本提高密切相关。近年来随着农村劳动力大量外流，农业用工成本迅速提高。农民非农收入的增加和闲暇效用的上升，也是推动农业用工成本上升的重要原因。近年来，工商资本进入农业越来越多，带动农地租金迅速上涨，成为推动土地成本上升的重要原因。同期，三种粮食平均每亩用工数量由 7.69 个减少到 6.17 个；但劳动力日工价则由 21.60 元增加到 68.00 元，增加了 214.8%。劳动力日工价的提高成为推动每亩用工成本提高的全部原因。不仅如此，用于粮食生产的劳动力日工价的增速，还明显快于外出农民工人均月收入或城镇单位就业人员平均工资的

增长。[①] 在三种粮食平均的物质与服务费用中，机械作业费、种子费和化肥费是增量最多的三大块，分别增加55.95元、24.79元和24.82元，分别占总成本增量的12.1%、5.4%和5.4%。进一步分析，每亩化肥费的增加基本上由化肥投入的增加与化肥价格的上涨平分；每亩种子费的增加主要由种子价格的提高所致，但每亩种子用量的略增也发挥了辅助作用。

再从棉花来看，2009—2013年，每亩总成本增加1097.53元，其中人工成本、物质与服务费用、土地成本分别增加832.76元、161.96元和102.81元，分别占同期总成本增量的75.9%、14.8%和9.4%。在物质与服务费用增量中，增幅比较大的主要有机械作业费、化肥费、排灌费和种子费，分别增加45.47元、24.49元、23.49元和16.49元。同期，棉花生产每亩用工天数由23.09天减少到19.44天，减幅达15.8%；棉花家庭用工日工价和雇工日工价分别增加了214.8%和139.7%，用工价格上涨成为推动棉花生产用工成本提高的全部原因。将棉花每亩总成本的增量结构与三种粮食平均进行比较可见，越是劳动密集型农产品生产，工价提高对总成本增加的影响越大。

进一步来看，将规模生猪与散养生猪比较，从2008年至2013年，规模生猪每头总成本增量353.02元，其中物质与服务费用、人工成本分别增加263.07元和89.36元。相比之下，散养生猪每头总成本的增量为536.85元，超过规模生猪52.1%；其中物质与服务费用、人工成本分别增加了244.89元和292.07元，物质与服务费用的增量略小于规模生猪，但人工成本的增量超过规模生猪达2.27倍。在规模生猪和散养生猪中，精饲料费的增量分别达到281.36元和299.38元，均超过各自全部的物质与服务费用增量，而且精饲料费的增量均主要来自精饲料价格的提高，精饲料量的增长影响较小。相对而言，散养生猪物质与服务费用的增量略小于规模生猪，很大程度上是因为散养生猪有更多的生

① 相比之下，2008—2013年，全国外出农民工人均月收入（不包括包吃包住）由1340元增加到2609元，增加了94.7%；城镇单位就业人员平均工资由28898元增加到51483元，增加了78.2%。

活废弃物可资利用，如剩饭剩菜。从散养生猪与规模生猪每头用工成本的比较可见，促进农产品生产的规模化，有利于降低劳动力成本，抑制用工成本上升对总成本增量的影响。

可见，加快转变粗放化和小规模分散经营的农业发展方式，提高农业经营效益的重要性和紧迫性正在迅速凸显。否则，由于农业经营主体缺乏生产经营积极性，农业经营副业化和兼业化将会迅速普遍化，推动农产品成本的迅速提高。

（三）农业专业化、规模化、集约化的迅速推进有效带动了农业发展方式转变，也对发展农业生产性服务业提出了新的更高层次的要求

在微观层面，农业专业化、规模化、集约化的推进，往往表现为农户规模经营的发展，以及种养大户、家庭农场、农民合作社、龙头企业和工商资本等新型经营主体、新型服务主体的成长。相对于普通农户，新型经营主体的成长也对新型服务主体的发育及其规模化和产业化提出了新的更高要求。近年来各种新型服务主体的成长，不仅有效促进了农业的节本增效和降低风险，还同农业专业化、规模化、集约化的发展形成了良好的互动效应。如在部分地区，农资经销商向农资综合服务商转型，农业产业化龙头企业向农业产业化综合服务商转变，甚至有些农产品加工企业成功实现由卖产品向卖设计、卖服务转变。近年来，许多地方农机服务业的迅速发展，成为发展农业生产性服务业的新亮点。

在中观层面，农业发展的区域专业化、规模化和集约化，也对推进农业生产性服务业的发展及其集群化、网络化提供了强劲的需求拉动。如由于区域层面农业发展的集群化和连片化迅速推进（姜长云，2011，第6页），主要农产品生产向优势产区集中步伐明显加快，导致主要农产品主产区与主销区的空间距离扩大，实现农产品供求平衡对农产品流通特别是物流体系的需求明显增强。这在粮食方面尤为典型（姜长云，2012，第51—57页）。如2004—2016年的13年间，全国粮食总产量增加18554.4万吨，增产量占全国增产总量比重超过5%的省份主要有黑龙江、河南、吉林、内蒙古、山东、安徽、江苏、河北8省，合计占全

国粮食增产总量的71.9%，这8个省份基本在秦岭—淮河以北或淮河沿线。从2003年到2015年，这8个省年末总人口占全国总人口的比重由37.4%下降到36.3%，年末总人口增量占全国年末总人口增量的比重仅为20.3%。但从2003年到2016年，这8个省粮食产量占全国粮食总产量的比重却由46.9%增加到54.4%。

（四）信息化对农业发展方式的影响迅速深化，其影响有待深入观察①

近年来，农业信息化深入推进，信息技术在农业的应用日益广泛而深刻，互联网与农业的对接开始由“星星之火”逐步燃成局部“燎原”之势，但信息化对农业发展方式转变的影响目前在总体上仍被低估。近年来，广受关注的往往是农业生产领域的信息化，如精准农业和传感器在农业物联网的运用。但是，今后影响更大的很可能是互联网农业的发展。近年来一些知名的互联网企业纷纷进军农业，部分实力强劲的工商企业纷纷把互联网作为进军农业的“使车”，越来越多的地区和农户也开始借助互联网实现农产品营销渠道的拓展、升级。典型的如浙江遂昌县，上网交易的农产品种类从2010年起日渐丰富，逐渐成为当地电子商务交易的主打产品，2013年生鲜农产品已占据了当地农产品网销额1/4的比重。②

互联网农业的发展对农业发展方式转变的影响正在迅速深化，但要全面准确地把握其对加快转变农业发展方式的影响，很可能尚待时日。互联网技术的运用，将会催生中国农业新产业、新业态、新模式的形成。第一，它提供了一个工商资本进入农业的新模式。在此模式下，工商资本将直接垄断终端市场，直接控制生产环节、储运环节和营销渠道，由此很可能导致若干工商资本大鳄对农业领域的垄断地位不断强化。对于这种模式可能带来的后果，目前还有待全面观察；但怎样防止由此带来的农业发展方式转变的“阳光雨露”无法惠及普通农户，则

---

① 本部分根据课题组成员林万龙教授的观点整理而成。

② 《遂昌县：一个县城如何玩转生鲜电商和O2O?》，http：//money.163.com/14/0304/08/9MFTS0E500253G87.html。

是值得警觉的。第二，由于缩短了农产品从生产到终端销售的链条，缓解了生产者和消费者之间的信息不对称，也有可能使一些高素质的农业生产者降低对工商资本的依赖，更易于推动自产农产品直接进入市场，增加实现农产品直供直销的可能性。第二种情况的普遍出现，需要政府提供完善的信息基础设施、必要的职业培训以及更为标准化的农业生产技术以适应互联网营销。第三，为农服务的金融产品也将有巨大的创新潜力，农业金融服务将不限于生产环节，还有可能延伸到网上支付、P2P 贷款等创新金融产品上。后两种情况的出现对中国农业发展方式转变的影响，可能将更具革命性。顺应信息化迅速发展的潮流，引导信息化与农业发展方式转变有效对接，有利于加快农业现代化进程，增进农业发展方式转变成果惠及的广泛性。

三　时代要求

从前文分析可见，尽管近年来中国主要农产品供给和农民增收形势总体较好，但农业发展面临的问题和挑战已经比较严峻，加快农业发展方式转变已经不是一个要不要做、可不可以缓些做的问题，而是中国农业发展刻不容缓的任务。农业发展面临的若干趋势性变化，导致加快转变农业发展方式的重要性和紧迫性更加凸显。21 世纪初，速水佑次郎和神门善久（2003，第 309、310 页）在研究日本农业时断言，日本农业处于“十字路口”，“何去何从，将取决于今后的政策选择。但必须明确的是，今天的维持现状将不可避免地带来明天的衰退”。将这种结论移植到当今中国，也是成立的。中国农业发展已经进入生死攸关的“十字路口”，加快转变农业发展方式迫在眉睫，应该成为中国农业发展的当务之急。应该把加快转变农业发展方式作为今后推进农业发展的主旋律，着力促进农业的提质增效升级，引导农业更好地增强竞争力和可持续发展能力。否则，中国农业发展很容易陷入走向衰退的恶性循环，保障农产品有效供给和食物安全的难度与风险也会显著增加；甚至保障农产品当前的有效供给，也会以损害中长期有效供给能力为代价。把加快转变农业发展方式作为今后推进农业发展的主旋律，也是提高农业附加值、调动农业经营主体积极性的客观要求。否则，农业发展很可能因为农户等农业经营主体缺乏生产经营积极性而导致农业后继无人和老人农业普遍化问题加重，这很容易导致加快农业现代化建设落空。

第四章　农民增收视角的农业发展方式转变

近年来，农民收入持续较快增长，城乡居民收入差距不断缩小。农民收入的较快增长，对于扩大消费、带动形成新的经济增长点，对于促进城乡社会的稳定和谐和全面建成小康社会发挥了重要作用。但是，随着经济下行压力的继续加大，农民增收的难度明显增加，出现区域性、群体性农民减收的风险也在显著加大。由于在全国农民人均可支配收入中，经营净收入占比仅在40%上下；在人均可支配收入的增量中，经营净收入增量的占比往往更低；农民增收形势不能完全反映农业发展方式转变的状况与需求。但农业收入仍是农民收入及其增长的重要来源，通过分析农民收入增长构成及其组成部分的变化，仍然可以得出关于加快农业发展方式转变的若干启示。

一　农民收入增长的基本格局

（一）农民人均收入在总体上呈现较快增长态势，但近年来增速已明显放缓

按可比价格计算，“十五”期间（2001—2005年）、“十一五”期间（2006—2010年），全国农民人均纯收入分别年均增长5.3%和8.9%。相比之下，“十二五”期间，农民人均收入的年均增速明显提高，其增速也由之前的慢于GDP，转为快于GDP（见图4－1）。按可比价格计算，2011—2014年4年间，农民人均纯收入年均递增10.1%。2015年，全国农民人均可支配收入达到人民币11422元，农民人均纯

收入达到 10772 元。

但继 2012 年以来，随着经济下行压力的加大，农民收入增长已经呈现明显的放缓趋势。2011 年，农民人均纯收入较上年实际增长 11.4%，2012 年、2013 年和 2014 年分别较上年实际增长 10.7%、9.3%和 9.2%。2015 年农民人均可支配收入较上年实际增长 7.5%，虽然统计口径的调整增加了收入增速的不可比性，但据此仍可见农民收入增速放缓的态势。2016 年，全国农村居民人均可支配收入 12363 元，较上年实际增长 6.2%，增速较 2015 年和 2014 年均有明显降低，也低于同期 GDP 增速 0.5 个百分点。

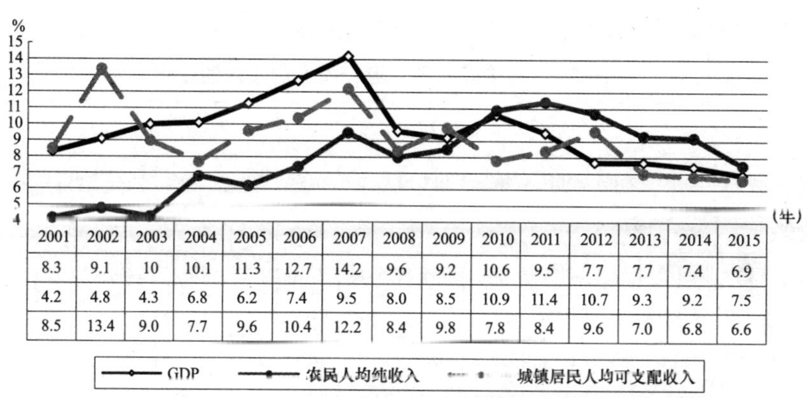

2001	2002	2003	2004	2005	2006	2007	2008	2009	2010	2011	2012	2013	2014	2015
8.3	9.1	10	10.1	11.3	12.7	14.2	9.6	9.2	10.6	9.5	7.7	7.7	7.4	6.9
4.2	4.8	4.3	6.8	6.2	7.4	9.5	8.0	8.5	10.9	11.4	10.7	9.3	9.2	7.5
8.5	13.4	9.0	7.7	9.6	10.4	12.2	8.4	9.8	7.8	8.4	9.6	7.0	6.8	6.6

图 4－1　2001—2015 年中国城乡居民收入的实际增速及其与 GDP 增速比较①

（二）城乡收入差距进入缩小轨道，但不同收入层次的收入差距进一步扩大

2009 年，城镇居民人均可支配收入相当于农民人均纯收入的 3.33 倍，2010 年、2014 年和 2015 年分别下降到 3.23 倍、2.97 倍和 2.90 倍。2015 年城乡居民人均可支配收入之比为 2.73。从 2010 年开始，城乡收入差距不断扩大的态势得到扭转，城乡收入差距缩小的态势逐步形成。2015 年，全国农民人均可支配收入的实际增速快于城镇居民人均

---

① 在本图中，2015 年农民人均纯收入实际增速数据缺，用农民人均可支配收入实际增速代替。

可支配收入实际增速0.9个百分点。

值得重视的是，近年来不同收入等级的农民收入差距呈现扩大态势（见表4-1）。按五等份分组，2010年高收入户（20%）农民人均纯收入相当于低收入户（20%）的7.51倍，2013年扩大到8.24倍。2013年高收入户（20%）农民人均可支配收入相当于低收入户（20%）的7.41倍，2014年扩大到8.65倍。2013年低收入户（20%）的农民人均可支配收入2877.9元，2014年较上年减少3.8%。2015年不同收入等级农民收入差距扩大的态势有所改变，出现中低收入户收入增速最快，中高收入户收入增速最慢，高收入户农民人均可支配收入相当于低收入户的倍数缩小到8.43倍。

表4-1 2010—2015年按五等份分组农民人均收入的变化

按收入五等份分组（各占20%）	农民人均纯收入/可支配收入的数量							较上年增长（%）				
	2010	2011	2012	2013	2013*	2014*	2015*	2011	2012	2013	2014*	2015*
低收入户	1869.8	2000.5	2316.2	2583	2877.9	2768	3086	6.99	15.78	11.5	-3.82	11.5
中等偏下户	3621.2	4255.7	4807.5	5516	5965.6	6604	7221	17.5	12.97	14.8	10.71	9.3
中等收入户	5221.7	6207.7	7041	7942	8438.3	9504	10311	18.9	13.42	12.8	12.63	8.5
中等偏上户	7440.6	8893.6	10142	11373	11816	13449	14537	19.5	14.04	12.1	13.82	8.1
高收入户	14050	16783	19009	21273	21324	23947	26014	19.5	13.26	11.9	12.3	8.6

注：带*者对应农民人均可支配收入，不带*者对应农民人均纯收入的相关内容。

（三）工资性收入和经营净收入是农民收入的两大主要来源，近年来工资性收入已成为农民增收的第一大来源

从2013年开始，国家统计局对之前分别进行的城乡住户调查进行了一体化改革，统一了城乡居民收入指标名称、分类和统计标准；从2014年开始用农民人均可支配收入代替了农民人均纯收入指标。① 工资性收入和家庭经营收入（或经营净收入）构成农民收入的主体。如2015年全

① 按照国家统计局的统计口径，农民人均纯收入包括工资性收入、家庭经营收入、财产性收入和转移性收入，农民人均可支配收入包括工资性收入、经营净收入、财产净收入和转移净收入。

国农民人均可支配收入11422元，其中工资性收入和经营净收入分别为4600元和4504元，占40.3%和39.4%。长期以来，农民的家庭经营收入（或经营净收入）一直大于工资性收入。但由于近年来工资性收入的增长均明显快于经营性收入的增长，在2013年全国农民人均纯收入和2015年农民人均可支配收入中，工资性收入均超过家庭经营收入（或经营净收入），跃居为农民收入的第一大来源。按当年价格计算，从2013年到2015年，农民人均可支配收入由9429.6元增加到11422.0元，其中工资性收入和经营净收入分别增加947.5元和562.9元，分别占农民人均可支配收入总增量的47.6%和28.6%（见表4-2）。

表4-2 2010—2015年全国农村居民人均纯收入/可支配收入的变化

单位：元、%

指标 \ 年份		2010	2011	2012	2013	2013*	2014*	2015*
绝对额	人均纯收入	5919.0	6977.3	7916.6	8895.9	9429.6	10488.9	11422.0
	工资性收入	2431.1	2963.4	3447.5	4025.4	3652.5	4152.2	4600.0
	家庭经营收入	2832.8	3222.0	3533.4	3793.2	3934.8	4237.4	4504.0
	财产性收入	202.2	228.6	249.1	293.0	194.7	222.1	252.0
	转移性收入	452.9	563.3	686.7	784.3	1647.5	1877.2	2066.0
较上年增长	人均纯收入		17.88	13.46	12.37		11.23	8.90
	工资性收入		21.90	16.33	16.76		13.68	10.78
	家庭经营收入		13.74	9.66	7.35		7.69	6.29
	财产性收入		13.02	8.96	17.66		14.07	13.46
	转移性收入		24.38	21.90	14.22		13.94	10.06
占比	人均纯收入	100	100	100	100	100	100	100
	工资性收入	41.07	42.47	43.55	45.25	38.73	39.59	40.27
	家庭经营收入	47.86	46.18	44.63	42.64	41.73	40.40	39.43
	财产性收入	3.42	3.28	3.15	3.29	2.06	2.12	2.21
	转移性收入	7.65	8.07	8.67	8.82	17.47	17.90	18.09

注：本表按当年价格计算，其中带*者为对应年份农村居民人均可支配收入数据，对应的指标列绝对数指标分别为人均可支配收入、工资性收入、经营净收入、财产净收入和转移净收入。

农民收入统计口径由纯收入向可支配收入的调整，导致工资性收入、经营净收入在农民收入中的比重都出现了下降，但工资性收入降幅更为明显。以2013年为例，全国农民人均纯收入8895.9元，其中工资性收入和家庭经营收入分别为4025.4元和3793.2元，分别占农民人均纯收入的45.3%和42.6%，工资性收入已经跃居为农民人均纯收入的第一大来源。但在同年农民人均可支配收入（9429.6元）中，工资性收入和经营净收入分别为3652.5元和3934.8元，分别占38.7%和41.7%，工资性收入仍少于经营净收入。

（四）财产性收入的增速在波动中保持较快增长，但对农民增收的影响仍只处于辅助地位

近年来，农民人均财产性收入或财产净收入的增速波动较大（见表4－2），但2013年以来，农民人均财产性收入或财产净收入的增速已由之前慢于农民人均纯收入，转为快于农民人均可支配收入的增速。2015年财产净收入占农民人均可支配收入的比重为2.2%，从2013年到2015年，农民人均财产净收入由194.7元增加到252.0元，占农民人均可支配收入总增量的2.9%。财产性净收入仍只处于农民收入补充来源的地位。从2013年开始，农民收入统计口径由纯收入向可支配收入的转变，导致农民人均可支配收入中的财产净收入较农民人均纯收入中的财产性收入有较大幅度减小，对应指标占农民收入的比重也有较大程度的下降（见表4－2、表4－3）。虽然不排除在少数地区财产性收入可能成为农民收入的重要来源，但总体而言，多数地区集体资产存量少；通过推进农村土地征收、集体经营性建设用地入市、宅基地制度改革试点和农村集体产权制度、土地流转机制创新等，释放对农民增收的制度创新红利，都需要经历一个长期渐进的过程；因此财产性收入难以成为农民收入增长的重要来源。

表 4-3　　近年来农民收入的增量结构　　单位：元、%

指标	2011—2013 年		指标	2014—2015 年	
	增量	占总增量比重		增量	占总增量比重
人均纯收入	2976.9	100	人均可支配收入	1992.4	100
工资性收入	1594.3	53.56	工资性收入	947.5	47.56
家庭经营收入	960.4	32.26	经营净收入	569.2	28.57
财产性收入	90.8	3.05	财产净收入	57.3	2.88
转移性收入	331.4	11.13	转移净收入	418.5	21.00

注：在本表中，2011—2013 年和 2014—2015 年分别以 2010 年和 2013 年为基期。

（五）近年来农民转移性收入增速趋缓但占比仍呈提高态势，对农民增收的影响值得关注

近年来，在农民人均收入中，无论是按老口径的转移性收入，还是按新口径的转移净收入，都呈数量扩大、占比提高的态势，且其增长明显快于农民收入总量的增长。从 2010—2013 年，转移性收入占农民人均纯收入的比重由 7.7% 增加到 8.8%，增加 1.1 个百分点。从 2013—2015 年，转移性净收入占农民人均可支配收入的比重由 17.5% 增加到 18.1%，增加了 0.6 个百分点。2015 年，农民人均转移性净收入 2066.0 元，占农民人均可支配收入的 18.1%。按当年价格计算，从 2013—2015 年，农民人均转移性净收入增加 418.5 元，占农民人均可支配收入总增量的 21.0%。转移性收入对农民增收的影响虽然次于工资性收入和经营净收入，但值得进一步重视。

2013 年以来，农民收入统计口径由纯收入到可支配收入的调整，扩大了农民转移性收入的统计范围，导致农民转移性收入的数量明显扩大，占比明显提高。以 2013 年为例，农民人均转移性收入 784.3 元，但人均转移净收入达到 1647.5 元；分别占农民人均纯收入的 8.8%、农民人均可支配收入的 17.5%。

二　增收难度和局部减收的风险

（一）农民工资性收入和来自非农产业的经营性收入增长难度加大，局部减收的风险增加

第一，近年来全国农民工总量和人均月收入水平的增长均呈现明显的放缓趋势，这种趋势的延续将会制约农民工资性收入的增长（详见图4－2和图4－3）。2011年农民工总量较上年增长4.4%，2012年、2013年、2014年、2015年农民工总量增速分别下降到3.9%、2.4%、1.9%和1.3%。①

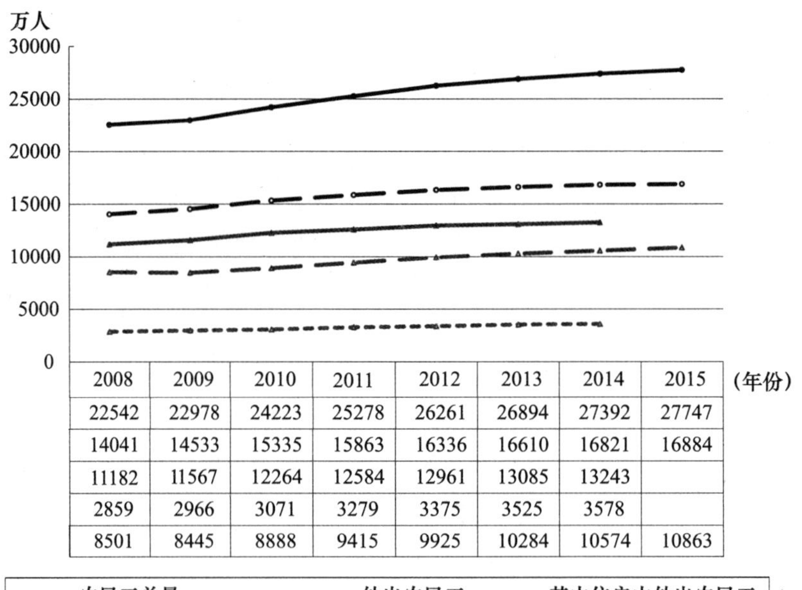

2008	2009	2010	2011	2012	2013	2014	2015
22542	22978	24223	25278	26261	26894	27392	27747
14041	14533	15335	15863	16336	16610	16821	16884
11182	11567	12264	12584	12961	13085	13243	
2859	2966	3071	3279	3375	3525	3578	
8501	8445	8888	9415	9925	10284	10574	10863

图4－2　2008—2015年中国农民工总量及结构的变化

第二，今后随着经济下行压力的加大和持续，农民工总量增加

① 本章关于农民工的数据，根据国家统计局网站历年农民工监测调查报告整理。

图 4－3　2010—2015 年农民工人均月收入的变化

和人均收入水平提高，进而农民工资性收入增长面临的制约将会进一步凸显；[①] 农民来自非农产业的经营性净收入增长，也会受到日趋严重的负面影响。当前，在越来越多的企业或地区，为了稳定熟练劳动力队伍，选择通过减少劳动力工作时间的办法，应对市场需求减少引发的企业减产困境，导致农民工隐性失业问题不断加重。由此形成的对农民工收入水平的负面影响，甚至大于因裁员导致的显性失业问题。2016 年内，经济下行压力在总体上难以明显缓解。即使经济下行压力不会进一步加大，经济下行压力的持续也会通过影响农民工就业和收入水平，加重对农民工资性收入增长的负面影响。经济下行压力的加大和持续，还会通过产业链、产业集群内部企业间的传导效应，以及经济增长放缓向居民增收放缓的转化，影响农户从事非农产业的经营性净收入增长。

第三，部分行业产能过剩问题和库存压力的持续凸显，以及相关去产能行动如果操作力度过大，将很容易通过产业链、产业集群内部的传导效应，增加部分产业链、产业集群萧条衰退甚至产业链断裂的风险，加剧局部地区区域主导产业连片萎缩衰败的困境，并通过加重显性、隐性失业和企业效益下降问题，增加行业性、区域性农民群体减收的风险。这种现象在钢铁、煤炭、水泥等产能严重过剩行业，特

① 近年来农民工总量增长放缓，与农村劳动年龄人口特别是新增劳动年龄人口数量减少也有较大关系。这导致在农民工总量中 40 岁以下的年轻农民工比重持续下降，多数农村地区可转移劳动力已转移殆尽。

别是关联行业集群化程度较高、区域主导产业较为集中的地区表现尤甚。特别是，随着经济下行压力的加大和持续，受国内外市场需求不足和产能过剩严重化的影响，许多企业正在经历从“去利润”到“去就业”的阶段转变。虽然从长期来看，通过发展新产业、新技术、新业态、新模式，有利于打造新的经济增长点，培育新的经济发展动能；但传统产业、传统技术、传统业态、传统模式的衰退往往是快变量，发展新产业、新技术、新业态、新模式往往是慢变量，当新产业、新业态、新模式、新技术带来的新增长空间填充不了传统产业、传统技术、传统业态、传统模式衰退形成的塌方体量时，区域性、群体性减收往往很难避免。

第四，近年来，农民工就业结构的变化及其与农民工月收入增速的错位分布，也不利于农民工工资性收入的提高。近年来，农民工就业呈现在中西部地区和服务业比重提高的趋势，在服务业比重提高主要集中在批发和零售业，居民服务、修理和其他服务业；在中西部地区从事服务业的农民工比重提高更为显著。但这些行业和地区农民工人均月收入恰恰较低。[①] 今后，部分行业特别是制造业产能过剩问题和房地产库存压力的凸显及制造业去产能、房地产业去库存的推进，很可能导致越来越多的农民工因在制造业和建筑业失业，而转向在服务业特别是中西部地区的服务业就业。从前文分析可见，这对于提高农民工的月均工资性收入水平是不利的。

（二）部分农产品价格下行压力加大制约农业经营性收入的增长，提高了主产区农民局部减收的可能性

近年来，农民收入的持续较快增长固然有多种原因，但从前文分析可见，粮食等主要农产品产量和价格的同时增加也发挥了重要作用。为保护农民利益和种粮积极性，中国从 2004 年和 2006 年起在主产区分别对稻谷、小麦实行最低收购价政策；从 2008 年开始，国家先后在部分主产区实行了玉米、大豆、棉花、油菜籽、食糖临时收储

---

① 参见国家统计局《2015 年全国农民工监测调查报告》，国家统计局网站，www.stats.gov.cn，2016 年 4 月 29 日。

政策。2008 年以来，鉴于粮食生产成本上升较快，国家连续 7 年提高稻谷和小麦最低收购价，2008—2014 年 7 年间，籼稻、粳稻和小麦最低收购价的提高幅度分别超过 90%、100% 和 70%。同期，玉米临时收储价格提高了近 50%。粮食最低收购价格和玉米临时收储价格的提高，有效拉动了市场粮价的提升，成为农民增收的重要支撑。

由于多年来国际粮价下跌、国际能源进而海运价格暴跌，以及 2014 年前持续多年的人民币升值等综合作用，近年来多数粮棉油糖产品的国内价格高于国际价格，并且差距较大。近年来，中国主要农产品进口迅速扩张与此有密切关系。因此，在粮食连续 12 年增产、第 13 年（2016 年）继续保持高产的背景下，粮食及其中的稻谷特别是玉米库存达到历史峰值，小麦库存也处于历史高位；国家为此支付的财政补贴压力不断加重，去库存的紧迫性迅速凸显，主要粮食品种阶段性供给过剩问题日趋突出。[①] 与此同时，近年来，国内经济下行压力持续加大、世界经济增长持续低迷，导致农产品深加工需求增长乏力或部分萎缩，部分畜产品也出现增长乏力的局面。这些因素的综合作用，增加了国内农产品尤其是粮食价格上涨的难度和下跌的可能性。最近两年来，粮食最低收购价、主要农产品临时收储价由之前的较大幅度增长转为增幅放缓、持平或下降，甚至棉花、大豆、油菜籽临时收储政策的取消，[②] 也对主要农产品价格发挥了重要的拉低效应。最近几年农民收入增长放缓与此也有一定关系。

2016 年，中国稻谷、小麦价格增长乏力，玉米价格降幅明显。根据农业部发布的农产品供需形势分析月报，2017 年 1 月，国内晚籼稻（标一）批发均价为 4.22 元/公斤，较上年同期上涨 1.4%；国

---

① 笔者认为，虽然当前的小麦是产需基本平衡，产略大于需，但考虑到小麦库存量已超过当年消费量，当前的小麦供求也不是基本平衡，而是阶段性供给过剩。只不过稻谷特别是玉米阶段性供给过剩问题更重而已。

② 如 2015 年稻谷、小麦最低收购价维持 2014 年水平不变；2016 年稻谷最低收购价早籼稻每公斤下调 0.04 元，中晚籼稻、粳稻和小麦最低收购价维持 2015 年的水平不变。玉米临时收储价 2014 年维持 2013 年水平不变，2015 年 9 月从上年的平均每公斤 2.24 元下降到 2.0 元。从 2014 年开始国家取消了棉花、大豆临时收储政策，启动东北和内蒙古大豆、新疆棉花目标价格补贴试点。从 2015 年起，国家取消了油菜籽临时收储政策。

内小麦价格（广州黄埔港优质麦到港价）为2.98元/公斤，较上年同期上涨4.9%；国内玉米价格（东北2等黄玉米运到广州黄埔港的平仓价）为1.58元/公斤，较上年同期下降27.5%。在主要农产品价格增长乏力甚至下降的同时，国内多数农产品生产成本继续上升、比较利益下降，导致农民来自农业的经营净收入增长困难加大，部分行业、部分地区农业减收的可能性显著增加。部分主产区由于农民来自农业的收入减少或入不敷出，退出主要农产品生产的农户明显增多，农户农业经营副业化更为普遍。这种现象在中国部分棉花、大豆、油菜籽主产区已经出现，在糖料主产区日趋严重，并向谷物特别是玉米主产区蔓延。如糖业是广西省重要的优势产业，近年来全区糖料蔗种植面积、原料蔗和食糖产量均超过全国的60%。虽然国内食糖产量仍然供不应求，但近年来面临国内生产和加工成本上升、价格下降，以及国内价格明显高于国际价格导致进口激增等多重挤压，国内糖业产业链面临的困境日趋凸显，蔗农减收、制糖企业亏损，甚至蔗农、制糖企业入不敷出的问题日益严重化和普遍化。许多农户已退出糖料蔗生产。2015年全国有蔗农4000万人，其中广西蔗农2600万人，糖企工人20余万人。广西糖业已经连续3个榨季亏损，糖料蔗面积从1648万亩萎缩到1200万亩；糖料蔗价格由2011/2012年榨季的500元/吨，连续下降到2014/2015年榨季的400元/吨，低于糖料蔗平均种植成本。全自治区因收购价格下调，3个榨季蔗农累计直接损失62.5亿元。[①] 糖料蔗种植的宿根周期通常为3—7年，遇到价格大幅下跌时，农民很难通过短期的规模调整来压缩产能降低市场损失。如果压缩规模和产能，由此形成的对糖料蔗生产和农业增收的负面影响往往会延续几年。

当前，主要农产品无效供给和仓储积压问题，玉米最为突出。除价格外，推动玉米主产区农民农业经营净收入下降的还有以下因素。①国家推进玉米结构调整，巩固玉米优势产区、适当调减非优势产区的种植面积，重点是将“镰刀弯地区”中非优势产区的玉米种植面

① 韦星：《正在消失的“甜蜜蜜”——广西糖业调查》，《南风窗》2015年10月11日。

积调减。2015 年 11 月农业部发布的《“镰刀弯”地区玉米结构调整的指导意见》要求到 2020 年，将该地区玉米种植面积调减 5000 万亩以上，2016 年实际调减 3000 万亩左右。尽管调减的路径和方式多种多样，从中长期的角度看大多有利于提高农业的质量效益和竞争力，但其对当前农民增收的负面影响值得重视。如恢复大豆—玉米轮作，固然有利于土壤环境的改善和病虫害防治，但是近年来农民减少大豆增加玉米种植的主要原因在于大豆种植效益比较低。大豆市场高度开放，国内外市场的联动性强，增加国内大豆种植，还会增加国内大豆价格上涨的难度。即使玉米价格下跌导致玉米—大豆比价关系会向有利于大豆种植的方向转化，激发农民增加大豆种植的积极性，但部分玉米非优势产区恢复大豆种植，也可能导致这些地区相对于之前种植玉米，农民种植大豆的绝对收益减少。②尽管巩固优势产区、适当调减非优势产区的玉米种植有可能抑制玉米平均生产成本的提高，但近年来玉米生产成本增加的趋势短期内仍难明显改变，成本侵蚀收入的现象仍将持续。近年来人工成本的上升成为农产品成本上升的重要推手。当前国际市场原油价格较低，进一步下跌的空间不大；一旦国际原油价格出现回升，将会带动化肥、农药等价格上涨，推高玉米等农产品成本。③在粮食连年增产的背景下，部分主产区玉米收不了、储不下、销不掉，许多玉米长期露天存放，增加了霉变的可能性和销售价格下降的风险。④经过历史罕见的多年粮食增产后，今后粮食减产带动农业减收的可能性正在明显增加。⑤从历史经验看，在对玉米实行“市场化收购 + 补贴”的背景下，国家对农民的补贴可能部分填补单纯实行市场化收购导致的农民减收，但难以补足。

（三）转移净收入、财产净收入增长的难度也在加大，农民通过土地流转形成的财产性增收形势可能逆转

当前“三农”问题仍是全党工作的“重中之重”。“十三五”规划将共享发展作为中国特色社会主义的本质要求。因此，可以预见，国家加强对“三农”发展的支持，仍会带动农民转移净收入的继续增长。但是，近年来财政收入增速明显放缓，会在相当程度上制约农民转移净收入的增加。通过推进农村土地征收、集体经营性建设用地入市、宅基地制度改革试点和完善资源开发收益分享机制、探索资产收益扶持制度等，促进农民财产性收入的增长，虽然具有较好的长期潜力，但需要假以时日，短期内难以立竿见影。“十二五”期间，农村土地承包经营权流转迅速推进，对农民财产性收入的增长发挥了重要作用。尤其是农民通过土地承包经营权流转形成的财产净收入增长，很可能出现形势逆转。

2011 年上半年，全国农村土地承包经营权流转总面积 2.07 亿亩，占承包耕地总面积的 16.2%。[①] 2014 年年底，全国家庭承包耕地流转面积扩大到 4.03 亿亩，较上年底增长 18.3%；流转面积占家庭承包经营耕地面积的 30.4%，较上年底提高 4.7 个百分点；有 8 个省家庭承包耕地流转比重超过 35%。在全部流转耕地中，以转包和出租方式流转的分别占 46.6% 和 33.1%；流转入农户的占 58.4%，较上年下降 1.9 个百分点；流转入农民专业合作社和企业的分别占 21.9% 和 9.6%，分别较上年提高 1.5 和 0.2 个百分点。[②] 虽然向企业的土地流转占承包地流转总面积的比重不大，但却是带动土地流转价格快速增长的重要原因。之前，工商企业进入农业生产处于加速状态，主要来自三方面的推动。一是工商企业进军农业在总体上处于初级阶段，对农业投资的复杂性估计不足，对投资收益的理想主义情绪；二是粮食和主要农产品价格上涨；三是地方政府对土地流转“求大、求快、求好看”，时常采取行政干预手段动员农民流转土地，动员工商资本投资农业，并通过较强的补贴激励引导企业连片、大规模流转土地。

近年来，随着工商资本投资农业生产的推进，随着粮食价格下行压力的加大，进入农业生产后惨淡经营、朝不保夕的工商资本越来越多，导致老板“跑路”、农民土地流转收入难以兑现的风险迅

① 新华社：《全国土地承包经营权流转总面积已经达到 2.07 亿亩》，中央政府门户网站（www.gov.cn）2011 年 12 月 28 日。

② 农业部经管总站体系与信息处：《全国 2014 年农村家庭承包耕地流转情况》，《农村经营管理》2015 年第 6 期。

速增加，有的甚至容易形成区域性、群体性事件。随着经济下行压力的加大，许多地方财政增收明显放缓，甚至财政减收问题凸显；但政府在民生和防风险方面的支出压力却有增无减。在此背景下，地方政府行政干预、动员和财政补贴刺激企业连片、大面积流转土地的行为，可望得到一定程度的抑制。工商企业在流转土地时“财大气粗”，不计成本、抬高流转价格的行为可望得到明显收敛。农民在选择土地流转对象时，基于避险考虑，对向工商企业的流转也会趋于谨慎。综合来看，今后几年与“十二五”时期相比，农村土地流转价格的提高幅度可能明显减小，土地流转价格不升反降的可能性也会明显增加；土地流转速度很可能明显变慢；土地流转对农民财产性增收的带动作用也会明显减弱。在局部地区，因老板“跑路”、农民土地流转收入不能兑现，导致农民财产性收入减收的现象，也会越来越多。

三 结论与启示

（一）要把培育农民增收的长效机制与短期稳定机制有机结合起来，把加快转变农业发展方式与加快转变整个经济发展方式结合起来

从前文分析可见，近年来农民收入增长已明显放缓，尤其是随着经济下行压力的加大，随着农产品供求和价格形势的重大变化，农民增收的难度和局部减收的风险明显增加。因此，与之前相比，当前乃至“十三五”期间完善农民增收支持政策体系更为关键，更具紧迫性。完善农民增收支持政策体系也更加需要立足当前，着眼长远，将促进农民收入中长期持续增长与培育农民增收的短期稳定机制结合起来，防止农民增收形势出现逆转，妨碍“十三五”规划实现“人民生活水平和质量普遍提高”的目标；更要防止因区域性、群体性农民减收，引发区域性、群体性社会不稳定事件。从前文对农民收入增长格局和增收形势的分析可见，促进农民增收，要把加快转变农业发展方式与加快转变整个经济发展方式有机结合起来，做好“以推进供给侧结构性改革为主线”的大文章，致力于提高供给体系的质量、效益

和竞争力，更好地带动农民收入的全面增长。

（二）当前促进农民增收要更加关注“一低两主一贫”农民增收问题，让加快转变农业发展方式的“阳光雨露”更为广泛地惠及普通农户

按照中共十八大确定的2020年全面建成小康社会的宏伟目标，中国要“在提高发展平衡性、包容性、可持续性基础上，到2020年国内生产总值和城乡居民人均收入比2010年翻一番”。考虑统计口径调整因素，按农村居民人均可支配收入与农民人均纯收入增速大致相当进行粗略计算，要实现全面建成小康社会对农民收入增长的目标要求，2016—2020年农民人均可支配收入需要年均增长4.8%。“十三五”规划未专门设置农民人均可支配收入增长目标，但将居民人均可支配收入年均增长6.5%以上作为预期目标。要确保农民人均可支配收入年均增长6.5%以上难度更大。在当前经济下行压力依然较大的背景下，2016年全国农村居民人均可支配收入的实际增长速度已经低于6.5%就是很好的说明。当前农民收入的增长日益呈现分化趋势。由于农民增收的难度和局部减收的风险都在显著增大，促进农民增收要在继续重视总量增长的同时更加重视结构性问题，对于低收入农户、粮棉油糖等主要农产品主产区、以农为主的普通农户和贫困地区的农民增收问题应该给予特别重视。主要原因有二，第一，对应农户、对应地区农民人均收入水平低，抗风险能力弱。第二，近年来已经展开并将加快推进的农产品价格形成机制和收储制度改革，对于这部分农户、这部分地区农民收入增长的短期负面影响，可能明显大于其他地区和其他农户。尤其要关注这些农户、这些地区可能出现的农民减收问题。“十三五”期间加大扶贫攻坚力度，要求解决7000万人口的脱贫问题。但如在解决7000万人口脱贫的同时，另外出现1000万、2000万人口进入贫困的问题，很难说打赢了脱贫攻坚战。

要谨慎注意政策和环境变化可能带来的农民减收问题，采取有效的防范机制。如在双边或多边贸易谈判中，不仅要密切关注中国

直接参与的国际贸易谈判对中国的直接影响，还要重视与中国有竞争、替代或互补关系国家参与的国际贸易谈判对中国的间接影响。尤其要加强对农产品国际贸易环境变化的风险评估和预警机制研究，特别关注其对相关农产品集中产区的影响，实行相关贸易救济措施。对区域性、群体性农民减收问题严重的地区或行业，或受贸易政策影响较大的地区，建议借鉴国际经验，设立结构调整专项支持资金，加强转岗转业培训、实行再就业补贴，鼓励产业转型；也可实行有期限的农民收入援助政策或收入补贴政策，帮助因调结构减收的区域和农户渡过今后几年的暂时性难关，防止因此加剧经济社会运行的不稳定。

（三）加强对创新创业培训和公共服务平台建设的支持，强化加快发展方式转变的动力支撑

客观地说，在当前乃至“十三五”时期，农民收入的增长也面临一系列有利条件，如深化改革特别是推进农业供给侧结构性改革，将会带来制度创新红利，促进农业提质增效升级；推进农村一二三产业融合发展，有利于加速农业发展方式转变，促进农业向价值链高端跃升，拓展农民增收空间。部分农产品价格仍将呈现上涨趋势，对农民增收的积极效应会逐步凸显起来。但是，这些有利条件对农民增收的影响，往往是长期的、潜在的，如深化改革和推进农村一二三产业融合发展；或短期区域性、群体性的，如生猪价格上涨的主要受益者为规模化生猪养殖户。要拓展农民增收的思路，还是要提高农民创新创业的能力，优化创新创业环境，提高创新创业的质量和效益。为此，要把加强对创新创业培训和公共服务平台建设的支持放在突出地位，为加快农业发展方式乃至整个经济发展方式的转变提供有效的动力支撑。

经济下行压力的加大和持续，一方面会导致农民工资性收入和来自非农产业经营性收入的增长难度加大，减收风险增加；另一方面也为加强农民创新创业培训提供了良好的契机，有利于降低其成本和机会成本。但创新创业培训往往是一次培训，长期受益，对于提高整个

社会的人力资本质量、提高产业素质和竞争力也会产生重要的潜在影响。加强对创新创业公共服务平台建设的支持，提高其服务质量和服务惠及的广泛性，有利于降低创新创业的成本和风险，增强创新创业的可持续性，对于提高整个社会创新驱动的能力也会产生重要的支撑作用。加强对创新创业培训和公共服务平台建设的支持，要克服重硬件、轻软件，重基础设施建设、轻运行机制和服务能力建设的倾向，按照需求引领、功能导向、能力为重的方针，加强典型案例和商业模式的宣传推介，加强对试验示范和创业辅导师的支持，着力提升其带动创新创业的效果。

（四）着力推进农业发展方式转变和产业融合发展，完善农民农业增收长效机制

当前，虽然家庭经营收入占农民人均收入的比重低于40%，来自农业的家庭经营收入占比更低。但是，农民来自农业收入的稳定增长仍是农民收入稳定增长的重要基础。为此，要按照推进农业供给侧结构性改革的战略要求，着力推进农业发展方式转变，促进农业在节本增效降低风险中实现增收，在创新发展思路中实现增收。

“十三五”规划已经明确要推动粮经饲统筹、农林牧渔结合、种养加一体和推进农村一二三产业融合发展等战略方向。当务之急是立足当前，着眼长远，统筹推进农业政策转型，培育农民增收的长效机制。如完善农业生产性服务业支持政策，培育新型农业服务主体，发展服务链接的农业适度规模经营，为农业节本增效降低风险，为提高农产品质量效益和竞争力创造条件。通过培育新型农业经营主体，发挥其对农业发展方式转变和农民增收的带动作用。基于国内外经验，对新型农业经营主体的支持，应该更加重视本土化新型农业经营主体的成长。因为相对于通过工商资本投资农业形成的新型农业经营主体，家庭农场、专业大户和农民合作社等本土化新型农业经营主体，更容易规避土地“非农化”“非粮化”问题，更容易因其社区亲和性减少对农村环境、文化和普通农户利益的损害。

要按照推进农村一二三产业融合发展的方向，加强对农产品冷链物流、储藏保鲜等流通基础设施特别是特色农产品产区预冷工程建设的支持，鼓励通过发展农产品精深加工和涉农服务业，促进农业延伸产业链、打造供应链、提升价值链，提升农业发展的科技内涵、文化内涵和创新能力，拓展农业中高端市场，拓宽农民增收空间。

第五章　总体要求、战略取向和主要任务

基于前文分析可见，当前加快转变农业发展方式的重要性和紧迫性正在迅速凸显。加快转变农业发展方式，应该顺应新形势、新要求，坚持问题导向，按照以推进农业供给侧结构性改革为主线的总体要求，科学选择加快转变农业发展方式的战略取向和主要任务，将促进农业强与农民富、农村美有机结合起来，协调推进农业增效、农民增收和农村增绿，着力促进农业发展由过度依赖资源消耗、主要满足量的需求，向追求绿色生态可持续、更加注重满足质的需求转变。

一　总体要求

2017 年中央一号文件作出了中国“农业的主要矛盾由总量不足转变为结构性矛盾，突出表现为阶段性供过于求和供给不足并存，矛盾的主要方面在供给侧”等重大判断，提出农业农村工作要“以推进农业供给侧结构性改革为主线”，“在确保国家粮食安全的基础上，紧紧围绕市场需求变化，以增加农民收入、保障有效供给为主要目标，以提高农业供给质量为主攻方向，以体制改革和机制创新为根本途径，优化农业产业体系、生产体系、经营体系，提高土地产出率、资源利用率、劳动生产率，促进农业农村发展由过度依赖资源消耗、主要满足量的需求，向追求绿色生态可持续、更加注重满足质的需求转变”。加快转变农业发展方式，也应坚持以推进农业供给侧结构性

改革为主线。在当前乃至今后一个时期，这是加快转变农业发展方式的总体要求。究其原因，主要在于推进农业供给侧结构性改革的重要性和紧迫性正在迅速凸显。

（一）农业产业结构升级跟不上城乡消费结构升级的步伐，提高农产品质量、增强农业对中高端需求的动态适应和反应能力日趋紧迫

随着收入和消费水平的提高，城乡居民对农产品的消费需求日益呈现优质化、个性化和多样化的趋势，品质消费、品牌消费、安全消费、绿色消费、体验消费等日益成为农产品消费需求新的重要增长点；甚至满足居民对农耕文化、农业科教和生态价值的需求，也日益成为农业创新供给追求的“新常态”。这些优质化、个性化、多样化的农业需求，特别是新型需求往往属于中高端需求。但是，现有的农业供给体系在总体上缺乏对这些中高端需求的动态适应与反应能力，农业供给结构（产业结构）的调整升级往往明显慢于消费需求结构升级的步伐。农业供应链的片断化、分割化，进一步加剧了问题的严重性，甚至容易导致农业价值链低端化的“固化”现象，加剧农业资源实现优化配置的困难。可见，通过技术创新、业态创新和商业模式创新，增强农业创新供给激发新需求的能力，其重要性正在迅速凸显。顺应城乡居民消费结构升级的趋势，推进农业供给侧结构性改革，增强对农业中高端需求的动态适应、引导甚至创造能力，越来越成为拓展农业市场空间、提升农业价值链的“时代要求”。

（二）农业经济可持续性发展的根基面临严重侵蚀，转变农业生产经营方式、提高农业效益迫在眉睫

近年来，中国农产品成本迅速提高。与此同时，由于国际大宗农产品价格在总体上呈现下跌趋势，以及农产品国内价格高于国际价格，多数农产品国内价格上涨的难度加大。两方面因素的综合作用，导致提高农业经营效益的困难明显增加，部分年份、部分农产品生产甚至面临绝对亏损的窘境，严重影响农业经营主体的生产经

营积极性。[①] 由于农产品价格变化的周期性特点，个别年份个别农产品生产经营的效益为负，可能有其客观原因，不必过分担心。但如在同一年份大多数农产品生产经营的效益为负，则是不能不引起警觉的。[②] 在部分地区、部分时段，柿子、柑橘、竹子和蔬菜等农产品因市场价格过低，采摘成本高，农民不愿采摘已经不是新鲜事。类似现象正在向夏秋茶等更多的农产品生产蔓延。长此下去，越来越多的农产品生产将“春光不在”，农业的资源竞争力难免受到侵蚀，农业部分产业出现萎缩乃至消失也在所难免，影响发展现代农业、增加农民收入的“愿景”转化为“风景”。

（三）农产品价格和农业产业组织缺乏竞争力的问题日趋突出，增强农业国际竞争力更为关键

随着农业对外开放的全面深入推进，国际竞争国内化、国内竞争国际化迅速发展，增强农业国际竞争力日益成为农业发展的“必修课”。但是，近年来，中国农业国际竞争力不强的问题迅速突出，主要表现为两点。

一是主要农产品价格形成机制改革和农业补贴政策的转型滞后，多数农产品的国内价格长期高于国际价格，导致农产品过度进口问题

---

① 从2009年到2014年，三种粮食平均每50公斤主产品平均出售价格由91.32元提高到124.38元，增加了36.2%；但每亩净利润反而由192.35元下降到124.78元，下降了35.1%；成本利润率由32.0%下降到11.7%。同期，棉花每50公斤主产品平均出售价格由664.70元略增到666.39元，每亩净利润却由308.59元下降到－686.44元，且连续两年为负（2013年为－214.98元）；成本利润率由27.3%降为－30.1%。在此期间，大豆每50公斤主产品平均出售价格由184.17元上升到219.41元，增加了19.1%；但每亩净利润却由107.52元下降到－25.73元，成本利润率由28.4%下降到－3.9%。

② 由国家发改委价格司编的《全国农产品成本收益汇编2015》列入15种主要农产品的成本收益资料。2009—2014年，除苹果和甜菜每亩净收益分别提高18.3%和22.3%外，其余13种农产品每亩（头）净利润均有所下降，全部15种农产品的成本利润率出现下降。到2014年，大豆、油菜籽、棉花、烤烟、甘蔗、桑蚕茧、散养生猪、规模养猪等8种农产品每亩（头）净利润为负，油菜籽和散养生猪连续3年每亩（头）净利润为负，棉花、烤烟、桑蚕茧连续2年每亩净利润为负。大中城市蔬菜的每亩净利润变化不大，2009年和2014年分别为2087.83元和2069.78元，但2014年的成本利润率（50.1%）却较2009年下降了40.3%。

日重，加剧了农业低端供给、无效供给和资源错配问题。按照加入WTO的承诺，中国对稻谷、小麦、玉米三大主粮和棉花、糖料实行关税配额管理，对其他粮食产品和植物油、油籽及肉奶产品实行单一关税管理。目前，中国水稻、小麦国内价已超过配额内进口税后价，但尚未超过配额外进口税后价；玉米国内价在特定时段也高于配额外进口税后价；糖料等少数产品国内价高于配额外进口税后价已成常态；其他粮食产品和植物油、油籽及肉奶产品的国内价已高于进口税后价（倪洪兴，2016）。以2016年7月为例，配额内1%关税下国际大米、小麦、玉米到岸税后价分别低于国内对应产品价格16.5%、36.9%和16.0%，食糖到岸税后价低于国内对应产品价格13.9%，大豆、油菜籽到岸税后价分别低于国内对应产品价格17.9%和18.7%。[①] 在粮食连续12年增产的背景下，粮食进口量和库存量同时增加，“洋粮入市，国粮入库”现象大量发生，就是对农业缺乏国际竞争力的典型阐释。大多数农产品国内价格高于国际价格，且持续时间较长，则是近年来农产品大量过度进口的直接原因之一。按照倪洪兴（2016）的研究，当前中国农产品过剩和难卖问题与进口过度密切相关，导致进口过度的一个根本原因是农业基础竞争力先天不足。

二是近年来国外跨国公司进入中国农业产业链步伐加快，依托其在核心技术、资本实力、管理经验、经营理念、信息网络、市场营销甚至网络平台等优势，呈现向农产品或农资批发市场、现代营销体系、农业金融等农业服务业和农产品加工、种业等农业战略性环节、关键性领域加快“走进来”的趋势。这种跨国公司对中国农业产业链的“走进来”，虽然其积极效应值得肯定，但由于其越来越多地呈现网络化和产业链一体化的特征，容易形成对中国农业产业链和现代农业产业体系的“控制效应”，加大中国农业产业组织在产业链利益分配中“被边缘化”的风险。相比之下，在类似领域，中国农业企

① 根据农业部市场预警专家委员会、农业部市场与经济信息司发布的“2016年7月农产品供需形势分析月报”相关资料整理，见农业部网站，www.moa.gov.cn，“监测预警”栏目。

业“走出去”的规模和影响往往小得多。总体而言，中国农业产业组织的竞争力与发达国家之间差距悬殊。

（四）农业生态不可持续、社会不可持续的问题迅速加剧，转变农业资源利用方式、完善农业发展成果的社会分享机制更加重要

近年来，中国农业发展的生态不可持续问题迅速加剧，开始引起广泛关注。如叶兴庆（2016）认为，中国农业面临的突出问题是产能透支，相当一部分农业产能是以牺牲生态环境为代价换取的，是不健康、不可持续的产能，包括以过量使用化肥农药等现代投入品、严重超采地下水、侵占湿地、水土严重流失、利用污染土壤和影响食品质量安全为代价换取的产能。农业部等八部委联合发布的《全国农业可持续发展规划（2015—2030）》也认为，“农业资源过度开发、农业投入品过量使用、地下水超采以及农业内外源污染相互叠加等带来的一系列问题日益凸显，农业可持续发展面临重大挑战”。这些问题在很大程度上都是由传统农业的资源利用方式引发的。对农业的生态环境价值缺乏有效的社会评估和重视，加剧了农业资源利用方式的问题。

当前，中国农业发展的社会不可持续问题迅速加剧，主要表现在以下两个方面。第一，低收入农户、部分农产品主产区、以农为主的普通农户和贫困地区的农户实现农业增收难度增大；尤其是部分农产品价格下行，可能导致农户来自农业的经营净收入出现下降，加大对应农产品主产区农民减收的风险。第二，随着主要农产品价格形成机制和收储制度改革的推进，粮食特别是玉米价格下行的问题可能更加突出，增加了家庭农场、种植大户发展粮食规模经营的风险，甚至导致其入不敷出的问题呈现扩散化、严重化趋势。在此情况下，越来越多的家庭农场、种养大户将会陷入“留在农业可怜（赔本问题日趋严重），逃离农业可惜（投入大量沉没成本）”的尴尬境地，要发挥其对普通农户发展现代农业、增加农民收入的示范带动作用，其难度也将明显增加。农业发展的社会不可持续问题，究其原因是多方面的，如人力资本不足、基础设施和经营环境缺乏稳定性等；但农业发展成果的社会分享机制不健全，农业经营主体的抗风险能力薄弱，在农业产业链、产业体系中不同利益相关者的利益联结缺乏稳定性，也是重要原因。

（五）农业创新要素进入和创新能力成长的难度较大，推进涉农产权和要素市场建设的制度创新任重道远

近年来，涉农产权和要素市场建设积极推进，对促进农业资源和要素流动及优化配置发挥了重要作用。但总体而言，涉农产权和要素市场建设的制度创新滞后，流转机制不健全，仍是妨碍农业资源和要素流动、影响其优化配置的突出问题，成为农业要素结构进而产业结构优化升级面临的突出障碍。如农村土地流转制度的创新滞后，土地流转市场区域分割和缺乏规范化、制度化的现象比较突出，加之农产品价格形成机制和农业补贴政策转型滞后，延缓了农村土地流转的进程和小规模兼业农户的分化，妨碍了家庭农场、种养大户等新型农业经营主体的成长；也助长了农村土地撂荒和农业经营副业化现象，加大了普通农户提高农产品质量效益和竞争力的困难。部分地区通过行政推动、拔苗助长的方式，鼓励工商资本大面积连片流转农地，带动农地流转价格加快上涨，加剧了农产品成本提高、效益下降问题，助长了农地“非农化”“非粮化”行为。尤其是在当前，在粮价和部分种植业产品价格下行压力加大的背景下，由此带来的农地资产价格泡沫化现象及其对新型农业经营主体可持续发展的损害值得高度警惕。农村土地征收、农村集体经营性建设用地入市、农村宅基地制度改革滞后，也加剧了农村土地资源的低效利用甚至闲置浪费问题。

农村科技体制、金融体制改革和人力资源开发利用机制创新滞后，也加大了科技、人才甚至社会资本和资金进入农业的困难。涉农科技体制改革滞后，涉农科技供给和农业科技需求之间缺少有效的对接机制，导致科技等现代生产要素难以有效植入农业产业链、供应链，增强农业科技创新和成果转化能力缺乏有效的机制保障。城乡协调、统一高效的农村人才市场发育不足，不仅影响农村现有人才的开发利用，还加大了企业家和行业领军人才等进入农业的障碍，制约农

业结构升级和质量效益的提升。农村人力资源开发利用机制创新滞后，特别是有利于新型经营主体带头人、新型职业农民成长发育的环境和服务平台建设滞后，成为影响农业向价值链高端攀升、加剧农业资源要素低效配置的重要原因。农村金融制度创新滞后，市场化融资机制发育不全，不仅加剧了农业经营主体融资难、融资贵的问题，也在很大程度上制约了农业新技术、新业态、新模式的发育。农业创新能力提升不足，通过影响农业质量效益竞争力的提升，进一步加剧了农业融资难、融资贵的问题。

上述问题从根本上说都是供给侧的，都属于结构性的。究其根源，都属于体制机制问题，需要通过深化改革的办法来解决。近年来，中国推进供给侧结构性改革的重要性和紧迫性迅速凸显，加快转变农业发展方式要以推进农业供给侧结构性改革为主线，主要原因也在这里。

二　若干误区

（一）走出把农业结构调整简单等同于农业供给侧结构性改革的误区，从农业结构战略性调整的高度扎实推进农业供给侧结构性改革落到实处

鉴于当前中国农业发展的主要矛盾已经由总量矛盾转为结构性矛盾，推动农业供给侧结构性改革重在用改革的办法推进农业结构调整。但如简单地将农业结构调整与农业供给侧结构性改革画等号，甚至将用行政方式推进农业结构调整当作推进农业供给侧结构性改革，也是有很大局限的。农业结构调整有适应性调整和战略性调整之别。如果把结构调整比做揉面，那么，适应性调整的典型特征是“水多了加面，面多了加水”，属于事后调整和短期调整。农业结构适应性调整的主战场虽然在供给侧，但由于难以触及体制机制改革和制度创新问题，不属于农业供给侧结构性改革的范围。农业结构战略性调整主要着眼于需求（结构）的动态变化和供给结构对需求结构的动态适应和反应能力，属超前性调整和长期性调整，需要以体制机制改革为

动力、为依托。农业结构的战略性调整需要农业供给结构（产业结构）的调整切实做到瞻前（需求结构）顾后（要素结构和产业组织结构）。这才是真正的农业供给侧结构性改革。因此，准确地说，农业供给侧结构性改革属于农业结构调整，但农业结构的适应性调整不属于农业供给侧结构性改革。不宜将二者混为一谈。

2000 年 10 月，《中共中央关于制定国民经济和社会发展第十个五年计划的建议》就已经提出，“今后五到十年，是我国经济和社会发展的重要时期，是进行经济结构战略性调整的重要时期”，“实现国民经济持续快速健康发展，必须以提高经济效益为中心，对经济结构进行战略性调整”；并将“经济结构战略性调整取得明显成效”作为第十个五年计划期间（2001—2015 年）经济和社会发展的主要目标。《中共中央、国务院关于 1998 年农业和农村工作的意见》提出，要以市场为导向，调整和优化农村经济结构。1998 年 10 月，《中共中央关于农业和农村工作若干重大问题的决定》又提出，依靠科技进步，调整和优化农村经济结构。1998 年 12 月召开的中央农村工作会议，作出了中国农业和农村经济发展进入新阶段的重要判断。2000 年 1 月召开的中央农村工作会议，进一步提出新阶段的中心任务是对农业和农村经济结构进行战略性调整。2001 年 1 月召开的中央农村工作会议又明确提出推进农业和农村经济结构战略性调整的基本目标是促进农民收入增长。《中共中央、国务院关于做好 2000 年农业和农村工作的意见》（中发〔2000〕3 号）明确提出，“对农业和农村经济结构实行战略性调整，不仅是解决当前农产品销售不畅、农民收入增长缓慢等困难的客观要求，更是提高我国农业、农村经济整体素质和效益的有效途径”。其中关于农业结构战略性调整的相关表述，在部分方面已基本逼近当前推进农业供给侧结构性改革的政策精神。时至今日，经历了 3 个五年计划（规划）期，但总体而言，中国农业的结构性问题不仅没有消失，反而更加复杂化、严重化。推进农业结构战略性调整虽然取得了积极成效，但在农业结构适应性调整的轨道上却走得更远。可见，推进农业供给侧结构性改革或农业结构的战略性调整，不是一帆风顺的，更不可能毕其功于一役，对其难度应有充分的估计和重视。要从历史的视角，加强对农业结构战略性调整经验教训的研究，为避免农业供给侧结构性调整重复农业结构战略性调整“昨天的故事”创造条件。

（二）走出以政府工作部署裁剪农业供给侧结构性改革的误区，从发展理念引领发展行动的高度科学理解农业供给侧结构性改革的深刻内涵

2017年以来，为切实推动农业供给侧结构性改革，政府相关部门推出了一系列工作部署和决策行动。但这些政府工作部署和决策行动往往只是政府特定部门推进农业供给侧结构性改革的抓手，并非推进农业供给侧结构性改革的唯一路径，甚至难言主要路径。如果把这些政府工作部署或决策行动简单等同于农业供给侧结构性改革，抑或据此裁剪农业供给侧结构性改革的内容，则往往有失偏颇。这些工作部署和决策行动在实施过程中，如果违背了推进供给侧结构性改革的理念，甚至“穿新鞋走老路”“挂羊头卖狗肉”，则很难称得上真正的供给侧结构性改革。从以往经验来看，由于方式方法不当，政府的决策部署和决策行动在实施过程中出现异化，形成“穿新鞋走老路”“挂羊头卖狗肉”的现象并不鲜见。如不重视产业生态和体制机制建设，主要采取下指标、定任务、高补贴和运动化的方式来推进农村产业融合，搞新的重复建设、盲目投资，容易形成新的无效供给、低端供给和资源浪费问题，与真正的农业供给侧结构性改革相距甚远。

有些政府部门结合自身工作选择推进农业供给侧结构性改革的重点，本是无可厚非的；但如忽视部门立场，将相关工作部署的适用性任意放大，则会严重束缚农业供给侧结构性改革的选择空间。如从有关部门工作出发，提出以扶持大学生返乡创业为重点推动农村产业融合是值得肯定的。但如认为政府推动农村产业融合只应将重点放在扶持大学生返乡创业上，则有“拣到芝麻，丢了西瓜”之嫌。在推进农村产业融合的过程中，扶持大学生返乡创业固然重要，但新型农业经营主体和各类农业服务主体、农产品加工流通企业，甚至工商资本则是更为重要而广大的力量。顾此失彼往往得不偿失。又如支持农业

发展，是政府农村政策的重要方向，但如把单纯的农业发展问题当作农业供给侧结构性改革问题，则实际上犯下了“偷梁换柱”的错误。当前提出推进农业供给侧结构性改革，很大程度上旨在解决现行农产品价格形成机制和农业补贴政策带来的问题。但实行现行农产品价格形成机制和农业补贴政策，也是政府支持农业发展的重要方式，将其归入农业供给侧结构性改革的范围则明显不妥。在推进农业供给侧结构性改革的实践中，有人将相关概念作广义和狭义之分，并用于学术或工作研究，这是无可厚非的，但对应广义概念和狭义概念的行动结果往往有明显差别。指望用“偷梁换柱”的办法，企望对应广义概念的行动像对应狭义概念的行动那样取得良好效果，属于难以实现的“贪念”，在实施政府的工作部署或决策行动时应切忌！

推进农业供给侧结构性改革，是中央政府坚持“用发展新理念破解‘三农’新难题”的主动选择。在推进农业供给侧结构性改革的过程中，发展理念居于先导地位，发挥“管全局、管根本、管方向、管长远”的作用。判断一项行动是否真正的农业供给侧结构性改革，首先要看其发展方向和发展结果是否符合推进农业供给侧结构性改革的发展理念。从发展理念上看，推进农业供给侧结构性改革的重要目标在于通过解放和发展社会生产力，减少农业供给侧资源错配和无效、低端供给问题，扩大农业有效供给和中高端供给，提高农业供给体系的质量、效益和竞争力，提升农业全要素生产率。冠名“推进农业供给侧结构性改革”的特定行动，如果不符合这种理念，就很难说是真正的农业供给侧结构性改革。

（三）走出轻视体制机制改革和创新驱动的误区，把深化体制机制改革和培育创新驱动能力作为推动农业供给侧结构性改革的两大支柱

农业供给侧结构性改革贵在改革。如果轻视深化改革和推进制度创新的重要性，则农业供给侧结构性改革就无从谈起，增加有效和中高端供给、减少无效和低端供给，就缺乏持续有效的动力支撑。有人说推进农业供给侧结构性改革要念好“三字经”，即“调——调整农

业生产（产品）结构；提——农业生产提档升级；融——促进农村产业融合发展”。从简单、直观的理解看，这是没有问题的。但如果不以深化体制机制改革为依托，这“三字经”无论怎么念，都可能形成新的无效供给和低端供给问题，离真正的农业供给侧结构性改革都有很大距离。

与此同时，如果轻视培育创新驱动能力的重要性，人才、科技、资本等高级或专业化的生产要素就难以有效植入农业产业链、供应链，提高农业资源配置效率和全要素生产率、提升农业价值链，也就成为无源之水、无本之木。因此，低层次、平面化地拓展农业供给侧行动的主战场，固然有利于在短期内拓展农业发展和资源利用的空间，但很容易带来新的资源错配和无效供给问题。农业供给侧结构性改革不能简单理解为农业领域的水平式结构性拓展，而是农业领域水平式结构性拓展与深化体制机制改革、增强创新驱动能力融合互动的结果。习近平总书记反复强调，“抓创新就是抓发展，谋创新就是谋未来”。推进农业供给侧结构性改革必须将培育创新驱动能力贯彻始终。

推进农业供给侧结构性改革，其关键在于通过深化改革和推进制度创新，消除影响资源有效配置的政策和体制机制障碍，完善农业发展的体制机制和政策环境，促进农业发展更好地由生产导向转向消费导向。其途径在于通过促进农业产业组织结构的创新和产权、要素市场的发育，将现代产业发展理念和产业链、供应链、价值链等现代产业组织方式引入农业，培育农业经营主体的企业家精神，发挥新型农业经营主体在推进农业供给侧结构性改革中的导航作用，增强农业的创新驱动能力。借此，一方面，优化农业的需求瞄准机制，增强农业供给体系适应需求、引导需求、创造需求的能力；另一方面，带动资本、技术、人才等创新要素进入农业，促进农业资源和要素结构的优化升级；为农业产业结构（供给结构）优化升级、为提升中国农业价值链提供新动能。因此，推进农业供给侧结构性改革应该以深化改革和推进制度创新为着力点，以增强创新驱动能力为落脚点，坚持“双轮驱动”，真正把用新的发展理念引领发展行动贯穿于推进农业供给侧结构性改革的全程之中。

（四）走出农业供给侧结构性改革必须速战速决的误区，积极审慎地规划推进农业供给侧结构性改革的时间表和路线图

当前，中国推进农业供给侧结构性改革的重要性和紧迫性，很大程度上源自农业发展面临的结构性问题。这些结构性问题寓示着推进农业供给侧结构性改革的方向。但是，“冰冻三尺，非一日之寒”，解决这些结构性问题，往往需要在明确方向的前提下，积极审慎推进，在战略上“打持久战”。任何急于求成、希望“立竿见影”的倾向，对于推进农业供给侧结构性改革，都可能是无补甚至有害的，如长期实行的粮食最低收购价和农产品临时收储政策，导致粮食等主要农产品价格不是由市场供求直接决定而是由政府决定。近年来，中国粮食价格高于国际市场、粮食库存屡创历史新高与此密切相关，但解决这一问题远非取消粮食最低收购价政策和农产品临时收储制度那么简单。政府如果以发挥市场对粮食资源配置的决定性作用为由，企图当“甩手掌柜”，“速战速决”地取消粮食最低收购价和临时收储政策，很可能导致市场粮价过快下跌，挫伤种粮农民和粮食主产区的粮食生产积极性，加剧粮食产能的破坏。1985 年、1998 年前后，面对严重的卖粮难问题，政府力推农业结构调整，但之后分别经历了连续 4 年的粮食产量减少或徘徊、连续 5 年的粮食减产。从历史经验看，粮食产能一旦遭到破坏，要恢复起来往往困难重重。因此，粮食最低收购价和主要农产品临时收储制度改革要立足当前，着眼长远，坚持市场化改革取向与保护农民利益并重，注意根据不同类型粮食产品在粮食安全中的相对重要性，“分品种施策、渐进式推进”，科学把握好推进改革的火候、力度和节奏。

推进农业供给侧结构性改革，核心问题是处理好政府与市场的关系，将使市场在农业资源配置中发挥决定性作用和更好发挥政府作用有机结合起来。这句话谁都会说，但要在实践中真正做好，则在很大程度上考验着我们的智慧和胆识。比如，如何通过农业补贴政策的转型，促进不同类型的农产品生产之间、不同类型经营主体之间、农业经营主体与农业服务主体之间、农业当前发展与长远发展之间激励机制的动态协调？如何通过创新农业生产性服务业和农业基础设施建设支持政策，完善创新资源、创新要素进入农业的激励机制，补齐现代农业产业体系建设的短板？如何发挥多种形式适度规模经营的引领作用，创新农业经营组织方式，加快构建现代农业经营体系？解决这些问题，都需要我们统筹兼顾，综合权衡，科学拿捏好分寸，将“在战略上坚持持久战”与“在战术上打好歼灭战”有机结合起来。如新型农业经营主体的成长，在很大程度上代表着现代农业的发展方向，有利于提高农业质量效益和竞争力；但如指望在较短时期较大范围内，让为数众多的小规模兼业农户全部退出历史舞台，由此形成的对粮食安全和社会稳定的负面影响也值得警惕。操之过急，很可能得不偿失。

三　战略取向

（一）统筹协调农业发展的多元目标

在农业发展的早期阶段，保障农产品有效供给，特别是确保粮食安全是农业发展的首要目标。随着农业发展和工业化、信息化、城镇化水平的推进，基于比较利益，农业发展过程中资源和要素外流的问题日趋严重。在此背景下，增加农民收入作为农业发展目标的重要性迅速凸显。与此同时，随着城乡之间产权和要素流动的不断增强、市场联系的日趋深化，增强农业资源竞争力的重要性和紧迫性不断增加。在温饱问题解决后，随着收入水平的提高，对常规农产品容易出现边际消费倾向递减趋势，因此创新农产品供给、提高农产品质量对于增强农产品市场竞争力的重要性日趋凸显。加之，随着农业对外开放的扩大，农业国内市场国际化、国际市场国内化的问题日趋突出，增强农业国际竞争力日趋紧迫。因此，增强农业竞争力日益成为农业发展的重要目标。这种农业竞争力主要表现为资源竞争力和市场竞争力两个方面。在农业发展的同时，农业多功能性迅速凸显，农业发展的资源环境和社会影响日益需要高度重视（姜长云，2011，第8页）。

农业发展政策在继续作为产业政策的同时，作为资源环境政策和社会政策的重要性也在迅速凸显。

农业发展目标的多元化增加了实现农业发展目标的难度，因为发展农业的特定举措可能有利于实现某些目标，但不利于实现另外的目标。多元目标的冲突也强化了加快农业发展方式转变的约束条件。如按照增强农业竞争力的目标，加快转变农业发展方式的行动选择，应该注意提高农业效率；但按照农业发展的资源环境和社会影响目标，加快转变农业发展方式的行动选择又不能唯效率是图，必须注意增强农业的可持续发展能力，提高农业发展成果的社会分享水平，重视农业的生态保护、观光休闲、文化传承、科教功能。2017 年中央一号文件强调“加快转变农业发展方式，保持农业稳定发展和农民持续增收，走产出高效、产品安全、资源节约、环境友好的农业现代化道路，推动新型城镇化与新农村建设双轮驱动、互促共进，让广大农民平等参与现代化进程、共同分享现代化成果”，《全国农业现代化规划（2016—2020）》将“坚持生产生活生态协同推进”作为基本原则之一，都较好地体现了统筹推进农业发展多元目标协调的思想。

（二）积极引导农业发展由生产导向转向消费导向

随着居民消费结构升级和消费需求分化的提速，对农业或农产品的需求总量持续增长，需求结构加速分化（详见本书第三章第二节），因此引导农业发展由生产导向转向消费导向日趋重要而紧迫。近年来主要粮食品种，特别是玉米产能过剩、库存积压的问题迅速加重，很大程度上同农业发展对从生产导向转向消费导向重视不够有关。今后鉴于在总体上实现农产品供求平衡的难度显著加大，农业政策的选择和对农产品市场的调控，必须加强对农产品市场需求和需求结构变化的前瞻性、细分性研究，为促进农业发展由生产导向转向消费导向创造条件。通过科学引导消费，抑制农产品需求的非理性增长及其对农业发展的资源环境压力，这不仅有利于农业发展更好地实现从生产导向转向消费导向，对于提高农业发展消费导向的质量、优化宏观资源配置也有重要意义。此外，按照消费导向原则，应基于对农产品供求状况的客观研判，科学平衡对不同类型农产品供给能力建设的支持力度，防止畸轻畸重，导致某类农产品供求的松平衡建立在其他类型农产品供求失衡的基础上，形成农业资源利用的浪费，影响保障农产品有效供给目标的实现。鉴于农产品消费结构升级日益呈现优质化、多样化、个性化的趋势，鉴于城乡居民对农产品的消费日益关注饮食健康、消费安全和消费体验，积极引导农业发展由生产导向转向消费导向，当务之急是促进农业发展由过度依赖资源消耗、主要满足量的需求，向追求绿色生态可持续、更加注重满足质的需求转变。

引导农业发展由生产导向向消费导向转变，要注意科学区分主要农产品供求的紧平衡状态和紧平衡调控。所谓农产品供求紧平衡，简单地说，就是农产品供求基本平衡，但供给略小于需求的一种状态。就当前和今后一个时期而言，综合考虑农业发展的资源需求和资源可得性，紧平衡应该是农产品市场调控的理想状态和目标模式，因为它兼顾了生产者和消费者双方的利益（张合成，2015），既避免了因农产品供求平衡过松即供大于求，导致农价下跌和农民生产经营积极性受挫；又可以避免因农产品供不应求，导致农价上涨和市民尤其是城市低收入消费者的消费需求得不到保障。在紧平衡状态下，农产品供求平衡的基础往往比较脆弱，容易因环境的变化由平衡转向失衡。发展市场经济，首先要求尊重经营主体的选择，优化让市场在资源配置中发挥决定性作用的环境。在市场经济条件下，农产品供求不平衡是经常的，平衡是暂时的。农产品供求紧平衡是通过市场对供求关系的自发调节，辅之以必要的宏观调控，在动态波动中实现的。我们可以说，紧平衡是中国农产品供求关系调控中理想的“期望值状态”；但如果把紧平衡说成是当前和今后一个时期中国主要农产品供求平衡的常态，则容易引起误导，让人误以为在当前和今后一个时期，无论是在总体上还是在特定类型的主要农产品上，中国主要农产品供求的紧平衡都是可以自动实现的。

实际上，主要农产品供求在总体上呈现紧平衡状态，更多的只是强调由于农业发展可用资源的有限性，主要农产品供给只能在总体上基本满足需求，甚至供给还可能略小于需求，要注意引导农业资源的节约利用、循环利用和可持续利用。但这并不等于说，在任何时期、任何种类的农产品供求都是处于紧平衡状态。在社会资源或农业资源总量一定的情况下，资源供给向特定农产品供给保障能力建设过度倾斜，可能导致其供求处于松平衡状态；但其代价却是其他农产品供给可用资源不足，供给难以满足需求，供求紧平衡不能实现。比如，当前在粮食库存消费比远远高于正常水平的情况下，粮食供给实际上处于松平衡状态；但这种粮食供求松平衡的实现，却是以棉花、食用植物油等农产品难以主要依靠国内实现紧平衡、必须大量依赖进口为代价的。如2014年尽管棉花、食用植物油进口量均较上年有所减少，但中国仍是世界上最大的棉花和食用植物油进口国。

（三）着力增强农业创新驱动能力

加快农业发展方式转变，关键是要转换农业发展的动力结构，增强农业发展的创新驱动能力，结合解决以下三方面的问题，加快培育农业发展新动能。第一，促进农业发展更多地依靠科技进步和劳动者素质的提升，促进农业的节本增效升级，并降低农业经营风险。第二，推进农业的组织创新和制度创新，促进新型农业经营主体的发育和农户等传统经营主体的改造，完善农业经营主体之间的利益联结机制，通过增强农业经营主体的竞争力，更好地增强农业竞争力。第三，完善农业生产性服务业发展环境，优化其激励机制，积极发挥其对农业发展方式转变的引领、支撑和带动作用。推动农业发展的创新驱动，要把促进新型经营主体的发育与促进新型服务主体的成长有机结合起来，努力形成“新型农业经营主体＋新型农业服务主体＋普通农户”的现代农业发展格局，以普通农户为主力军、新型经营主体为生力军、新型服务主体为引领支撑，合力推进现代农业发展。

鉴于当前中国农业产业链、价值链的整合协调机制亟待健全，跨国公司对中国提升农业价值链甚至维护农业产业安全的挑战日益增多，引导农业产业化龙头企业、农民合作社甚至进入农业的工商资本按照推进农村一二三产业融合发展的思路，延伸产业链、打造供应链、提升价值链，鼓励其成为产业链、价值链整合协调的领导型企业日益重要。随着经济全球化的推进和消费结构升级，农产品价值链的主要驱动力已经由生产者转向购买者。流通环节日益成为农产品价值增值的主要源泉，品牌、科技、销售渠道、市场运作、供应链管理能力等无形资产对构建农业全球价值链的作用不断提高（张辉，2007，第43—44页；蒙丹，2011）。顺应农业价值链由生产者驱动向购买者驱动的转变，支持涉农大型零售商、经销商、品牌制造商、高新技术或供应链管理企业加强农业产业链、价值链整合协调，成为农业产业链、价值链的领导型企业，对于提升农业价值链、带动农民增收和维护农业产业安全都具有重要意义。这不仅有利于创新农业科技发展方式，优化农业科技的支持重点，增强农业创新驱动能力；还有利于更好地发挥消费结构升级、消费需求分化对农业发展方式转变的引领带动作用，更好地促进农业发展由生产导向向消费导向转变。

（四）积极推进农村一二三产业融合发展

农村一二三产业融合发展以产业链延伸、产业范围拓展和产业功能转型为表征，以技术融合和体制机制创新为动力，以推进产业发展方式转变为结果，通过实现农业与农村第二、第三产业的融合渗透和交叉重组，形成新技术、新业态、新商业模式，实现产业跨界融合、要素跨界流动、资源集约配置和市场的城乡对接，激发新的市场需求及其在农村的整合集成，带动农村产业布局的优化调整和农产品市场的整合提升。从国内外经验来看，农村一二三产业融合发展主要通过以下路径来实现，即农业产业链向后延伸型融合、农业产业链向前延伸型融合、农业产业化集聚集群型融合、农业农村功能拓展型融合、服务业引领支撑型融合、农业与互联网联姻型融合（详见本书第十章）。

笔者曾经对浙江、云南等省的调研显示，推进农村一二三产业融合发展往往具有以下实际效果。一是有利于促进农业的转型升级和现代农业发展，推动农业产业链延伸和价值链升级，增强农业的竞争力和可持续发展能力；二是带动农村二、三产业发展和农民就业增收，为农民分享农村产业融合“红利”搭建了平台，优化了农民就地城镇化的条件；三是推进农村人才、生态、文化等资源的综合开发利用，有利于加强农村基础设施和公共服务能力建设，打造农业农村经济乃至国民经济的新增长极；四是激发创新资源、发展要素向农业农村集聚，有利于构建新型农业经营体系，加快农业农村发展方式的转变；五是推进美丽乡村和社会主义新农村建设，促进城乡一体化与农村和谐发展，增强农业农村的可持续发展能力（国家发展改革委宏观经济研究院、国家发展改革委农村经济司课题组，2016，第166—168页）。笔者通过对山东潍坊市的调研也发现，推进农村一二三产业融合发展，通过促进农业延伸产业链、打造供应链、提升价值链，为发挥新型农业经营主体、新型农业服务主体对农民增收的带动作用提供了更高的平台，为拓展工商企业、社会资本带动农民增收的渠道提供了更多的机会，也为优质资源和创新要素进入农业、增强农业的创新驱动能力提供了通道；为发挥新型城镇化对新农村建设的带动作用，拓展农业功能和促进农业与中高端市场、特色、细分市场对接提供了更多的接口。因此，推进农村一二三产业融合发展，是推进农业供给侧结构性改革、培育农业农村发展新动能的重要途径，也是加快转变农业发展方式的重要取向。

四　主要任务

（一）积极培育新型农业经营（服务）主体，鼓励发展多种形式的农业适度规模经营

1. 培育充满活力、富有竞争力和创新能力的新型农业经营（服务）主体

近年来，中央反复强调“加快转变农业发展方式，发展多种形式适度规模经营，发挥其在现代农业建设中的引领作用”。从国内外经验看，在完善农村基本经营制度的同时，发展农业适度规模经营主要有两条路径。第一条路径是通过农村土地经营权流转，推进农户家庭经营的改造提升，扩大农户土地经营规模，培育家庭农场、专业大户；或积极支持农民合作社、农业产业化龙头企业等新型经营主体的

发育，鼓励资本下乡投资农业生产，引导农地向新型农业经营主体集中，形成以新型农业经营主体为主导的农业适度规模经营发展路径。第二条路径是在支持普通农户发展的同时，通过积极培育新型农业服务主体，或激活农业传统服务主体的发展能力，发展农业生产性服务业，帮助大量普通农户，特别是小规模兼业农户在发展现代农业中兴利去弊，强化其与农业服务主体的网络联动关系，形成以新型农业服务主体为主导发展农业适度规模经营的路径。要通过促进新型农业经营主体和新型农业服务主体的成长发育，加快发展多种形式的农业适度规模经营，为加快农业发展方式转变提供新的载体和带动力量。总体而言，培育新型农业经营主体和新型农业服务主体，要把促进其带头人（或企业家）的成长发育放在突出位置，着力优化其成长发育的环境。无论是新型农业经营主体，还是新型农业服务主体，其带头人的“企业家精神”或企业家素质，都是决定其活力、竞争力和创新能力的关键。要把加强新型职业农民培训、鼓励新农人在现代农业建设中发挥引领作用，作为培育新型农业经营主体、新型农业服务主体的重要抓手。要通过优化农业适度规模经营发展的路径结构，促进农业发展方式更好地“提质增效升级”。

2. 科学看待培育新型农业经营主体与发展农业适度规模经营的关系

发展多种形式的农业适度规模经营，新型农业经营主体可以成为排头兵，但难以成为主力军；可以成为“尖刀班”，但难以成为“大部队”。1961 年日本开始实施《农业基本法》，追求“建立一种以自立经营农户为主的农业结构”。但在之后 40 余年内，以小规模农户为主的农业结构并未得到根本改变，农户兼业经营特别是以农为主的兼业经营却成普遍事实。这是一个很好的例子。中国人多地少的农业资源禀赋特点，以及大量外出农民工就业不稳定、数以千万计的高龄农民工就业竞争力弱，需要农业农村为其提供就业“退路”等现实，决定了在中国以新型农业经营主体为主导发展农业适度规模经营，不能以大规模农场经营为“主菜”，公司化大规模农业经营更是“盆景”难成“风景”。况且，在中国，农业政策既是产业政策，又绝非单纯的产业政策，必须兼顾就业、环境和社会影响。因此，建立在农户家庭经营基础上的农业适度规模经营，更符合中国国情；培育新型农业经营主体，应该坚持以农户家庭经营为基础。

依靠工商资本大规模流转农地搞农业规模经营，在中国不具普世性。近年来，在中国许多地方，工商资本投资农业成为发展农业规模经营的新亮点，有效带动了中国农业发展的理念创新、业态创新和商业模式创新，也拓展了农业融资渠道。但是，随着工商资本投资农业的推进，工商资本大规模流转耕地、盲目拓展农业经营领域的负面影响也在迅速扩大和深化，容易增加形成区域性、群体性事件的风险。许多地方政府强力推动工商资本实行农业规模经营，不惜违反农民意愿，动员甚至强迫农民连片大面积转出土地，容易加剧土地流转纠纷，侵犯农民的土地权益。因市场逆转、外部环境变化和公司经营不善，公司毁约、老板“跑路”、区域性和群体性农民土地流转收益难以兑现的现象，近年来正迅速增加并有蔓延之势。对农业生产经营的复杂性和风险性认识不足、缺乏管理经验甚至关键技术、经营领域不具比较优势等，往往导致许多工商资本投资农业生产乘兴而来败兴而归，苦不堪言！部分工商资本由于对农业经营效益和市场前景估计过高，为加快土地流转进程抬高流转租金，为解决用工难题抬高工价，不仅推高了农产品成本，助长了农地“非粮化”“非农化”现象，还严重制约了农地在农户之间的流转，甚至容易因企业左右区域农地租金和农用工价，挤压了本土化新型农业经营主体的生产经营、发展空间乃至普通农户生计。工商资本对农地实行掠夺式经营等现象也不鲜见。大量调查显示，过度扩大农业经营规模，还容易导致农业单产和亩均利润的下降。农业投入大，周期长，面临自然、市场双重风险，工商资本大规模投资农业生产，不仅会因现行农村金融体系的不适应，加剧融资难、长期融资更难的困境，还会因经营风险迅速集聚面临重重考验。

可见，除适合企业化经营的现代种养业外，在中国，依靠工商资本投资农业生产，可以打造发展农业规模经营的速成样板，但难以成为持久模板。补齐农业农村发展短板，走产出高效、产品安全、资源节约、环境友好的农业现代化道路，必须在发展农业适度规模经营的过程中，始终坚持农民主体地位，避免挤出农民、忘记农民。培育新型农业经营主体，要注意引导家庭农场、专业大户、农民合作社等社区亲和型新型农业经营主体适度优先发展，增强新型农业经营主体的本土根植性和示范带动普通农户转型提升的能力。

3. 明确培育新型农业服务主体是发展农业适度规模经营更为重要的路径

以新型农业经营主体为主导和以新型农业服务主体为主导两条农业适度规模经营发展路径，并非简单的排斥关系；甚至在许多情况下，新型农业经营主体和新型农业服务主体之间也无清晰界限，而是“你中有我、我中有你”关系。如许多家庭农场或专业大户作为新型农业经营主体，也是农机、农技或农产品流通等新型农业服务主体，许多农民合作社或农业产业化龙头企业，甚至是行业性农业生产性服务的重要集成供应商。在许多地方，新型农业经营主体如种养大户、家庭农场、农业产业化龙头企业、农民合作社或投资农业的工商资本结合自身优势，积极推进向新型农业服务主体转型，增强对农业产业链的资源整合和优势集成能力，成为发展农业生产性服务业的先行者。在当前乃至今后相当长的时期内，中国农业适度规模经营的发展应该选择两条路径并行发展、竞争合作的道路，但以新型农业服务主体为主导的发展路径更能体现坚持强农惠农富农政策的方向，让广大农民平等参与现代化进程、共同分享现代化成果。在中国发展多种形式的农业适度规模经营，新型农业经营主体是“硬菜”，新型农业服务主体才是“主菜”。发展多种形式农业适度规模经营，应该突出新型农业服务主体的主导作用。在中国发展多种形式的农业适度规模经营，应该突出以新型农业服务主体为主导，加快发展农业生产性服务业。这主要有以下两方面的原因。

第一，有利于绕开土地产权不清对农地流转的影响，避免因此妨碍以新型农业经营主体为主导发展农业适度规模经营。通常，农地流转及以此为基础推进农业适度规模经营，要以明晰产权、赋予农民更多的财产权利为基础。2013 年中央一号文件明确“用 5 年时间基本完成农村土地承包经营权确权登记颁证工作，妥善解决农户承包地块面积不准、四至不清等问题”。到2015年8月，全国已有2215个县（市、区、旗）开展了农村土地承包经营权确权登记颁证试点，涉及1.9万个乡镇、30.2万个村，完成确权登记面积2.6亿亩。但仍有部分地区农户土地承包权益落实不到位，未完成确权登记颁证的农地仍属多数。有些地方还因历史遗留问题多、工作经费不足、政策或法律问题不清晰等原因而影响质量和进度。在此背景下通过农地流转，以新型农业经营主体为主导发展农业适度规模经营，容易面临土地产权不清问题的困扰，甚至形成新的产权不清问题，影响对农民土地承包权益和新型经营主体经营权的保护，妨碍农业适度规模经营的稳定推进。

第二，在像中国这样的东亚国家，以小规模农户兼业经营为主体往往是农业经营主体结构不可回避的主体选择；通过加快发展农业生产性服务业，按照“现代农业企业家+发达的农业生产性服务业+为数众多的小规模兼业农户”的思路，推进农业发展方式转变，可以有效解决“谁来种地”“如何种地”问题。近年来，随着农村青壮年劳动力的大量进城，农业劳动力老弱化趋势日盛，由此很容易导致小规模兼业农户在发展现代农业过程中迷失方向，影响农业劳动生产率和全要素生产率的提高。按照“现代农业企业家+发达的农业生产性服务业+为数众多的小规模兼业农户”的模式，现代农业企业家带着小规模兼业农户干，为数众多的小规模兼业农户在发展现代农业的过程中就不会无所适从。这些现代农业企业家可以是新型职业农民或种养大户、家庭农场、农民合作社的带头人，也可以是农业产业化龙头企业甚至工商资本投资农业的企业家。通过他们“点燃一盏灯”，照亮“一大片”，为数众多的小规模兼业农户在发展现代农业的进程中，也会感到前途光明，有奔头。四川崇州的农业共营制、安徽宿州的现代农业产业化联合体等，已经为此提供了很好的佐证。

农业生产性服务业是农业分工深化和社会化协作的产物。以新型农业服务主体为主导发展农业适度规模经营，就是要大力发展农业生产性服务业，通过发达的农业生产性服务业与小规模兼业农户的服务供求关系，将大量分散经营的小规模兼业农户纳入分工协作的网络之中，推动小规模兼业农户的发展环境和行为方式出现“质的变化”。通过发达的农业生产性服务业，帮助农民有效化解疫病防治、农技采用、市场拓展、品牌提升、农业机械化、食品安全治理等难题，解决小规模兼业农户发展现代农业“干不动”“干不好”“干得不经济”的问题，增进其与发展现代农业的相容性，实现区域适度规模经营。在发展现代农业的过程中，发挥多种形式农业适度规模经营的引领作用，培育新型农业服务主体比培育新型农业经营主体更为重要，更加不可或缺。

（二）发展引领有效、支撑得力、优势互补、网络发展的农业生产性服务业，打造推进农业供给侧结构性改革的“点睛之笔”

近年来，中国农业和农村发展连创佳绩，但是，农业农村仍是全面建设小康社会的短板，农业生产性服务业仍是现代农业产业体系建设的短板。推进农业供给侧结构性改革、培育农业农村发展新动能，必须大力发展农业生产性服务业，引导其在推进农业转型发展和提质增效升级中发挥画龙点睛的作用。从中国农业机械化的迅速发展及农机服务组织日益凸显的作用可以清晰地看出这一点。

鉴于人工成本增加成为当前农产品成本提高的重要原因，近年来推进农业机械化的发展已经成为加快转变农业发展方式的重要抓手；引导农机作业服务组织的发展，日益成为促进农业机械化的重要方向。[①] 从中国的经验来看，以大型机械为主的农业机械化的发展，不仅有利于节约农业生产的用工投入，促进化肥、农药等农业生产资料的高效利用，推进农业的节本增效并降低风险，提高农业经营的比较利益水平；还有利于促进农业专业化、规模化、集约化的发展，减少

① 20世纪70年代以来，日本农业机械化特别是大型机械化的发展，对于节约农业发展的人工成本，对于加快农业发展方式转变和农业规模经济效应的提升，产生了举足轻重的作用。日本的经验证明，具有规模经济效应的农业机械越普及，大规模农户的经营优势就越突出；大规模机械化所带来的规模经济效应不仅为大规模租地农业的发展创造了条件，也为面向小规模兼业农户推进农机作业承包提供了动力（速水佑次郎、神门久善，2003，第254—266页）。

因大量使用化肥、农药等引起的环境污染和耕地破坏问题，加强耕地质量和农业环境治理。近年来，导致中国耕地质量下降的一个重要原因是对耕地的利用和管理不当，如深耕深松作业不足，土壤蓄水保墒能力低。多数农民使用小型农机具耕地，耕作层较浅，浅耕、旋耕面积占机耕面积的比重超过六成。长期采用这种浅耕作业方式，导致土壤理化性能变差，有机质流失，肥力下降。加之，由于农业比较效益低，农民不愿在养地方面增加投入。[①] 要改变农民对耕地重用轻养的问题，必须促进农业比较利益的提高。推进农业机械化的发展，是提高农业比较利益的重要选项。[②]

自2004年中国政府正式启动农机购置补贴政策以来，中国农业机械化迅速发展，向大型农机倾斜的态势日益强化。但是，农业机械化的发展也面临一个提质增效升级的问题。从当前情况和今后一个时期的趋势来看，促进农业机械化提质增效升级，除加强对重点领域、薄弱环节的支持外，一个重要方向是支持专业化、市场化、产业化的农机服务组织发展。我们对许多地方的调查显示，近年来农机服务组织的发展，对于解决农村土地撂荒问题、促进农村土地流转方式的创新，对于促进农机农艺结合、带动农产品质量和农业产业链全程机械化质量的提高，都有重要意义。农机服务的专业化、规模化和集约化还有利于加快农业机械化进程，有效带动新型农业经营主体的发育和农业专业化、规模化、集约化的发展（姜长云等，2015）。支持农机服务组织的发展，也有利于规避农户分散独立购机导致的农机闲置和资金浪费，提高农机具利用率、农机使用效益和农业机械化的资源配置效益，弱化机械作业费上涨对农产品成本上升的推动作用。

发展农业生产性服务业在推进农业供给侧结构性改革、提高农业供给质量方面的作用，不仅表现在农机服务组织的发展上。如近年来

---

① 参见乔金亮《中国中低产田占耕地总面积70% 耕地退化超4成》，《经济日报》2014年12月19日。

② 当然，由于各地条件不同，农业机械化的发展也并非发展大型机械一条路。如在山区、特色农业发展优势区，专用灵巧、简便实用的小型机械或许更有用武之地。

部分地区鼓励农民合作社、农业生产性服务公司等通过承接服务外包方式，面向农户提供施肥洒药、机耕机收、农产品销售等服务，促进了劳动力和化肥、农药的高效节约利用，减少了农业环境污染和农忙季节农业劳动力短缺问题，有效促进了农业节本增效和可持续发展。事实证明，加快发展农业生产性服务业，可以为加快农业发展方式转变培育新引擎。如近年来推进农村一二三产业融合发展受到重视。许多农资生产和流通企业通过向农业生产性服务企业转型，实现由卖产品向卖设计、卖服务的转型，资源整合和优势集成能力显著提升，成为区域农业发展方式转变的先行者。有些农业产业化龙头企业通过由农业企业或农产品加工企业向农业服务企业转型，成为现代农业产业链的核心企业、现代农业产业体系建设的领航者。推进农村一二三产业融合发展，发挥科技创新在农业全面创新中的引领作用，提升农业的生产功能，拓展农业的生态、生活功能，培育农业新业态、新商业模式，都需要补齐发展农业生产性服务业这块“短板”。

大力发展农业生产性服务业，还可以为工商资本投资农业提供一道“好菜”。当前，工商资本投资农业已成大趋势。中央已经明确鼓励和引导工商资本更多投向农业农村。但是，工商资本投向农业农村，如果只是“赔钱赚吆喝”，也是很难持续的。引导工商资本科学选择比较优势领域，不仅有利于激发调动其投向农业农村的积极性，也有利于提高农业供给体系的质量和效率，提高投资有效性。国内外经验表明，农业生产性服务业正是工商资本投资农业的比较优势领域，也是农业产业链价值增值的主要源泉。随着农业产业链主要驱动力从生产环节向加工环节进而流通等服务环节的转移，品牌、流通、服务等对农业价值链升级和发展方式转变的重要性更加突出，农业服务商日益成为农业产业链、价值链的主要驱动者；现代农业生产性服务业日益成为现代农业发展的引领力量。这有利于整合集成消费者对农业的需求信息，通过产业链、供应链、价值链等现代产业组织方式将其传导给农产品加工者、生产者，带动从餐桌到田间的农业发展方式转变。

与发达国家相比，在中国现代农业产业体系建设中，农业生产性服务业的“短板”问题更为突出，发展农业生产性服务业的问题更应引起重视。许多发达国家的农业具有较高的质量、效益和竞争力，发达的农业生产性服务业功不可没，这成为现代农业的重要特征。美国农业生产性服务业包括政府主导的公益性服务体系、合作社和农产品行业协会等主导的社区性服务体系、以私营企业为主导的经营性服务体系，三者分工协作、优势互补。在2010年美国涉农部门就业人口中，以私营企业为主导的经营性服务体系约占3/4。澳大利亚、新西兰农业高度发达，国际竞争力强，一个重要原因是发达的农业生产性服务业有效支撑了农业效率和竞争力的提升，在那里，农民所需的大多数服务均可在市场上方便快捷地获得。荷兰作为资源小国，却是农产品出口大国，很大程度上是因为从饲料、种子等投入物供应，到农产品加工，再到农产品物流和拍卖业，形成了富有活力和创造力的产业链经济，农业生产性服务业是其重要内容。2014年中国农林牧渔业增加值占GDP的9.50%，但农、林、牧、渔服务业增加值占GDP的比重仅为0.29%。农、林、牧、渔服务业虽然不能囊括农业生产性服务业的全部内容，但中国农业生产性服务业发展的滞后状况据此可见一斑。

要按照立足当前、着眼长远、面向需求、服务农业的方针，着力推进农业生产性服务业市场化、产业化、社会化和规模化、专业化、品牌化发展。近年来，新型农业经营主体的成长和农业发展方式转变的推进，不仅导致对农业生产性服务市场化、产业化、社会化的需求更加强烈，还导致农业生产性服务规模化、专业化、品牌化发展日趋紧迫。农业生产性服务业通过专业化、规模化、品牌化发展，实现优质高效发展，不仅是农业生产性服务业转型升级之道，还会通过增进农业生产性服务供给的及时性，促进其节本增效，更好地支撑新型农业经营主体的成长。

（三）按照推进集约化、专业化、组织化、社会化有机结合的方向，培育立体式复合型新型农业经营体系

新型农业经营体系是相对于传统农业经营体系而言的。构建新型

农业经营体系的必要性和紧迫性，在很大程度上源自传统农业经营体系的问题及其对发展现代农业的局限性。中国传统农业经营体系的运行，以“小而全”“小而散”的农户家庭经营为主体，在农业发展上存在着“重生产、轻服务”“重政策优惠、轻制度建设”等倾向。随着工业化、信息化、城镇化、市场化和国际化的深入推进，以及经济全球化的深入发展，这种传统农业经营体系的问题和局限性日趋突出，对于发展现代农业、转变农业发展方式的制约迅速显现（姜长云，2014）。本书第三章分析了当前中国农业发展面临的主要问题，形成这些问题的一个重要原因，在于传统农业经营体系的问题和局限性。

新型农业经营体系是集约化、专业化、组织化和社会化有机结合的产物。所谓集约化，是相对于粗放化而言的。新型农业经营体系将集约化作为其基本特征之一，一方面顺应了现代农业集约化发展的趋势，另一方面正是为了消除近年来部分地区农业粗放化发展的负面影响。在新型农业经营体系中，集约化包括三方面的含义：一是单位面积土地上要素投入强度的提高；二是要素投入质量的提高和投入结构的改善，特别是现代科技和人力资本、现代信息、现代服务、现代发展理念、现代装备设施等创新要素的密集投入及其对传统要素投入的替代；三是农业经营方式的改善，包括要素组合关系的优化和要素利用效率、效益的提高。农业集约化的发展，有利于增强农业产业链和价值链的创新能力，但也对农业节本增效和降低风险提出新的更高层次的要求。推进农业集约化，往往是发展内涵型农业规模经营的重要途径。

所谓专业化，是相对于兼业化，特别是“小而全”“小而散”的农业经营方式而言的，旨在顺应发展现代农业的要求，更好地通过深化分工协作，促进现代农业的发展，提高农业的资源利用率和要素生产率。从国际经验来看，现代农业的专业化实际上包括两个层面：第一，农业生产经营或服务主体的专业化。如鼓励“小而全”“小而散”的农户家庭经营向专业化发展，形成“小而专、专而协”的农业经营格局。结合支持土地流转，促进农业生产经营的规模化，发展专业大户、家庭农场等，有利于促进农业生产经营的专业化。培育信息服务、农机服务等专业服务提供商，也是推进农业专业化的重要内容。第二，农业的区域专业化，如建设优势农产品产业带、产业区，以及美国的玉米带、大豆带等。从国内外经验看，农业区域专业化的发展，可以带动农业区域规模经济的实现，是发展区域农业规模经营的重要途径。专业化的深化，有利于更好地分享分工协作效应，但也对生产和服务的社会化提出更高层次的期待。

至于组织化，主要是与分散化相对应的，包括三方面的含义：第一，新型农业生产经营主体或服务主体的发育及与此相关的农业组织创新。第二，引导农业生产经营或服务主体之间加强横向联合和合作，包括发展农民专业合作社、农民专业协会等，甚至支持发展农民专业合作社联合社、农产品行业协会。第三，顺应现代农业的发展要求，提高农业产业链的分工协作水平和纵向一体化程度。培育农业产业链核心企业对农业产业链、价值链的整合能力及其带动农业产业链、价值链升级的能力，促进涉农三次产业融合发展等，增进农业产业链不同参与者之间的合作伙伴关系，均属组织化的重要内容。

社会化往往建立在专业化的基础之上。新型农业经营体系将社会化作为其基本特征之一，主要强调两个方面：一是农业发展过程的社会参与；二是农业发展成果的社会分享。农业产业链，换个角度看，也是农产品供应链和农业价值链。农业发展过程的社会参与，顺应了农业产业链一体化的趋势。近年来，随着现代农业的发展，农业产业链主要驱动力正在呈现由生产环节向加工环节以及流通等服务环节转移的趋势，农业生产性服务业对现代农业产业链的引领支撑作用也在不断增强。这些方面均是农业发展过程中社会参与程度提高的重要表现。农业发展过程的社会分享，不仅表现为农业商品化程度的提高，还表现为随着从传统农业向现代农业的转变，农业产业链逐步升级，并与全球农业价值链有效对接。在现代农业发展中，农业产业链消费者主权的强化和产业融合关系的深化，农业产前、产后环节利益主体参与农业产业链利益分配的深化，以及农业产业链与能源产业链、金融服务链的交融渗透，都是农业发展成果社会分享程度提高的重要表现。农业发展过程社会参与和分享程度的提高，增加了提高农业组织化程度的必要性和紧迫性。因为通过提高农业组织化程度，促进新型农业生产经营主体或服务主体的成长、增进其相互之间的联合和合作等，有利于保护农业生产环节的利益，避免农业产业链的利益分配过度向加工、流通、农资供应等产前、产后环节倾斜，有利于保护农业综合生产能力和可持续发展能力。

随着现代信息技术的发展和产业分工协作关系的深化，多数农产品供应链日益由线性的单链转化为非线性的网链。因此，农业经营体系社会化发展的高级形态是网络化。在构建新型农业经营体系的过程中，推进网络化发展的原因，主要在于集体转变成本和需求规模经济的存在，旨在提升网络效应。许多现代农业产业集群的发展，实际上是在局部区域内农业经营体系网络化的结果。农业经营体系的网络化，为创新要素有效植入农业产业链提供了多元便捷的通道，有利于提高农业发展对资源、要素的动员和集成能力，促进农业产业链和价值链升级，增强农业的抗风险能力、国际竞争能力和可持续发展能力。

在新型农业经营体系中，集约化、专业化、组织化和社会化强调的重点不同。集约化和专业化更多地强调微观或区域中观层面，重点在于强调农业经营方式的选择。组织化横跨微观层面和产业链中观层面，致力于提高农业产业组织的竞争力，增强农业的市场竞争力和资源要素竞争力，影响利益相关者参与农业产业链利益分配的能力。社会化主要强调宏观方面，也是现代农业产业体系运行的外在表现，其直接结果是现代农业产业体系的发育。在新型农业产业体系的运行中，集约化、专业化、组织化和社会化应该是相互作用、不可分割的，它们是支撑新型农业经营体系“大厦”的“基石”，不可或缺。培育集约化、专业化、组织化和社会化有机结合的新型农业经营体系，有利于从根本上提高农业供给质量，带动农业土地生产率、资源利用率、劳动生产率和全要素生产率的提高；也有利于打造从餐桌到田间的食品安全治理体系，更好地促进农业发展从生产导向转向消费导向。将培育集约化、专业化、组织化和社会化有机结合的新型农业经营体系，与培育充满活力、富有竞争力和创新能力的新型农业经营主体、新型农业服务主体有机结合起来，有利于更好地带动普通农户发展现代农业，促进农业延伸产业链、打造供应链、提升价值链，提升农业产业链的质量、效益和竞争力。

培育新型农业经营体系的过程，一方面表现为各类农业产业化组织为节本增效、降低风险和优势互补，为增强竞争能力、抗风险能力和可持续发展能力，而采取的追求规模经济和范围经济的努力；另一方面，表现为各类农业产业化组织之间为增强协同效应和网络效应，更好地对接要素市场、产品市场和增强竞争优势，而采取的横向一体化或纵向一体化努力。随着新型农业经营和服务主体数量的增加，这些新型主体自身的问题和局限也会日益凸显。较为突出的共性局限主要是组织规模小、层次低、功能弱、服务能力差，甚至同质性强。随着对外开放的扩大和国际竞争国内化、国内竞争国际化的发展，面对横向一体化或纵向一体化程度较高的跨国公司，增强中国农业产业组织的竞争力日趋迫切。因为，随着农业对内对外开放的扩大与深化，农业产业组织如果没有竞争力，农业就不可能有竞争力，建设现代农业更是无从谈起。发达国家的农业跨国公司，往往经历了长达几十年甚至上百年的发展。在农业的大多数领域，中国难以在短期内形成能与跨国公司竞争的大型企业或企业集团。但通过引导农业产业组织的分工协作和优势互补，通过促进农业产业链不同环节的有效合作，仍然有望形成可与发达国家农业跨国公司有效竞争的农业产业组织体系。因此，加快培育分工协作、优势互补、链接高效、网络发展的现代农业产业组织体系，应该是构建立体式复合型新型农业经营体系的基本要求。

（四）创新产业发展理念和组织方式，优化鼓励消费导向、创新驱动、绿色生产、产业融合的制度和政策环境

加快农业发展方式转变，关键是以推进农业供给侧结构性改革为主线，加快制度创新和政策创新，带动相关的组织创新、技术创新和

业态创新，促进现代产业发展理念和组织方式更好地植入农业。

优化鼓励消费导向、创新驱动、绿色生产、产业融合的制度和政策环境，当务之急是优化新型农业经营主体、新型农业服务主体的支持政策。以此为基础，应注意以下四点。第一，注意引导新型农业经营主体、新型农业服务主体之间加强联合合作，培育农业产业链不同环节之间的战略性合作伙伴关系，推进农业组织创新的规模经济、范围经济和协同效应、网络效应，促进农业组织功能的转型升级。第二，注意创新行业协会、产业联盟等支持政策，鼓励其增进行业共同利益，并在解决农业产业链、供应链、价值链共性问题方面发挥作用，支持其增强对农业生产性服务业的整合集成、系统供给和优化提升能力。第三，通过支持发展现代农业集群、农业产业化产业区、现代农业产业园等，促进农业产业链一体化，推进农业生产性服务业的集群化和网络化发展，培育农业产业链的竞争优势，提升农业品牌效应和农业产前、产后环节的集聚效应。第四，在推进农业产业化或农村一二三产业融合发展的过程中，鼓励各类新型经营主体、新型服务主体完善同农户的利益联结机制，增强对农户或现代农业发展的带动功能。这包括在与农户有直接利益关系的龙头企业、农民合作社、农民专业协会与农户之间健全利益联结机制，为农民更好地分享发展现代农业的增值收益创造条件；也包括健全农业产业化行业协会、农业产业化联盟、龙头企业集团甚至农业产业化集群、产业区与龙头企业、农民合作社、农民专业协会、种养大户、家庭农场之间的利益联结机制，以及健全农民合作社等对农业产业链垄断现象的制衡机制，为农业产业链不同环节之间更好地分享农业产业链、价值链升级的成果创造条件。

优化鼓励消费导向、创新驱动、绿色生产、产业融合的制度和政策环境，还需特别重视以下四点。

1. 促进农产品价格形成机制和农业补贴政策的转型

2004 年以来，中国逐步形成了主要农产品最低收购价和临时收储政策，对于促进粮食等主要农产品增产和农民增收，发挥了重要作用。但是，随着其实施时间的延续，其负面影响也迅速凸显起来，最突出的影响是扭曲了农产品价格形成机制，妨碍了市场定价作用的发挥，容易形成政府定价（最低收购价或临时收储价格）左右市场价格、市场价格误导农民生产的现象。当前中国主要农产品结构性、阶段性供给过剩和部分农产品供给不足并存，特别是优质化、特色化、品牌化农产品供给不足，与农产品价格形成机制扭曲有很大关系。因此，完善农产品价格形成机制，发挥市场机制对农业资源配置的决定性作用，应该是推进农业供给侧结构性改革的“必修课”。

基于不同类型农产品供求关系、价格变化特点和产品特性的差异，完善农产品价格形成机制应该坚持“市场定价、价补分离”和“分品种施策、渐进式推进、强化弹性调控”的方向。以2015年为例，来自种植业的经营净收入仅占农民人均可支配收入的21.2%。主要依靠农产品价格支持政策保障农民增收，越来越容易产生“小马拉大车”的问题，并容易加剧农产品价格的扭曲，误导农业的资源配置。因此，要按照“市场定价、价补分离”的方向和WTO规则的要求，统筹推进农产品价格形成机制改革和农业补贴政策的转型，将完善保障主要农产品有效供给的长效机制和健全农民收入稳定增长机制有机结合起来，谨慎积极地加强对市场化收购、目标价格补贴、目标价格保险、目标价格贷款等适用性和实施效果的前瞻性、跟踪性研究，并掌握好推进的条件、时机和度。完善农产品价格形成机制和农业补贴政策，还应同实施“以我为主、立足国内、确保产能、适度进口、科技支撑的国家粮食安全战略”和“确保谷物基本自给，口粮绝对安全”结合起来，注意分品种施策。防止简单效仿大豆和棉花实行目标价格改革试点、玉米实行“市场化收购＋补贴”的做法，导致主要作为口粮的稻谷和小麦生产能力加快受到破坏。完善农产品价格形成机制和农业补贴政策，还应加强对相关历史经验的研究，避免简单重复“昨天的故事”。

2. 引导涉农平台经济有序发展并发挥对农业发展方式转变的领航作用

平台经济以平台型企业为主导，通过提供实体交易场所或虚拟交易空间，整合资源，吸引关联各方参与并组成新的经济生态系统；通过发挥服务中介和服务支持作用，促成关联各方之间的交易和信息交换，形成核心竞争力和价值增值能力。这些平台经济往往具有双边市场性、集聚辐射性、共赢增值性和快速成长性等特点，在增强产业创新驱动能力，减少信息不对称和重构产业链、供应链、价值链，推进经济服务化、服务信息化和产业化，增强引导需求和创造需求的能力方面，可以发挥特殊重要的作用（上海市经济和信息化委员会、上海科学技术情报研究所，2013，第351页），是培育新产业、新业态、新模式的重要带动力量。面向农业产业链、供应链的平台型企业往往三管齐下：一是构建从餐桌到田间的产品需求信息流和标准体系，引导作为产业链、供应链参与者的生产者行为，培育消费导向的农业发展方式；二是有效整合科技、金融、物流、营销网络和政策资源，形成覆盖全程的要素流动和服务供给引导机制，带动优质资源和高级、专业性生产要素加快进入农业产业链，增强产业链、供应链、价值链不同环节的协同性；三是推进以平台型企业为主导的产业生态治理模式和节本增效降险保障机制，形成覆盖全程、链接高效的产业链或价值链治理模式。通过政策和体制机制创新，营造有利于平台经济有序高效发展的政策环境，更好地发挥其对农业供给侧结构性改革的领航作用，越来越成为推进农业供给侧结构性改革的重要方向。

3. 全面深化涉农产权和要素市场改革

推进农业供给侧结构性改革，促进农业产业结构的转型升级只是“台前”，促进农业要素结构的转型升级和涉农产权、要素的优化配置，才是“幕后”根本，为此必须深化相关产权和要素市场改革。刘世锦等（2016，第7页）认为，供给侧改革的主战场是要素市场改革，这是富有见地的。要通过深化涉农产权和要素市场改革，引导土地、资金、科技、劳动力、知识产权等优化配置，引导新型职业农民和涉农企业家阶层成长壮大，为增强农业创新驱动能力提供强劲支撑。深化涉农产权和要素市场改革，应日益成为推进农业供给侧结构性改革的“重头戏”。

4. 以推行绿色生产方式为重点深化相关制度和政策创新

近年来，中国农业农村发展的部分成就，是以过度依赖资源消耗、主要满足量的需求为代价取得的。为解决这一问题，近年来中央的许多重要文件日益重视推行农业绿色生产方式，为此进行了许多重要决策部署。如 2016 年 10 月发布的《全国农业现代化规划（2016—2020 年）》，要求“妥善处理好农业生产、农民增收与环境治理、生态修复的关系，大力发展资源节约型、环境友好型、生态保育型农业”，“必须牢固树立绿水青山就是金山银山的理念，推进农业发展绿色化，补齐生态建设和质量安全短板，实现资源利用高效、生态系统稳定、产地环节良好、产品质量安全”。2017 年中央一号文件提出，要促进农业农村发展“向追求绿色生态可持续、更加注重满足质的需求转变”，并在其全部六部分内容中专列第二部分部署“推行绿色生产方式，增强农业可持续发展能力”，体现了坚持绿色发展等新发展理念的要求。其中，推进农业清洁生产、大规模实施农业节水工程、集中治理农业环境突出问题、加强重大生态工程建设等内容，对于解决农业农村发展过度依赖资源消耗、主要满足量的需求问题，促进农业向追求绿色生态可持续、更加注重满足质的需求转变，具有较强的针对性和可操作性。

以推进农业供给侧结构性改革为主线，以推行绿色生产方式为重点深化相关制度和政策创新，把促进农业增效、农民增收、农村增绿统一起来，有利于农业农村工作中更好地协调处理立足当前与着眼长远、推进农业现代化与新型城镇化的关系，也有利于农业发展更好地坚持消费导向，同增强农业的创新驱动能力、推进农村一二三产业融合发展等，也可以形成很好的对接关系。以推行绿色生产方式为重点深化相关制度和政策创新，首先是要注意用理念创新带动行动创新，加强对相关成功经验的宣传和推广工作。如简单地倡导“绿水青山就是金山银山”可能是不够的，近年来许多地方通过促进生态资源向生态资产转化，推进农村一二三产业融合发展，有效带动了农民增收和区域发展、脱贫攻坚。加强相关典型经验和案例的宣传，有利于更好地将绿色发展理念转化为推行农业绿色发展的行动，更好地发挥先行榜样的带动作用。其次是将强化对农业推行绿色生产方式的利益激励机制，同发挥能耗、技术、环保、质量、安全等标准的约束作用和法规的制约作用结合起来。发挥标准的约束作用和法规的制约作用，要以农资产销企业、新型农业经营主体、新型农业服务主体和各类农业产业化组织为重点。2017 年中央一号文件提出，建立健全化肥农药行业生产监管及产品追溯系统，建立健全农业节水技术产品标准体系等，与此均有很大关系。再次是加强对农业绿色发展平台建设和行动的支持。如推进创建国家农业可持续发展试验区、开展重金属污染耕地修复及种植结构调整试点、实施退牧还草和湿地保护修复等工程。

第六章　理性看待农地适度规模经营

经营规模问题是农业经济学研究领域一个持续讨论的话题，也是在当今中国富有现实政策含义的话题。经营规模过小一直被认为是影响中国农业经营效益的重要因素，从而影响农业发展。要提高农业的竞争力，就必须实行“适度规模经营”，这已经成为学术界和农业政策界的共识。从经济学角度来说，任何经营活动毫无疑问都必须有一个合适的经营规模，所以问题并不在于农业是否需要“适度规模经营”，而是在于探讨中国农业“适度规模经营”的现实含义。本章将聚焦于中国的农地经营规模特别是种植业的经营规模问题。国际经验和国别研究表明，关于什么是最佳的“农地经营规模”并无一个一致性的看法；单纯就技术经济而言，不同的技术水平下的最优农地经营规模会不一样（Chavass，1999）。[①] 事实上，影响一国农地经营规模的因素非常复杂。就中国而言，农地的经营规模不仅要考虑国家粮食安全的战略因素，也要考虑多大规模的农地经营才能确保对农业经营者产生有吸引力的经营收入，还需要考虑城镇化的发展能在多大程度上吸纳农业劳动力这一现实约束。因此，单纯地从收入等单一视角探讨经营规模是不全面的。本章将对农地经营规模变化的国际经验进行总结，对基于收入视角的中国农地适度经营规模的相关分析进行评论；在此基础上，从城镇化可能的发展水平这一现实约束出发，对今后中国农地经营规模的现实选择进行分析。

---

① 如 Hall and Leveen（1978）的研究显示，在加利福尼亚，使经营有效率的最小农地规模是 100 英亩；但同时应当看到，无论是对发达国家还是发展中国家的研究，也有关于小规模农户更具效率的案例（Garcia et al.，1982；Yotopoulos and Lau，1973）。

一　农地经营规模演变的国际经验：一般性分析

（一）经济增长与农地经营规模变化

由于缺乏系统性数据，关于农场规模方面的宏观经济证据较少。但可以肯定的是，各国之间的农场规模差异极大：根据 FAO 的数据，阿根廷的农场规模是平均 469 公顷，而孟加拉国只有 0.5 公顷（费德里科，2011）。

Eastwood etc.（2010）利用 FAO 数据库中的数据，对若干国家在过去数十年中农场农地经营规模的变化进行了总结。研究结果显示，总体来说，人均 GDP 越高的国家，其农场的经营规模也越大。并且，自 20 世纪中期以来，随着人均 GDP 的增长，发达国家的农场规模也在扩大。但是，分地区来看，这个“总体来说”的结论并不成立。例如，撒哈拉以南非洲、南亚、东南亚和东亚国家的平均农场规模一直很小；并且，自 20 世纪中期以来，尽管人均 GDP 在增长，但亚洲和非洲国家的农场规模却在缩小。

根据 Chavass（1999）的总结，影响农场经营规模的因素非常复杂。除了技术水平之外，交易成本、市场的完善程度、税收政策和农户的风险规避能力等都会对农场经营规模产生影响。而 Eastwood etc.（2010）的研究显示，对于曾经被殖民的国家来说，殖民者对土地掠夺所形成的固化的利益格局，往往会形成大规模农场和农地分配不均的状况。此外，一国的土地改革政策、农业技术进步的路径、政府的农业政策等也都会对该国的农地经营规模产生影响。以上种种因素使得各国的农地经营规模变化难以与经济增长之间建立起简单的线性关系。

（二）农业生产率与农地经营规模

1. 农业生产率对农地经营规模的影响

假设一国的农业劳动力数量为 L，农业产出为 Y，农用地面积为 A，则我们可以在农业劳动生产率（Y/L）、农业土地生产率（Y/A）

和劳均经营规模（A/L，即劳动—土地比率）之间构建起如下关系式：

A/L =（Y/L）/（Y/A）

即劳均经营规模可以表示为农业的劳动生产率与土地生产率之比。具体来说，劳均经营规模与劳动生产率（Y/L）成正比，与土地生产率（Y/A）成反比。因此，农地经营规模的变化趋势与该国农业的土地生产率和劳动生产率的相对提升速度有关：如果一国农业生产的劳动生产率的提升速度快于土地生产率，那么劳均农地经营规模将趋于扩大；反之，经营规模将趋于缩小。

那么，一国农业的土地生产率和劳动生产率的变化路径由什么决定呢？根据希克斯—速水—拉坦—宾斯旺格所提出的关于技术变迁的理论（Hicks，1932；Hayami and Ruttan，1985；Bingswanger and Ruttan，1978），一个经济中要素赋予的相对丰裕程度的不同，会导致技术变迁的有效路径的不同，技术变迁会沿着节约相对稀缺要素的路径演进。从这一规律出发，土地资源相对丰裕而劳动相对稀缺的国家，农业发展的演进路径将倾向于采用节约劳动力的技术，其农业劳动生产率的提高速度可能会快于土地生产率的提高速度，从而农地经营规模会趋于扩大；而农业劳动力资源相对丰裕、土地资源相对稀缺的国家，其农业则会倾向于沿着更加节约土地的方向发展，即土地生产率的提高速度可能会快于劳动生产率的提高速度，从而制约农地经营规模的扩大。

速水佑次郎和拉坦（中译本，2000）对44个国家和地区1960年和1980年的农业劳动生产率和土地生产率的变化状况进行了深入研究。他们发现，在20年间，欠发达国家农业劳动生产率的年均增长速度不足发达国家的1/3，而土地生产率则同步提高，由此导致20年间发达国家劳均经营规模以3.6%的年均增长速度扩大；而相反，欠发达国家的劳均经营规模则以年均0.8%的速度在缩小。各国在劳动生产率和土地生产率方面的差异可以主要解释为替代劳动的投入品（如拖拉机）和替代土地的投入品（如化肥）的不同：在过去20年间，大多数发达国家的农业劳动力下降了1/2—2/3，由此导致了发达国家劳动节约型技术（如机械）的广泛运用；而与发达国家相比，由于爆炸性的人口增长和非农业部门对劳动力吸收能力不足，欠发达国家出现了农业劳动力的绝对增加，在这种情况下，技术开发的主要努力被引向节约土地，其手段是更多地使用替代土地的投入品，如每公顷农田的化肥量。生产函数的估计表明，欠发达国家规模中性的土地节约型技术的发展确实大大超过了劳动节约型的机械技术的发展。

即便是在发达国家内部，上述规律也仍然存在。乔瓦尼·费德里科（2011）的研究显示，在1880—1980年，在所选5个发达国家中，人地关系最为紧张、人均耕地面积最小的日本，其土地生产率始终最高，而劳动生产率则最低，且100年间其土地生产率增长了3.2倍，劳动生产率增长了14.3倍；而人地关系最为宽松、人均耕地最多的美国，情况则完全相反，除个别年代外，其土地生产率最低，劳动生产率最高，且100年间其土地生产率只增长了1.4倍，而劳动生产率则增长了21.1倍；人地紧张关系介于二者之间的丹麦、法国和英国，两个生产率指标的状况也介于二者之间。

2. 农地经营规模对农地生产率的影响

农地经营规模与农业生产率之间的另外一层关系是农地经营规模对农地生产率的影响。其间的负相关关系最早是Chayanov（1926）在俄罗斯观察到的，他发现小农场的亩单位产出更高。随后，Sen（1962）和Chand et al.（2011）在印度、Bardhan（1973）在巴西、Berry et al.（1979）在马来西亚、Khan（1977）和Rosenzweig et al.（1993）在巴基斯坦都发现了相似的现象。这种负向关系在中国也有丰富的实践证据（夏永祥，2002；卫新等，2003；李谷成等，2009；王建军等，2012；林本喜等，2012；刘凤芹，2006；高梦滔等，2006）。

当然，农地经营规模与土地生产率之间的这种负向关系并非绝对。例如，Bhalla and Roy（1988）发现在研究中加入土地质量变量后，这种负向关系会更弱或者消失；技术水平所处的不同阶段也会影响这种负向关系，例如，Deolalikar（1981）利用印度1970—1971年272个地区的数据实证研究表明：在低水平农业技术下，不能拒绝小农部门更有生产率（土地生产率），但是在高水平的农业技术下可以拒绝。也就是说，产出和农产规模的负向关系，在传统农业中有效，但是不能假设在发生技术变化的农业中也存在。另外，土地生产率和农场规模间的关系也要考虑内生性问题。Assun et al.（2003）提出高技能的农民从事农业生产也有更高的机会成本，从而可能种植更小的面积，产生自选择问题。另外，土地规模与土地生产率之间可能并非简单的线性关系。Rudra（1968）认为关于农场规模和生产率之间没有一般的法则。Feder（1985）提出如果信贷可得性依赖于土地拥有量，雇工的表现受监督影响，则单产就和经营面积相关，否则无关。

关于经营规模与劳动生产率的关系，普遍的看法是二者间存在正相关。黄祖辉、陈欣欣（1998）调查结果显示，实现了粮田规模经营的农户，劳动生产率明显提高。李谷成等（2009）使用1999—2003年湖北农户数据也得出相似的结论。有学者在印度的研究也显示，相比于大农户，小农户的劳动生产率较低（Ramesh. C et al.，2011）。

总体而言，尽管研究结论不尽相同，但可以获得的证据并不支持农场类型和规模决定静态效率的观点（费德里科，2011；Feder et al.，1992；Barbier and Burgess，1997；Wan and Cheng，2001）。中国的情况也类似。基于一个随机抽样的来自中国粮食主产区5省100个村庄1049个农户的实地调查数据，一项严格的经验研究表明，在考虑土地细碎化的影响后，中国粮食生产总体而言规模报酬不变，由此可见，如果政府单纯出于提高粮食产量的目的而大规模推行规模经营的政策显然是不可取的（许庆、尹荣梁、章辉，2011）。罗丹等（2013）对28个省区3400个粮食生产样本户的调研也显示，就粮食生产总体情况而言，当经营规模扩大到50亩以上时，单产水平明显下降；亩均收益和成本利润率也随着经营规模扩大而有下降趋势。

二　日本扩大农地经营规模的努力与成效

日本是人多地少、土地资源紧张的典型国家之一。其农业发展的经验对中国有很好的借鉴价值。

（一）主要政策

日本政府在1961年制定了《农业基本法》。在该法中，日本首次提出了扩大农业经营规模的目标。随后，日本政府为实现这一目标而修改或制定了一系列的法律或政策（山下一仁，2015）。1962年，日本政府两次修订《农地法》，放宽了农地拥有面积的上限。1970年，日本再次修订《农地法》，放宽了土地租借期限和有关地租的规定。1980年，日本制定了《农地利用促进法》，允许农民之间自由签订和解除土地短期租借合同。除了土地方面的政策和法规之外，日本还制定了其他一些促进规模经营的政策。如1961年制定了《农业现代化资金助成法》，通过利息补贴来促进农户在农业机械等方面的固定资产投资。1970年，日本还专门设置了农业劳动者的养老金制度，以保证离开农业的农民有相对稳定的生活保障。另外，日本政府还通过农业保护的“特别措施”、农业生产法人资格放宽等手段来促进农业经营规模的扩大（张士云等，2014）。

（二）政策效果

应当说，日本政府扩大农业经营规模的努力取得了一定的成效。图6-1显示，1965年，日本农户的户均耕地不足1公顷（0.97公顷），此后逐年上升，2010年增加至2.63公顷。而全球及亚洲国家的平均农场规模在大致相同的期间是下降的：根据FAO的数据，全球和亚洲国家1950年的平均农场规模分别为21.4公顷和3.3公顷，1990年分别下降为5.1公顷和1.2公顷；[①] 与日本相邻的中国，1985年的户均耕地为0.63公顷，2010年下降为0.42公顷，[②] 仅为日本同期规模的16%。

① 数据来源：FAOSTAT。

② 根据中国国家统计局网站www.stats.gov.cn提供的相关数据计算。

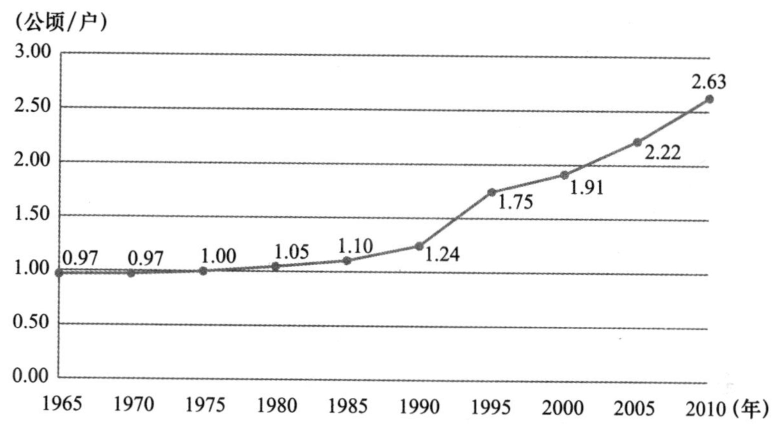

图 6－1　1965—2010 年日本农户户均耕地面积的变化

资料来源：户均耕地面积以耕地总面积与农户数量相除而得。其中，农户数量数据取自日本国家统计局官方网站 http：//www. stat. go. jp；耕地总面积数据取自世界银行数据库 http：//databank. shihang. org/data。

但是，日本农户户均经营规模的扩大并未完全达到政府预期的政策目标。表 6－1 显示，除传统上户均经营规模较大的北海道①外，日本各都府县经营规模小于 1 公顷的农户数一直占有主体地位，且自 1995 年以来不同经营规模的农户比例基本没有变化。也就是说，日本近 15 年来户均经营规模的扩大，主要是由于北海道的贡献。

表 6－1　**1965—2010 年日本不同经营规模农户比例的变化**　单位:%

年份	都府县			北海道		
	1 公顷以下	1—2 公顷	2 公顷以上	5 公顷以下	5—10 公顷	10 公顷以上
1965	70. 6	24. 7	4. 7	69. 3	23. 1	8. 0
1970	69. 6	24. 6	5. 8	59. 6	24. 7	15. 1
1975	71. 2	22. 3	6. 5	56. 0	24. 6	19. 4
1980	71. 0	21. 6	7. 4	51. 7	25. 0	24. 2
1985	71. 2	20. 7	8. 1	47. 7	23. 9	28. 4

①　北海道的农户数占日本全国农户数的比例为 3% 左右，户均经营规模大约为各都府县农户的 10 倍。

续表

年份	都府县			北海道		
	1 公顷以下	1—2 公顷	2 公顷以上	5 公顷以下	5—10 公顷	10 公顷以上
1990	69.8	20.9	9.3	43.2	23.2	33.7
1995	60.4	26.5	13.1	33.8	23.0	43.2
2000	59.7	26.0	14.2	31.4	20.6	47.6
2005	58.0	26.1	15.9	27.7	18.1	53.8
2010	56.5	26.0	17.5	0.0	40.5	59.1

资料来源：農林水産省大臣官房統計部経営・構造統計課センサス統計室「世界農林業センサス　農林業経営体調查報告書」「農業構造動態調查報告書」。

从 2010 年起，日本政府实施了农业新政，其目的仍是扩大农业经营规模。2009—2012 年，日本先后修订了国内的农地法，制定了《粮食、农业、农村基本计划》《重建日本食物及农林渔业的基本方针与行动计划》和《重建日本战略——农林渔业重建战略》，试图通过对倾向于规模经营的新进入农民实行直接补贴、土地银行政策、经营者与耕地结合计划等措施扩大农业经营规模。其目标是，通过 10 年努力，将平原地区经营规模扩大至 20—30 公顷，将丘陵山区经营规模扩大至 10—20 公顷（徐晖、李鸥，2014）。从日本过去近 30 年的政策效果来看，这一目标的实现很可能非常艰难。

（三）政策效果不佳的主要原因

日本农地经营规模增长速度的缓慢，与大量兼业农户的存在有关。1965 年，日本兼业农户的比例为 78.5%，其中以非农收入为主的所谓二兼户占 41.8%；2010 年兼业农户的比例仅下降为 72.3%，而二兼户的比例则不降反升，上升为 58.6%。[①] 由于可以兼业，农户也就没有必要退出农业，从而阻碍了农地经营规模的扩大。根据山下一仁（2015）的分析，对大米的高保护价政策，促成了高成本的零

① 数据来源：農林水产省，農林業センサス，2010 年世界農林業センサス，確報，第 2 卷，農林業経営体調查報告書。

散农户得以生存；工业向农村地区的扩张，使得农民可以边留在农村边去企业上班；机械化的不断发展，使得只需要利用周末时间进行耕作变为可能，以及非农兼业所带来的农民收入增加等，都是使得大量小规模兼业农户能够生存下去的重要因素。日本的上述经验，对我们思考中国未来农业的发展很有借鉴价值。

三 未来中国农地经营规模的可行选择

（一）中国农地经营规模现状

因统计口径和数据来源的不同，不同机构之间发布的关于中国耕地和农业劳动力的现状信息存在很大差异，由此导致了对中国目前农地经营规模判断上的差异。表 6－2 统计了根据不同信息来源所计算的中国目前农业劳动力劳均耕地指标。

表 6－2 关于中国农地经营规模的三个不同的统计结果

	世界银行（2012 年）	FAO（2010 年）	国内官方机构（2012 年）
耕地数（亿亩）	15.90	18.26	20.27
第一产业从业人员（亿人）	2.74	4.99 *	2.58
农业劳动力劳均耕地（亩/劳动力）	5.80	3.66	7.87
农户户均耕地（亩/户）	—	—	7.56

注：＊代表所统计的是“农业领域的经济活动人口数”。

资料来源：世界银行数据根据世行数据库（http：//databank. shihang. org/data）相关数据计算；FAO 数据根据 FAO 数据库（http：//faostat3. fao. org）相关数据计算；国内官方机构数据中的耕地数来自国土资源部所公布的 2013 年中国国土资源公报，http：//cn. chinagate. cn/environment/2014－04/23/content_ 32179323. htm，乡村户数和第一产业从业人员数来自国家统计局官方网页，http：//data. stats. gov. cn/workspace/index？ m＝hgnd。

可见，无论采取哪一口径的数据，中国目前的劳均耕地和户均耕地都超不过 10 亩。这一规模不仅无法与全球各国的平均经营规模相比，而且也比以小规模经营为突出特点的亚洲国家的平均经营规模要小。[①] 从这一比较的视角来看，中国的农地经营规模确实太小了。

（二）多大规模合适——对钱克明估算结果的评论

钱克明和彭廷军（2014）曾对中国粮食生产的合理经营规模给出了一个估算。他们认为，当下中国家庭粮食生产经营的适度规模为南方30—60亩、北方60—120亩。这一估算标准的依据是，以南方一年两季、北方一年一季计，在考虑农民可能获得的农业补贴收入的情况下，测算农民种粮所获收入可以与务工收入相当时所需要经营的农地面积数。

上述分析思路和结论，在2014年11月20日中共中央办公厅、国务院办公厅印发的《关于引导农村土地经营权有序流转发展农业适度规模经营的意见》中得到了很好的体现。该文件提出，“现阶段，对土地经营规模相当于当地户均承包地面积10—15倍、务农收入相当于当地二、三产业务工收入的，应当给予重点扶持”。这是中央文件第一次对“合理的土地经营规模”给出了一个明确的判断标准。以目前中国全国而言户均经营规模7.56亩来说，“户均承包地面积10—15倍”大致相当于75—110亩。这与钱克明和彭廷军（2014）的估算结果非常吻合。

钱克明和彭廷军（2014）分析的立足点在于全职种粮收入能赶上非农收入，出发点是希望能留住农民来种粮。但事实上，无论是中国还是国外，农户兼业均是常态而非过渡形态。

如前所述，日本兼业农户比重很高。其中以非农收入为主的所谓二兼农户比例有上升趋势，2010年达到了58.6%。在荷兰，有70%—75%的农民家庭从事兼业活动。在专业奶业农场的收入中，约有30%来自兼业活动；在种植作物的农场，这个数字则超过了50%。并且一般来说兼业农民的收入水平要高于全职农场的农民（Vries，1995）。就是在美国，不同类型农场中主要经营者的兼业化程度也均

① 1990年，全球各国及亚洲国家平均的农场规模分别为5.1公顷和1.2公顷。见乔瓦尼·费德里科（2011），第151页，表8.3。

有明显提高：1997—2007 年，主要经营者主职业为非农经营者的占比，公司农场上升了 8.6 个百分点，家庭农场、合伙农场和其他农场分别上升了 4.8、5.6 和 10.5 个百分点；2007 年，美国主要经营者主职业为农业者所占比重，在公司农场中仅为 64%，在家庭农场、合伙农场和其他农场中仅分别为 43%、54% 和 36%（姜长云、张立冬，2014）。

与日本、荷兰和美国类似，中国也存在很高比例的兼业农户。廖洪乐（2012）利用农业部农村固定观察点吉林、黑龙江、浙江、安徽和四川 5 省的数据所进行的计算表明，2008 年，四川、安徽两省兼业农户比重分别为 72% 和 69%，吉林、黑龙江两省兼业农户比重分别为 52% 和 51%，浙江兼业农户比重为 37%。

实际上，在农业现代化过程中出现大量兼业农户首先与农业生产，特别是粮食生产显著的季节性有关。只要农业生产的这一特性存在，农户就不可能不利用大量的空闲时间去取得其他收入，农户兼业就必然是一种常态。另外，在农业发达国家，完善的农业社会化服务体系使小农业的生产过程社会化了，这为中小农户赢得了更多的剩余时间，他们可以利用这些剩余时间去从事兼业经营，增加收入。有研究者在爱尔兰开展的一项有关兼业活动的研究指出，兼业并不是贫困的另外一种表述，相反，它意味着生活的富足（Kinsella et al.，2000）。通过兼业，农户不仅能使投入农业生产的少量、零碎工作时间获取较高的劳动回报，还使得大量的非农劳动时间有了经济价值，可以提高和稳定农民的总收入。①

Allen and Lueck（1998）的研究显示，由于专业化生产的必要性不强、年生产批次少、劳动监督成本高等原因，家庭经营始终是小麦的主要生产组织形式，并且随着生产机械化程度的提高，会强化而不是削弱家庭经营的合理性。② 在以家庭经营为主且生产机械化程度的

① 笔者在浙江省某县与农民座谈时发现，农民愿意拿出来流转的土地都是立地和灌溉条件不佳的地，好地大多自己留着，因为“反正不费事，也不耽误别的事”。

② 他们的数据显示，1992 年，80% 的小麦生产量以及 65% 的小麦销售量是由家庭农场提供的。见 Allen and Lueck（1998，363）。

提高大大节约了粮食生产劳动投入的背景下，一个家庭全职生产粮食而不从事兼业的假设是不合理的。因此，以全职粮食生产收入倒推合适的粮食经营面积，就会导致对经营规模估算结果的夸大。也就是说，考虑到农户必定会有兼业收入，对农户有吸引力的农地经营规模应小于钱克明和彭廷军（2014）的估计。

（三）能达到多大规模——基于农业劳动力转移数量约束下的估计

以生产收入倒推确定农地适度经营规模所存在的另外一个问题，是未考虑农业劳动力可能的转移数量这一现实约束。多大规模“适度”是一个问题，现实中能达到多大的规模则是另外一个问题。前者反映必要性，后者反映可能性。城镇化的推进和非农产业的发展与农业劳动力的转移之间存在互动关系。如果不考虑农业劳动力转移的可能性，单纯根据所谓“适度的农地经营规模”来制定农地经营规模政策，可能会带来严重的社会问题。

关于中国未来的城镇化水平一般的估计是，中国在相当长时期内城镇化率很难超过80%。[①] 如果中国2030年城镇化水平以80%计、人口总量以15亿人计的话，[②] 那么届时乡村人口为3亿人。基于中国过去近30年的经验，乡村人口与农业劳动力之间存在很强的相关性（图6－2）。1985—2012年，农业劳动力占乡村人口的比重除了中间部分年份接近了45%外，其余始终稳定在40%左右，这从另外一个

① 徐匡迪：《中国城镇化人口不可能超过80%》，《瞭望东方周刊》2013年10月14日；林毅夫：《中国城市化率未来十年向75%迈进》，《南方都市报》2013年10月13日；迟福林：《未来10年中国城镇化率年均增1.5%左右》，http://www.china.com.cn/news/txt/2012－12/06/content_27335664.htm；联合国开发计划署和中国社会科学院：《2030年中国城镇化水平将达到70%》，《2013中国人类发展报告》；魏后凯：《2050年中国的城镇化水平有可能超越80%并接近天花板》，http://finance.sina.com.cn/stock/stockptd/20130425/045915269914.shtml；中国建投投资研究院：《2030年中国城镇化率将达70%》，《投资蓝皮书：中国投资发展报告（2013）》，社会科学文献出版社2013年版；世界银行与中国国务院发展研究中心：2030年中国城镇化率将达67%，《2030年的中国：建设现代、和谐、有创造力的高收入社会》，研究报告，2012年。

② 关于中国未来的人口数量，易富贤（2014）归纳了已有主要研究的估计结果，并做了自己的估计。大部分估计结果显示，考虑二胎政策，2030年左右将达到人口峰值年，总人口超不过15亿。

角度印证了农业劳动力兼业的普遍性。假定未来中国农业劳动力仍占乡村人口的40%，那么如果中国的乡村人口为3亿人，则农业劳动力大致为1.2亿人。假定中国未来可保有18亿亩耕地且一个家庭平均2个农业劳动力，[①] 则劳均农地经营规模将为15亩，户均的农地经营规模将为30亩；如果设定未来农业生产专业化程度提高、农业劳动力占乡村人口的比重下降到20%，那么农业劳动力大致为6000万人，劳均农地经营规模将为30亩，户均的农地经营规模将为60亩。

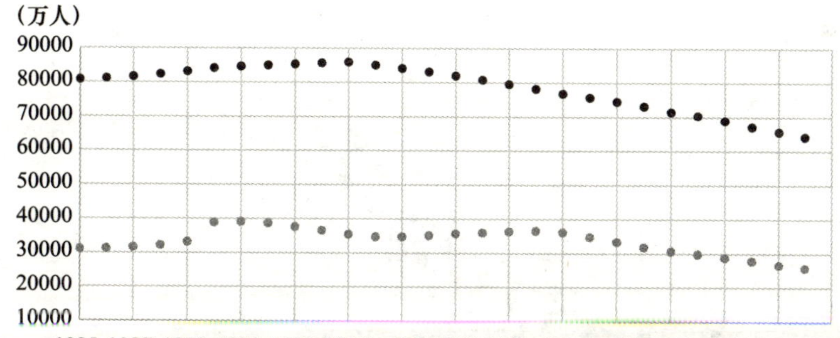

图6-2 1985—2012年中国第一产业从业人员与乡村人口之间的关系

数据来源：根据中国国家统计局网站数据绘制，www. stats. gov. cn。

也可以根据国际经验对农业劳动力与乡村人口之间的关系进行更为严格的估算。全球31个国家1960—2012年的数据[②]也显示，乡村人口与农业劳动力之间有很强的相关性（图6-3）。其相关性可用下

① 以估计第一产业从业人员数量最多的FAO的数据计，目前农村户均农业从业人员仅为1.9人。

② 国别样本选择的原则是：（1）发达国家；（2）有一定人口规模；（3）农产品生产大国。按照该原则，除中国外，本章所选择的31个国家包括：（1）高收入的欧洲国家及其移民新大陆国家，共19国，包括：奥地利、比利时、捷克、丹麦、法国、德国、希腊、爱尔兰、意大利、荷兰、葡萄牙、西班牙、瑞典、英国、加拿大、美国、澳大利亚、新西兰、俄罗斯；（2）南美三国——巴西、阿根廷、墨西哥及南非；（3）高收入的“东亚奇迹”的日本和韩国；（4）除日韩外的亚洲其他小农国家，共5国，包括：马来西亚、泰国、菲律宾、印度尼西亚和印度；（5）中国。数据来源：世界银行数据库，www. worldbank. org。

式表示（括号内为 t 检验值）：

$$\text{Ln（农业劳动力）} = -3.857285 + 1.127338 \times \text{Ln（农村人口）}$$
$$(-12.3) \qquad (57.93)$$

$R^2 = 0.85$

以此推算，如果中国的农村人口为 3 亿人，则农业劳动力大致为 7600 万人，劳均农地经营规模将为 24 亩，户均的农地经营规模将为 47 亩。

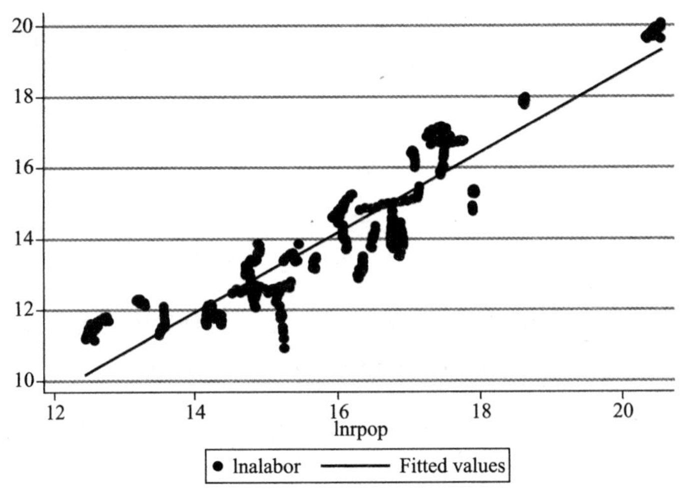

图 6－3　1960—2012 年全球 31 个国家第一产业从业人员与乡村人口（对数形式）之间的关系

数据来源：根据世界银行数据库（www.worldbank.org）有关数据计算和绘制。

综合上述估算结果来看，如果考虑到中国农业劳动力转移的现实约束，未来中国的农地经营规模大约在户均 50 亩。这个结论比钱克明和彭廷军（2014）的估计结果略低一些。但如果在钱克明和彭廷军（2014）的估计中把兼业因素考虑进去，那么这两个结果将相当接近。

事实上，无论是本章的估计还是钱克明和彭廷军（2014）的估计，其真正的意义并不在于估计的定量结果，而在于其定性的政策含义，即在未来相当长的一个时期内，中国农业的户均规模经营最多可能也就是数十亩而已，[①] 这应该成为"适度规模经营的现实指向"。从中国部分省区地方政府目前所公布的政策来看，粮食种植类家庭农场经营规模的界定，南方地区省区一般要求最低在50—100亩，北方地区则一般要求在100亩以上，部分地区则超过了300亩（黑龙江）乃至500亩（宁夏）。根据农业部种植业司的统计，全国已有种粮大户68.2万户，经营耕地面积1.34亿亩，[②] 即户均约200亩。这种规模乃至更大规模的经营主体，不应成为中国未来农业经营主体的主流。

（四）评述性结论

超小的农地经营规模难以适应中国现代农业发展的需要。因此，鼓励农地经营规模的扩大是中国农业发展政策的一项重要内容。但是，从国际经验来看，扩大农地经营规模的影响因素非常复杂，政府的政策意愿和政策倾斜有助于政策目标的实现，但并非决定性因素。从国际经验来看，农地经营规模与国家经济增长之间也不存在确定的线性关系。日本的经验对此给予了很好的印证。日本政府自20世纪60年代以来大力引导农地的规模经营，近半个世纪以来，伴随经济的高速增长，虽然取得了一定的成效，但是与政府期望达到的政策目标仍相距甚远。

就中国而言，目前在许多地方的政策实践中，对规模越大的经营主体往往给予越多越强的政策支持。但本章研究显示，就全国平均来说，在未来相当长的时期内，中国农业的户均经营规模最多只能达到50亩左右，或者更严谨地说，只能达到数10亩而已，这一规模能够保证在兼业化条件下，农地经营对农户收入具有吸引力。更重要的是，这也是由中国极为紧张的人地关系所决定的，是中国在未来城镇化发展所决定的农业劳动力转移可能规模这一现实约束条件下的现实

---

① 当然，这是就全国平均而言。不同区域耕地资源和劳动力状况、城镇化水平存在差异，合理的经营规模也会存在差异。

② 全国种粮大户和粮食生产合作社：《种了1/10地　产出1/5粮》，http：//news.xinhuanet.com/fortune/2013 -03/24/c_ 115134651.htm。

选择，因而是与目前户均不到8亩地相比“适度规模经营”的现实含义。尽管在不同地区，户均经营规模会存在一定差异，但无论如何，认为拥有数百亩乃至数千亩耕地的家庭农场在中国未来甚至现在将成为中国农业经营主流模式的观点，既不现实，也不科学。

事实上，国际经验还显示，土地和劳动力资源的相对丰裕程度会影响一国农业劳动生产率和土地生产率的相对提高速度。对于农业劳动力资源相对丰裕、土地资源相对稀缺的国家，其土地生产率的提高速度可能会快于劳动生产率的提高速度，从而制约农地经营规模的扩大。反过来说，农地规模的扩大可能更有助于劳动生产率的提高，但不利于土地生产率的提高。而对于中国这样农地资源非常紧张的国家而言，为确保粮食安全，不断提高农地的土地生产率是一个非常紧迫的任务。

上述分析具有明显的政策含义，即从政策选择上说，今后应着力加强对适度经营规模农户的引导和支持。但农业经营规模也非越大越好，上千亩、上万亩的农业经营规模不宜作为中国发展农业适度规模经营的主体选择。对于通过土地流转获取经营土地的经营者，也必须有一定的规模限制。作为配套性的政策，政府应注意完善对兼业农户的引导支持服务政策，促进其兴利去弊，以稳定农户农业收入。要积极采取措施促进农户间的合作，实现农地经营的外部经济。同时大力推进农村地区的就地工业化和城镇化，使农民有就近的非农就业机会，为农民兼业的适度发展创造好的条件。

第七章　农户家庭经营与新型农业经营主体

近年来，中央反复强调，要“以发展多种形式适度规模经营为引领，创新农业经营组织方式，构建以农户家庭经营为基础、合作与联合为纽带、社会化服务为支撑的现代农业经营体系，提高农业综合效益”。发展农业适度规模经营，培育新型农业经营主体是重要路径之一。为此，首先需要解决的问题是，如何看待农户家庭经营、公司农业经营与培育新型农业经营主体的关系，如何科学分析农户家庭经营、公司农业经营与发展现代农业的相容性。澄清这些问题，有利于科学辨识农户家庭经营、公司农业经营在发展现代农业中的比较优势和劣势，有利于科学选择农业经营的主体结构，完善培育新型农业经营主体的方向。培育新型农业经营主体是发展农业适度规模经营的重要途径，也是培育农业农村发展新动能的重要形式。近年来的中央一号文件都高度重视培育新型农业经营主体，并将其提升到日益重要的政策地位。当前新型农业经营主体的发展面临一系列新难题，培育新型农业经营主体要注意立足当前，着眼长远，对症下药。

一　美国公司农场的发展与启示

纵观世界，农户家庭经营成为大多数国家农业经营形式的主导选择。同时，随着传统农业问题的凸显和现代农业的发展，公司式农业经营（Corporate Farming）作为转变农业发展方式的途径之一，日益受到部分政策研究者乃至政府决策者的青睐。有些国家试图用公司式农业经营取代农户家庭经营，但在总体上并未取得具有普遍意义的成功。然而，要简单否认公司式农业经营在总体上加快发展的趋势和在特定领域的比较优势，也是不符合实际的。公司农场是公司式农业经营的组织载体。客观研判发达国家公司式农业经营的发展状况、原因和趋势，对中国推进农业发展方式转变具有重要意义。

（一）美国公司农场的发展及原因

美国农业普查每5年进行一次，最近一次为2012年。1974年以来，美国农业普查将农场定义为在调查年份生产或销售的农产品达到或超过1000美元的地方，并将农场划分为家庭或个人农场、合伙农场（Partnership farm）、公司农场（Corporation farm）及其他农场4种类型。为叙述简便起见，本章将家庭或个人农场统一简称为家庭农场。1998—2012年，美国公司农场的发展主要呈现以下特征和趋势。①

1. 公司农场占美国农场总数的比重仍然较低，但其数量增加、比重提升的态势更加鲜明

根据2012年美国农业普查数据，在美国农场的数量结构中，家庭农场仍占绝对优势，公司农场数及其占农场总数的比重与家庭农场相距甚远。同年，美国全部农场数为2109303个，其中家庭农场、合伙农场、公司农场和其他农场分别为1828946个、137987个、106716个和35654个，分别占美国农场总数的86.71%、6.54%、5.06%和1.69%；家庭农场和公司农场占美国农场总数的比重分别较1997年下降0.05个百分点和上升0.98个百分点。家庭农场在数量减少的同时，其占农场总数的比重也随之下降。在农场特别是家庭农场总数减少的同时，公司农场的数量却呈明显的增加态势。2008—2012年，美国农场总数减少了4.33%，其中家庭农场数减少了4.06%，合伙农场数减少了20.81%，公司农场和其他农场数分别增

① 除特别说明外，本章数据均根据2007年和2012年的CENSUS OF AGRICULTURE: United States Summary and State Data Volume 1 · Geographic Area Series Part 51 AC－07－1－51整理。参见http: //www. agcensus. usda. gov/Publications/index. php。

加了11.08%和26.72%。1998—2007年10年间，美国公司农场数仅增加了6.24%，公司农场占美国农场总数的比重仅增加了0.28个百分点。与1998—2007年相比，2008—2012年美国公司农场数量增加、比重提升的态势更为清晰。

2. 公司农场的平均经营规模明显大于家庭农场，二者在产出规模上的差距明显大于在投入规模上的差距

美国公司农场的平均经营规模明显大于家庭农场，从不同土地规模的农场分组中家庭农场和公司农场数量占比的变化上可见一斑。从表7-1可见，尽管在不同土地规模的农场分组中，家庭农场在数量上都占绝对优势，但随着农场土地经营规模的扩大，家庭农场的数量占比却呈明显的下降趋势。在农场规模超过70英亩的各农场分组中，农场土地规模越大，公司农场的数量占比往往越高。在农场规模超过260英亩的各农场组中，公司农场占所在组农场总数的比重，已超过全部公司农场占全部农场总数的比重（5.06%）。

表7-1　2012年美国不同规模农场分组中各类农场占农场总数的比重

单位：英亩、%

农场规模	家庭农场	合伙农场	公司农场	其他农场	合计
1—9	89.98	3.97	4.32	1.74	100
10—49	91.04	4.05	3.48	1.43	100
50—69	90.35	4.77	3.35	1.53	100
70—99	90.26	4.98	3.15	1.61	100
100—139	89.28	5.60	3.46	1.66	100
140—179	88.19	6.17	3.61	2.03	100
180—219	87.48	6.65	4.14	1.74	100
220—259	86.46	7.27	4.45	1.83	100
260—499	84.21	8.32	5.55	1.92	100
500—999	79.06	10.49	8.63	1.81	100
1000—1999	71.77	13.48	13.09	1.66	100
2000以上	59.72	21.27	16.50	2.51	100

值得注意的是，就平均的土地规模而论，2008—2012 年美国全部农场或家庭农场的平均土地规模均有所扩大，但公司农场的平均土地规模却有所缩小。2007 年，美国全部农场平均的土地规模为 418 英亩，家庭农场和公司农场平均的土地规模分别为 301 英亩和 1304 英亩。相比之下，2012 年，美国全部农场和家庭农场平均的土地规模分别增加了 3.83% 和 2.33%，但公司农场平均的土地规模却减少了 5.67%。细究起来，主要原因在于，相对于 2007 年，2012 年虽然不同土地规模分组的公司农场数均有所增加，但土地规模低于 220 英亩的公司农场数占公司农场总数的比重由 49.28% 上升到 51.62%；土地规模大于 220 英亩的公司农场数占公司农场总数的比重由 50.72% 下降到 48.38%。

一般而言，农场经营规模可从投入和产出两方面来观察。在投入层面，主要有农场土地面积、农场生产支出、农场土地和建筑物市场价值、农场机械及设备市场价值等指标。在产出层面，主要有农产品销售额、农场净现金收入等指标。从表 7－2 可见，与家庭农场甚至美国农场的平均水平相比，公司农场的平均规模明显较大，并且公司农场与家庭农场之间在平均产出规模方面的差距通常明显大于在平均投入规模方面的差距。与此相关的是，在要素投入特别是农产品销售和农场净现金收入方面，家庭农场虽然仍占主导地位，但其主导能力已明显弱于以下两个比重所体现的水平：一是家庭农场占美国农场总数的比重，二是家庭农场土地面积占美国农场全部土地面积的比重。而在美国农场的全部土地面积、农场生产费用、农产品销售额和农场净现金收入中，公司农场的占比则明显高于公司农场占农场总数的比重（详见表 7－3）。

表 7－2　2012 年美国公司农场平均规模与家庭农场比较

单位：公顷、美元

农场类型	土地面积	农场生产支出	农场土地和建筑物价值	机械和设备价值	农产品销售额	农场净现金收入
美国农场平均	434	155947	1080451	115465	187097	43750

续表

农场类型	土地面积	农场生产支出	农场土地和建筑物价值	机械和设备价值	农产品销售额	农场净现金收入
家庭农场平均	308	89839	839132	93257	107740	27445
公司农场平均	1230	823588	2982592	314049	982777	198218

表 7－3　2012 年美国不同类型农场的投入产出情况及占全部农场的比重

指标		家庭农场	合伙农场	公司农场	其他农场
农场个数（个）		1828946	137987	106716	35654
土地面积（万英亩）		56243	15608	13127	6474
农场生产费用（亿美元）		1643.11	705.95	878.90	61.44
农产品销售额（亿美元）		1970.50	860.62	1048.78	66.54
农场净现金收入（亿美元）		501.95	197.72	211.53	11.61
占总量比重（%）	农场个数	86.71	6.54	5.06	1.69
	土地面积	61.50	17.07	14.35	7.08
	农场生产费用	49.95	21.46	26.72	1.87
	农产品销售额	50.32	21.72	26.28	1.69
	农场净现金收入	54.39	21.43	22.92	1.26

3. 公司农场的专业化、集约化程度明显大于家庭农场，其土地产出率也明显高于家庭农场

2012 年美国主要经营者主职业为农业者所占比重，公司农场为 64.30%，家庭农场、合伙农场和其他农场分别为 46.20%、57.99% 和 40.01%；家庭持有的公司农场为 65.87%，非家庭持有的公司农场为 51.37%。与 2007 年相比，2012 年主要经营者主职业为农业者所占比重，在不同类型农场中均有一定程度的上升。尽管这一比重在公司农场中的上升幅度小于家庭农场、合伙农场和其他农场，但公司农场特别是家庭持有的公司农场主要经营者主职业为农业者占比仍明显高于家庭农场、合伙农场和其他农场（详见表 7－4）。这一现象的出现与农场规模息息相关。由于公司农场普遍规模较大，因此公司农场的主要经营者，尤其是家庭持有的公司农场的主要经营者，普遍将

农业收入作为其主要收入来源；家庭农场中存在更多的小规模农场，这些农场大多为兼业农场。非农就业机会的增加、农业技术的进步和交通基础设施的改善，都有利于小规模农场经营者通过兼业来拓展收入来源。此外，就不同类型农场的比较而言，平均每个公司农场的土地及建筑物市场价值和机械及设备市场价值均为最高，家庭农场的相应市场价值均为最低。以 2012 年为例，平均每个公司农场的土地及建筑物市场价值、机械及设备市场价值，分别为家庭农场的 3.55 倍和 3.37 倍。公司农场的集约化程度较高，据此可见一斑。

表 7 - 4　**美国不同类型农场中主要经营者主职业为农业者占比**　单位：%

农场类型		2007 年	2012 年
家庭农场		43.49	46.20
合伙农场		53.55	57.99
公司农场		63.85	64.30
其中	家庭持有	65.49	65.87
	非家庭持有	50.13	51.37
其他农场		35.94	40.01

从表 7 - 3 中农产品销售额或农场净现金收入占比与农场土地面积占比的比较可见，美国公司农场的土地产出率明显高于家庭农场、合伙农场和其他农场。比如，2012 年单位土地面积的农产品销售额，公司农场分别是家庭农场的 2.28 倍、合伙农场的 1.45 倍、其他农场的 7.77 倍。但与 2007 年相比，2012 年家庭农场与公司农场在土地产出率方面的差距略有缩小。2007 年单位土地面积的农产品销售额，公司农场是家庭农场的 2.61 倍。

4. 公司农场的比较优势主要集中于少数领域，特别是季节性影响较弱、现代科技较为可控、附加价值较高的农产品生产领域

在农业经营领域的选择上，美国公司农场与家庭农场、合伙农场、其他农场之间表现出明显的差异（见表 7 - 5）。如果说美国家庭农场经营领域的分布是“普遍开花”，那么公司农场经营领域的选择

则是“重点突破”。具体体现在如下两个方面：第一，美国公司农场数占比具有显著优势的领域主要集中在苗圃、温室植物、园艺花卉、草皮类和水产品类，2012 年分别占生产该类农产品的农场数量的 20.43% 和 18.67%，明显高于其他农产品生产中公司农场数所占的比重。在其他各类农产品生产中，公司农场的数量占比最高不过 13%、最低不足 3%。而在不同类型的农产品生产中，家庭农场均占农场数量的主体地位。第二，公司农场农产品销售额占比具有显著优势的领域主要集中在：①苗圃、温室植物、园艺花卉、草皮类；②水产品类；③蔬菜、甜瓜、西红柿、甘薯类；④水果、坚果、浆果类；⑤圣诞树、短年生林木植物；⑥猪；⑦牛、牛犊类；⑧家禽及禽蛋等。在前 4 类农产品销售额中，公司农场的占比分别达 70.60%、50.37%、44.40% 和 40.11%，分别高出家庭农场占比 54.08、30.05、18.71 和 11.47 个百分点。这些领域往往属于设施农业、有机农业和受天气影响较小的规模化种养业，通常专业化和集约化水平较高、受季节性影响较弱、现代技术较为可控，且附加值较大。

表7　5　2012 年不同类型农产品生产的农场数量及销售额占比　单位:%

农产品类型	农场数量占比				销售额占比			
	家庭农场	合伙农场	公司农场	其他农场	家庭农场	合伙农场	公司农场	其他农场
谷物、油菜籽、干豆、干豌豆	82.59	9.09	7.09	1.24	64.15	20.19	14.63	1.02
玉米	82.46	9.20	7.21	1.13	65.11	18.81	15.06	1.02
小麦	77.54	11.94	9.14	1.38	59.84	22.10	16.78	1.28
大豆	82.83	8.90	7.11	1.16	67.02	18.93	13.16	0.88
高粱	75.47	14.17	8.50	1.86	57.01	30.57	11.33	1.09
大麦	72.78	13.30	12.58	1.34	54.91	20.76	23.07	1.27
大米	52.39	36.67	9.40	1.54	37.35	52.42	9.09	1.14
烟草	85.62	9.50	4.41	0.47	65.60	19.45	14.33	0.62
棉花和棉花籽	68.41	21.22	9.22	1.15	48.98	37.84	12.08	1.10

续表

农产品类型	农场数量占比				销售额占比			
	家庭农场	合伙农场	公司农场	其他农场	家庭农场	合伙农场	公司农场	其他农场
蔬菜、甜瓜、西红柿、甘薯	81.20	8.31	8.65	1.84	25.69	28.23	44.40	1.68
水果、坚果、浆果	77.42	10.04	9.96	2.58	28.64	27.55	40.11	3.70
苗圃、温室植物、园艺花卉、草皮	68.36	8.63	20.43	2.58	16.52	11.22	70.60	1.66
圣诞树、短年生林木植物	84.09	7.58	6.97	1.37	41.69	22.38	34.69	1.24
牛、牛犊	88.38	6.78	3.86	0.98	42.86	21.91	32.87	2.36
牛奶及其他牛乳品	76.70	15.15	7.32	0.83	45.01	34.14	19.21	1.63
猪	83.27	7.19	8.04	1.51	41.45	22.69	34.12	1.73
羊及其产品	91.81	4.40	2.64	1.15	66.54	15.82	15.71	1.93
马、驴	87.49	5.71	5.63	1.16	65.33	13.14	19.80	1.73
家禽及禽蛋	88.70	5.22	4.99	1.09	60.19	12.50	26.60	0.71
水产品	57.38	6.96	18.67	16.99	20.32	10.70	50.37	18.60

公司农场的经营领域主要集中于上述特殊方面，主要原因在于：第一，与家庭农场相比，公司农场的运行往往具有更强的利润导向，而这些领域大多需求收入弹性较高，附加值较大。第二，这些领域往往需要更多的投资、更新的发展理念、更高的科技应用水平、更强的产业链整合和对接中高端市场的能力。农场土地规模越大，对开拓融资渠道和农产品市场、对接科技和中高端市场及加强产业链整合的需求越强，由此导致公司农场在资金、技术、发展理念和产业链一体化等方面的比较优势迅速凸显。第三，由于农业是经济再生产和自然再生产的统一，农业发展不仅受到市场风险的约束，还会受到自然风险的考验；当今世界农产品能源化、金融化的发展，也增加了农业风险控制的难度。相对于常规农业，设施农业、有机农业和受天气影响较小的规模化种养业，通过对现代科技和发展理念的规模化集成运用，可以有效规避农业生产周期长、季节性强、风险难以控制等因素对公司农场吸引投资的制约，更有能力和实力发挥在产业链、供应链协调整合方面的优势，取得规模经济、范围经济和分工协作效应。正如

L. 道欧和 J. 鲍雅朴（2003）所言："如果生产过程的季节性可以克服，不同任务可以进行专业化分工，那么农场经营的家庭纽带就会减弱，相应地，更大规模的公司农场就会出现。"从近年来美国、荷兰等实践来看，可以全年收获的温室园艺业、集约型畜牧业、水产养殖场等，都有演变成工业化农场的倾向，导致在这些领域家庭农场的比较优势衰减。

此外，对有机农业的投资偏好和小规模农场从事有机农业的比较优势，也是部分工商资本直接以小规模非家庭持有的公司农场形式进入农业生产的重要原因之一。由于大型农场的有机肥料供给有限，且采用有机方式除草和抵御病虫害的成本相对高昂，因此大型农场在其农作物整个生长周期难以保证不使用化肥或农药，也难以保证不采用抗生素为家畜治疗疾病，有机农业难以在大型农场中普遍经营。而与大型农场相比，美国小型农场基于市场需求及政府补助的激励，也更倾向于经营有机农业。如在 2012 年经营有机农业的农场中，面积少于 50 英亩的农场数量占比达 40.76%，印证了小规模农场从事有机农业的比较优势。2012 年，美国有机农业共有农场 14326 个，其中公司农场 1669 个，占 11.65%；美国有机农业农场的全部商品销售额为 312071.7 万美元，其中公司农场 130238.3 万美元，占 41.7%；在美国有机农业的公司农场中，非家庭持有的公司农场数量及全部商品销售额分别占公司农场的 16.18% 和 32.51%。在美国有机农业中公司农场数量和销售额占比均明显高于公司农场占美国全部农场数量和销售额的比重；在美国有机农业中非家庭持有的公司农场占公司农场数量和销售额的比重，也均明显高于美国全部非家庭持有的公司农场占公司农场数量和销售额的比重。公司农场特别是非家庭持有的公司农场在有机农业中的相对集中，据此可见一斑。此外，这种现象的形成还与工商资本对直接进入农业领域的谨慎态度和有些集约型农产品经营对农场规模不具备硬约束有很大关系。

5. 公司农场仍主要表现为家庭持有，直接由工商资本进入农业生产形成的公司农场仍占少数

美国的公司农场包括家庭持有的公司农场和非家庭持有的公司农

场两部分。2007 年，家庭持有的公司农场分别占美国公司农场总数和公司农场土地面积的 89.34% 和 91.18%。2012 年美国公司农场 106716 个，其中家庭持有的公司农场和非家庭持有的公司农场分别占 89.15% 和 10.85%；公司农场拥有的土地面积为 13127.29 万英亩，其中家庭持有的公司农场和非家庭持有的公司农场分别占 90.50% 和 9.50%。与 2007 年相比，2012 年家庭持有的公司农场占公司农场总数和公司农场土地面积的比重都略有下降，但家庭持有的公司农场在公司农场中的绝对优势地位并未遭到根本撼动。美国的大多数公司农场是由家庭农场转化而来的，或是家庭成员之间通过公司化运作组建起来的。大规模公司农场尤其如此。直接由工商资本进入农业生产领域形成的公司农场仍然只是少数，而且此类公司农场相当一部分为小规模农场。如 2012 年非家庭持有的公司农场中，农场规模为 100 英亩以下的占比高达 50.28%。

这种现象的形成，很大程度上是因为农业是经济再生产和自然再生产的统一。从美国的经验来看，家庭持有的公司农场有利于克服农业劳动监督和计量的先天性困难，规避与此相关的信息不对称、失真及委托—代理问题，进而从根本上提高农业竞争力和农场经营者的收入；也有利于防止农场丧失独立性，演化为下游工商垄断资本的附庸。家庭持有的公司农场还有利于规避工商资本直接进入农业生产导致过快的农地非粮化问题。在农业中评价股东履行权利—义务情况的先天性困难，也导致公司农场的股东数不宜过多。

（二）启示与思考

1. 坚持家庭经营在农业生产经营中的基础性地位，可以同公司农场在特定领域加快发展并形成比较优势

基于前文分析可见，尽管公司农场占美国农场总数的比重仍然较低，但是近年来其数量增加、比重提升的态势较之前更加鲜明。相对于家庭农场，公司农场平均的土地经营规模明显较大，在农业要素投入、农产品销售和收入分配等方面的影响也要强得多。尽管相对于 2007 年、2012 年美国公司农场的平均土地规模有所缩小，但美国公

司农场的平均经营规模仍明显大于家庭农场，其集约化程度和土地产出率也明显高于家庭农场；与 2007 年相比，2012 年美国公司农场主要表现为家庭持有的状况并未根本改变，公司农场特别是家庭持有的公司农场的专业化程度进一步提高，并继续明显高于家庭农场。可见，发展公司农场是推进农业发展方式转变的重要途径，也是提高农业经营效率和效益的重要载体，对此不宜笼统采取简单否定或排斥的态度。

但是，公司农场相对于家庭农场的比较优势并非随处可见。从美国的经验来看，公司农场的比较优势主要集中于少数特定领域，特别是季节性影响较弱、现代科技比较可控、附加价值较高的农产品生产，尤其是设施农业、有机农业和受天气影响较小的规模化种养业中。超出这个范围，公司农场的比较劣势和家庭农场的比较优势的差别就会迅速凸显。如 2012 年，在美国玉米生产中，家庭农场和公司农场分别占农场总数的 82.46% 和 7.21%，分别占农产品销售额的 65.11% 和 15.06%；在美国大麦生产中，家庭农场和公司农场分别占农场总数的 72.78% 和 12.58%，分别占农产品销售额的 54.91% 和 23.07%。这表明在常规的大田谷物生产中，公司农场相对于家庭农场不仅没有比较优势，甚至存在比较劣势。因此，在发展现代农业、培育新型农业经营主体的过程中，对于公司农场或家庭农场的政策支持，要拿捏好尺度，把握好分寸，简单否定公司农场在部分领域的比较优势和加快发展的合理性，同把公司农场在部分领域的比较优势和加快发展的合理性盲目夸大，都是不足取的。科学评价家庭农场、公司农场或农业企业等新型经营主体的适应性和发展空间至关重要。

2. 美国农场结构演变的经验值得借鉴，但两国农业经营主体的功能差异仍值得高度重视

从中国农户家庭经营和美国家庭农场发展的比较来看，美国的家庭农场更多地具有专业化、规模化、市场化和企业化的特征，居于功能强大的分工协作网的节点位置。美国的家庭农场主更多地属于农业企业家。当前中国的农户家庭经营更多地属于“小而全”“小而散”的经营，相当一部分农户家庭经营的决策者更多地属于小商品生产

者。近年来，随着农业比较效益的下降，有些农户甚至出现了农业商品化退化的现象。因此，当前中国的农户家庭经营与美国的家庭农场虽有一些共性，但在运行方式上仍有根本不同。前文分析了美国小规模农场从事有机农业的比较优势，但要由此否认中国“小而散”的农户家庭经营对于发展有机农业的不适应性，则是不符合实际的。近年来，中国鼓励发展专业大户、家庭农场，很大程度上正是为借鉴发达国家经验，引导小规模农户家庭经营克服自身弱势，鼓励其向家庭农场加快转型。

按照英亩和亩的折算关系，2012 年美国家庭农场和公司农场的平均土地规模分别相当于中国 1870 亩和 7466 亩。即令是美国最小农场土地规模分组的下限 9 英亩，也相当中国 55 亩，达到许多地方规定的家庭农场标准，远远超出一般农户家庭经营的土地规模。美国小规模家庭农场的经营规模明显大于中国当前农户家庭经营的平均规模，看不到这一点，就很难准确理解中国完善农户家庭经营的必要性和紧迫性，由此提出的政策或对策建议也容易脱离中国实际。

中国农户家庭经营与美国的家庭农场虽然有其共性，但差异性更大。这种差异突出地体现在以下三个方面。这三个方面的差异，都有利于提高美国家庭农场与公司农场竞争、抗衡的能力，也在一定程度上制约公司农场在美国农场结构中相对地位的提升。

第一，美国家庭农场多数规模较大，且在大型农场中仍占绝对主体地位，有利于克服传统小农面临的技术、资金和市场弱势。

第二，美国的家庭农场往往具有专业化、规模化、市场化和企业化的特征，美国的家庭农场主实际上是胜任现代农业的企业家；此外，美国完善、高效、便捷的农业社会化服务体系，为家庭农场的发展壮大提供了重要支撑，家庭农场可以将农业服务活动外包给专业化、社会化的服务机构（杜志雄、肖卫东，2014）。中国当前的农户家庭经营多具有“小而全”“小而散”的性质，农户家庭经营的决策者更多地属于小商品生产者。即使是近年来中国鼓励发展的家庭农场，与美国家庭农场之间在经营规模和行为特征上大多也有天壤之别。因此，相对于中国，美国的家庭农场能够更好地应对生产过程中的资金、技术、市场开拓、劳动力供给甚至产业链整合问题。

第三，美国农业政策对家庭农场的支持力度较大，且近年来还略有扩大。2012 年，美国获得政府补贴的家庭农场占获得政府补贴农场总数的 83.77%，家庭农场获得的政府补贴额占农场获得政府补贴总额的 69.37%，较 2007 年分别提高了 0.57 和 2.17 个百分点。同年家庭农场占美国全部农场土地面积的比重仅为 61.50%，较 2007 年还下降 0.8 个百分点。家庭农场获得的政府补贴额占农场获得政府补贴总额的比重，高于家庭农场占美国全部农场土地面积的比重。2012 年，美国政府补贴中仅有 11.64% 给予了公司农场，相对于公司农场在土地面积上的占比（14.35%），公司农场在获得政府补助方面处于实际劣势。

基于中国农户家庭经营与美国家庭农场的较大差异，当前中国农户家庭经营与公司农场竞争、抗衡的能力明显弱于美国的家庭农场。一方面说明完善农户家庭经营的重要性和紧迫性；另一方面说明中国公司农场相对于农户家庭经营在前述特殊领域的比较优势，在总体上可能略强于美国公司农场与家庭农场的对比，考虑到中国小规模分散化的农户家庭经营容易形成环境污染、动物疫病传播甚至“秸秆禁烧困难”等问题，情况更是如此。近年来，许多地方公司农场的发展较快，尽管总体趋势可能有些过猛，但这方面的原因也不可轻视。当然，无论中国公司农场的发展空间有多大，在相当长的时期内，受农民市民化进程和城乡社会稳定等约束，农户家庭经营作为中国农业经营主要形式的状况也难有根本改变。尽管专业大户、家庭农场甚至公司农场的加快发展趋势日盛，但仍难成为多数地区农业经营的主要选择。

3. 未来中国公司农场的发展重点应是由家庭农场转化而成的公司农场，不应是工商资本投资农业生产形成的公司农场

从前文分析可见，迄今为止，美国的公司农场仍主要表现为家庭持有，非家庭持有的公司农场或直接由工商资本进入农业生产领域形成的公司农场仍占少数。由此衍生出对中国的启示是，今后在中国发展公司农场的过程中，对于工商资本直接进入农业生产领域，应该采

取适度谨慎的态度，以防公司农场特别是非家庭持有的公司农场过快发展，形成对小规模农户家庭经营的“毁灭性破坏”，影响主要农产品供给能力的稳定性。在此方面，国际上已有诸多前车之鉴。考虑到中国农业正处于加速转型期，情况尤其如此。

二 农户家庭经营、公司农业经营与发展现代农业

20 世纪 70 年代末、80 年代初，中国通过农村改革构建了以农户家庭承包经营为基础、统分结合的农业双层经营体制，形成了农户家庭经营“小而全”“小而散”的格局。构建新型农业经营体系，往往绕不开如何对待这种传统的农户家庭经营的问题。进一步说，这种“小而全”“小而散”的农户家庭经营能否通过转型提升，有效转化为发展现代农业的生产经营主体?

农业是经济再生产和自然再生产的统一。在可预见的将来，至少在大多数常规的农业生产领域，农户家庭经营仍具有广泛的适应性，并具有相对于公司农业经营的比较优势。当然，农户家庭经营的这种比较优势往往不一定表现在单纯的经济方面，而是表现为经济、社会、文化和生态等方面的综合优势。如许多公司农业经营不愿种植利润率较低的粮食作物，喜欢种植高度出口导向的非食品作物。大面积采用公司农业经营替代农户家庭经营，容易加剧农产品供求结构的矛盾，形成对局部地区粮食综合生产能力的“毁灭性破坏”，甚至引发一系列的经济社会问题。缺乏相关经验导致管理失误等农商企业内部的问题，也是许多国家公司农业经营不成功的重要原因。

从国际上看，20 世纪 80 年代后，墨西哥支持外资和工商资本进入农业生产的教训值得我们汲取。当时，墨西哥在降低农产品关税、开放农产品市场的同时，推动农业市场化改革，放宽对外资投资农业的限制，并把土地所有权交给分得土地的农民，允许农民通过土地买卖、租赁等方式转让土地，鼓励外资和商业资本对农业用地进行投资。由此造成墨西哥农业生产结构转向以面向出口的经济作物为主，

粮食等大宗作物生产在跨国公司的挤压下迅速萎缩，粮食由自给自足转向高度依赖国际市场。与此同时，农业产业链甚至农业的土地经营和技术选择日益受到跨国公司控制。这些农业跨国公司很少直接投资农业生产，而是将投资的重点放在利润更高的农业产前、产后环节，导致农业利润大量外流，农民只能获得产中环节的小部分利润。跨国公司主导的农业技术选择主要服从于大规模农场的需要，导致普通农户缺乏获得技术进步的机会，越来越多的农民因失去土地被迫进入城市贫民窟。从中国的情况看，近年来，部分地区向工商企业的土地流转过快，推动了农业“非粮化”提速，增加了危及粮食安全的隐患。部分地方政府变相强迫农民将土地流转给工商企业，也容易增加工商企业和农户之间的利益冲突，蓄积形成群体性事件的风险。因此，在今后相当长的时期内，至少在与粮、油、棉等大宗农产品密切相关的生产领域，农户家庭经营作为发展现代农业的主导形式，仍有其存在的必要性和合理性。与此同时，也要看到引导中国“小而全”“小而散”的农户家庭经营实现转型提升的必要性和紧迫性。

第一，由于农户家庭经营的高度异质性，不同类型的农户家庭经营相对于公司农业经营的比较优势也是不同的。发达国家的农户家庭农场具有运行企业化、经营市场化等特征，它与发展现代农业的相容性，往往不是中国“小而全”“小而散”的农户家庭经营所能企及的。在中国农业经营主体的选择上，既要看到农户家庭经营作为农业经营主体形式的合理性，又要看到其对于发展现代农业的局限性。

第二，总体而言，家庭经营相对于公司农业经营的比较优势主要表现在农业生产环节。而随着农业发展内外部条件的变化，以及农业产业链运行中消费者主权的强化和对食品安全重视程度的提高，公司农业经营的比较优势、农户家庭经营的比较劣势在某些方面迅速凸显，这种状况对于“小而全”“小而散”的农户家庭经营更是如此。

第三，即便是在农业生产环节，农户家庭经营也并非在所有领域都呈现比较优势。比如从国际经验来看，在有机农业、设施农业和受天气影响较小的集约型养殖业中，公司农业经营相对于家庭经营的比较优势正在日趋凸显。

三　培育新型农业经营主体要有新思路

近年来，中国各具特色的新型农业经营主体茁壮成长，成为农业发展方式转变中最引人注目的现象之一。据我们的调研，在农业生产领域，新型农业经营主体的发展面临新难题，创新支持思路日趋迫切。

（一）发展新型农业经营主体面临新难题

1. 农业生产经营风险明显增大

农业是经济再生产和自然再生产的统一，农业经营主体难免受到自然风险和市场风险的双重考验。近年来，农业极端天气灾害和重大动植物疫病频繁发生，且多具有突发性强、传播速度快、影响范围广、危害深度大，甚至多灾并发的特点。随着农产品国际贸易的扩大，国内外消费者对食品安全重视度的提高，国际贸易中的绿色壁垒不断强化，国际贸易摩擦和食品安全事件对农产品市场的影响明显深化。因此，农业经营主体面临的自然风险和市场风险在总体上有所扩大。

通常，普通农户面临农业经营风险时，通过外出务工经商，农户之间的互助和来自政府、社区的救助，都可以比较容易地缓解其经营困境。相对于普通农户，新型农业经营主体由于农业生产经营的规模较大，其农业经营的自然风险和市场风险明显增加。一般而言，新型农业经营主体的经济实力和抗风险能力往往明显大于普通农户。但与普通农户相比，由于其农业生产经营的专业化、规模化、集约化水平高得多，新型农业经营主体农业生产经营风险的集中化程度也要高得多，甚至难以像普通农户那样，通过农业生产经营的多样化有效分散农业生产经营风险。因此，许多新型农业经营主体没有规模时渴望上规模，但上了规模后往往感到压力很大。

如从自然风险来看，2014 年对于安徽颍上县是个粮食丰收年，小麦亩产可达 1000 斤左右。但 5 月 31 日和 6 月 1 日的强降雨过程导致成熟小麦出现大面积倒伏，这种现象以种植大户、家庭农场和工商资本投资农业形成的公司农场最为突出，许多新型农业经营主体的小麦亩产只能达到500—600斤。小麦倒伏不仅会导致减产减收，还增加了农机收割的困难，容易形成灾害损失。部分倒伏小麦必须人工收割，也增加了收割成本。在安徽金寨县，2013年有些新型农业经营主体在水稻抽穗扬花期遇到低温连阴雨，防疫不及时形成稻曲病导致稻谷减产30%—40%。许多种粮的新型农业经营主体由于晒场偏小，收获季节如遇连阴雨导致粮食不能及时晾晒，还容易发生霉变等损失。从市场风险来看，近年来，粮食最低收购价不断提高，带动市场粮价不断上涨，但由于粮食生产成本提高更快，粮食生产的比较利益不断下降，在部分地区种粮收益绝对减少，严重挫伤其种粮积极性。据我们在安徽金寨县的调查，某工商资本通过土地流转来农村投资生产有机米，租用的土地已通过有机认证。但2013年生产的20万斤大米到2014年6月仍有一半未销售出去，亏损较为严重，2014年该县准备将生产有机米改为生产有机蔬菜。位于该县的HSH农业发展有限公司通过流转农民土地生产有机稻，亩成本（含租金约400—500元，根据地块而定）高达2300元，远远高于普通农户，单产水平却低20%—30%。目前其生产的有机米每斤售价超过10元基本就没有人买。

近年来，许多行业经营不景气，产能过剩严重，经营风险增大。因此，许多工商资本，包括那些前几年通过非农经营赚了一些钱的人，带着对农业生产经营的理想化态度投资农业生产，初期往往在农业基础设施和种苗、人工、土地流转等方面投入了大量资金。地方政府对土地规模化流转的补贴进一步激发了这些工商资本投资农业生产经营的热情。但是，近年来中国不少农产品价格波动幅度增大或频率增加，畜产品、杂粮、蔬菜水果价格时常上演“过山车”。加之土地流转、人工、农机等成本上升较快，部分新型农业经营主体投资达产后，遭遇农产品价格大幅下跌，损失惨重，投资回收难度陡增。如安徽TS农业科技有限公司在安徽某山区县租地种植猕猴桃，每亩地除向农民每年无偿提供400斤稻谷作租金外，前两年在整地、种苗、棚架、喷灌设施和人工等方面的投入已达1.3万元/亩。猕猴桃树要三年才能产果。在正式产果前，公司农业经营的资金需求较大，但已经投入土地形成的资产往往不能在银行抵押贷款，加大了其资金链断裂的风险。相对于农民合作社和种养大户、家庭农场等，此类由工商资本投资农业生产形成的公司农场大多农业经营规模较大，且缺乏农业技术和生产管理经验，进一步加剧了其农业生产经营风险。在农业中监督和计量劳动的先天性困难也容易导致此类公司农场容易因粗放经营导致赢利能力下降，经营风险增加。

2. 现有农业生产性服务体系的不适应性迅速凸显

相对于普通农户，专业化、规模化和集约化的发展一方面对新型农业经营主体的科技创新和成果转化能力提出了新的更高层次的要求；另一方面导致传统的县乡村农技推广体系对于提高新型农业经营主体科技创新和成果转化能力的不适应性明显增加，有些新型农业经营主体的科技水平和应用能力已明显超出县乡农技员。随着其经营领域的拓展，新型农业经营主体对农业生产性服务的需求，日益由单纯的农技服务转向农技、农机、信息、市场营销、经营管理、农资采购、金融保险和农产品保鲜储运服务等综合服务，要求农业生产性服务业的多元化、专业化、市场化与之相适应。但总体而言，多元化、专业化、市场化的农业生产性服务供给不足，仍是当前农业生产性服务业发展面临的突出问题。

随着新型农业经营主体的发展，传统的农业生产性服务供给方式也日益面临新的挑战，创新农业生产性服务供给方式的需求也在迅速凸显。如面向小规模分散化的普通农户提供技术服务时，“讲千遍，讲万遍，不如做给农民看一遍”，要重视示范户对他们接受技术服务的辐射带动作用。但对部分时效性较强的项目，通过示范让多数农户认可的时候，往往也就错过最佳时机了。面向新型农业经营主体提供服务时，情况则有根本不同。这些新型农业经营主体往往经营理念先进，对市场的反应较为敏锐，他们深知成功的原因很大程度上在于率先应用新科技，但同种科技推广规模最大的时候，往往也是效益最差的时候；适度控制技术扩散，形成一定的产品差异或市场垄断，有利于保持较高利润。因此，对新型农业经营主体仅靠示范带动远远不够，他们更愿成为科技创新和成果转化的“领头羊”“试验田”。傻瓜式培训可以成为面向大多数普通农户的有效培训方式，却往往不合新型农业经营主体的“胃口”。对于新型农业经营主体，较为有效的培训方式可能是个性化的“摆事实，讲道理”，甚至科技特派员“发点球”式的跟踪服务，更适应新型农业经营主体的需求。对部分处于起步阶段的新型农业经营主体，保姆式的个性化服务或许更受欢迎。在动植物疫病防治服务方面，大多数普通农户往往重治轻防，对多数新型农业经营主体来说，防、治服务均很重要，但他们往往更重视绿色防控服务。

当前，茶叶、猕猴桃等特色种养业的许多新型农业经营主体，都想通过自建品牌等方式，拓展和升级市场。但从实际效果来看，这种品牌建设“各自为政”的方式，很大程度上是各新型农业经营主体之间“打消耗战”的过程，真正成为赢家的只是极少数，大多数是“投金产银”、效果有限。要如何通过有效服务，将各新型农业经营主体自建品牌的过程，有效整合成各新型农业经营主体之间共建品牌的过程；在新型农业经营主体培育品牌的过程中，怎样将其相互之间“打消耗战”有效转化为“联合作战”呢？在此方面的相关服务供给，在总体上仍是严重滞后的。还有一些新型农业经营主体投资农业热情高、能力缺，在农业生产经营方面技术和经验储备不足，遭遇挫折后容易“打一枪换一炮”。应通过及时优质的服务，引导其实现“坚持到底就是胜利”。

3. 对土地经营权的保护尚缺乏有效的法律依据

现行政策和法律比较重视对土地承包经营权的保护，这对于保护农民权益、维护农村经济社会的稳定和谐，是非常必要的。在土地承包权和经营权尚未分离的背景下，重视对土地承包经营权的保护，也就等于重视对土地经营权的保护。但是，随着土地流转的大规模推进，土地承包权和经营权分离已成大势所趋。在此背景下，保护土地经营权的问题日趋凸显。

2002 年出台的《中华人民共和国农村土地承包法》中“土地承

包经营权的保护”一节，其实质是保护农户的土地承包权，并未涉及土地经营权和承包权分离条件下土地经营权的保护问题。其后出台的相关法律也未就保护土地经营权作出明文规定。十八届三中全会通过的《中共中央关于全面深化改革若干重大问题的决定》提出，“依法维护农民土地承包经营权”、允许农民以承包经营权入股发展农业产业化经营、鼓励承包经营权在公开市场上流转。2014 年，中央一号文件提出“放活土地经营权，允许承包土地的经营权向金融机构抵押融资”“加快健全土地经营权流转市场”“抓紧抓实农村土地承包经营权确权登记颁证工作”。但这些政策也未就保护土地经营权形成具体的政策安排。

在土地经营权日益向新型农业经营主体流转的背景下，能否有效保护新型农业经营主体的土地经营权，直接关系到新型农业经营主体有无积极性增加对农业的长期投入，有无积极性继续推进农业的专业化、规模化和集约化。对新型农业经营主体的土地经营权缺乏有效保护，不仅容易侵犯新型农业经营主体的正常经营权益，磨灭其在农业生产经营中“打持久战”的耐心，还容易助长其在农业生产经营中“捞一把就走”的心态，影响其农业生产经营的稳定性。许多新型农业经营主体不愿增加土壤整治和农业基础设施投入，甚至“不赚钱就走人”，这是重要原因。如在安徽金寨县，某外地来的油茶企业大面积流转农民土地，待到油茶采摘季节时，部分转出土地的农民要求企业按天计酬雇其采油茶，否则就不让公司采。但企业雇农民采茶时，有些农民因采摘质量差甚至粗放采摘影响公司效益，更是比较常见。农民偷、拣企业油茶果，也不是什么新鲜事。外出打工的农民将土地流转给企业后，遇到土地转入企业经营效益较好时，有的甚至毁约，要求公司退回流转地，如此便会给公司造成损失。

（二）支持新型农业经营主体思路要有新突破

1. 加强和创新对新型农业经营主体的政策支持，增强其抗风险能力和可持续发展能力

新型农业经营主体是构建新型农业经营体系的生力军，也是普通

农户转变农业发展方式的领跑者。要从构建新型农业经营体系和推进农业发展方式转变的战略高度，加强和创新对新型农业经营主体发展的政策支持，并将其同引导新型农业经营主体增强抗风险能力和可持续发展能力结合起来。尤应结合支持区域优势特色产业，以支持新型农业经营主体发挥示范带动作用为重点，加强对以下4方面的支持：①加强对农业基础设施建设的支持，帮助新型农业经营主体增强抵御自然风险和强化食品安全的能力。如支持新型农业经营主体加强土壤综合整治和喷灌、滴灌等设施建设，鼓励其实行病虫害绿色防控。②加强农业公共服务机构对新型农业经营主体带头人的培训。打铁还需自身硬，提升新型农业经营主体带头人的技术水平、管理经验和市场开拓能力，是增强新型经营主体抗风险能力的治本之道。③引导新型农业经营主体加强联合和合作，开展品牌创建、基地或产品认证，共建共享农业产业联盟或农产品营销促销中心、农业生产资料联合采购平台，探索现代农业提质增效节本升级的路径，实现“抱团抗风险”。鼓励家庭农场等新型农业经营主体成为农民合作社的领办者、现代农业产业联盟的重要参与者或组织者。④引导运作较为成熟的新型农业经营主体融入区域优势特色农业发展的试验示范活动，加强产学研用合作，并与金融、保险、农机、农技、农艺等方面有效对接。通过新型农业经营主体“做给农民看，带着农民干”，“点燃一盏灯，照亮一大片”，更好地带动现代农业的商业模式创新和科技成果转化。结合支持区域优势特色产业发展，优先支持科技特派员通过组织试验示范等方式，对新型农业经营主体提供个性化服务。

2. 创新对新型经营主体的补贴方式，加强对农业的生产性服务补贴和保险补贴

农业生产性服务的市场化、产业化和社会化，不仅可以有效解决农业公共服务机构服务供给不足的问题，还可以帮助新型农业经营主体有效规避因自我提供服务而形成的资金占用和资源浪费。农业生产性服务的专业化、规模化和集约化，有利于促进农业生产经营主体的专业化、规模化和集约化，帮助新型农业经营主体化解“成长中的烦恼”，为新型农业经营主体和新型农业服务主体更好地获得分工和专

业化“红利”创造条件。为支持农业生产性服务业创新发展，建议实行农业生产性服务补贴制度。如通过对新型农业经营主体发放农业生产性服务消费券等方式，支持市场化的农业服务组织培育市场，引导农户或新型农业经营主体使用市场化、社会化的农业生产性服务。农业保险补贴从根本上说也是一种农业生产性服务补贴，是支持农业保险发展、引导农民使用农业保险服务的有效方式，可以帮助新型农业经营主体部分化解农业生产经营风险。应加强农业保险补贴特别是巨灾保险补贴力度。

在实行服务补贴制度方面，在国内外家庭服务业等领域，已有成熟经验可供借鉴，操作可行性较高。近年来，中国在实行农业生产性服务补贴方面，已经形成了一些较为成熟的经验，如实行农民培训补贴、动物防疫补助、农业防灾减灾稳产增产关键技术补助、测土配方施肥补助、土壤有机质提升补助、土壤深松整地作业补贴等。但这些农业生产性服务补贴往往是同提供农业公共服务结合进行的。就新型农业经营主体的需求而论，未来对农业生产性服务需求的重点和主要增长点应该是市场化的农业生产性服务。许多新兴的农业生产性服务虽然符合农业乃至国民经济的发展要求，但在发展初期往往市场规模小，达不到足以支撑相关服务组织市场化、产业化运作的临界最小市场规模，在短期内难以形成市场竞争力和自我发展能力。农业经营主体对相关服务功能不了解，也影响其市场需求的扩张。通过提供农业服务补贴和支持相关服务消费示范等方式，引导相关农业生产性服务扩张市场需求，支持相关农业生产性服务组织跨越起步阶段的发展门槛，逐步进入具有市场竞争力和可持续发展能力的阶段，是一项具有较强外部性的活动。今后在继续实施现行农业生产性服务补贴政策的同时，应加大对市场化农业生产性服务起步阶段的支持，引导其增强自我发展和可持续发展能力。建议今后进一步加大农业生产性服务补贴政策的实施力度，在增加投入的同时，结合开展相关服务消费示范活动，加大农业生产性服务补贴向新型农业经营主体的倾斜力度。通过发挥新型农业经营主体在农业生产性服务消费方面的示范带动作用，增强新型农业经营主体对普通农户转变农业发展方式的辐射带动功能。

3. 加强对农业经营权保护的立法，明确对新型农业经营主体的支持重点

顺应农村土地流转的潮流，农户土地承包权与土地经营权分离已是大势所趋。加强对土地经营权的保护，是促进新型农业经营主体可持续发展的客观要求。与2002年《中华人民共和国农村土地承包法》发布时的状况相比，当前农村土地承包和土地流转的环境已经发生了很大变化，适应新情况修订《中华人民共和国农村土地承包法》的条件日趋成熟。建议结合这种修订，在抓紧抓实农村土地承包经营权确权登记颁证工作的基础上，明确增加保护土地流转合同双方的合法权益，包括保护新型农业经营主体土地经营权的条款。对《中华人民共和国农村土地承包法》的修订工作如果暂无法启动，也可专门制定农村土地流转权益保护法，在稳定农村土地承包关系并保持长久不变的前提下，将赋予农民对承包地占有、使用、收益、流转及承包经营权抵押、担保权能与保护新型农业经营主体的土地经营权结合起来，将稳定农户承包权与放活土地经营权、平等保护土地流转双方合法权益结合起来，明确保护土地经营权的实施细则，促进土地经营权保护具体化。在立法之前，可行的措施是制定农村土地流转合同规范标准，规范土地流转转入、转出双方行为，引导其有效保护自身权益。

从现实来看，新型农业经营主体主要有两种类型，一是社区亲和型，如出身于农村，有农业生产经营管理经验，与农业经营所在地有较为紧密的地缘或亲缘关系（不同类型地区紧密型社会交往的半径可能有很大差别，因而未必局限于本村本乡）；二是外部植入型，与所在社区没有关联，也没有农业生产经营管理经验，多与外来工商资本投资农业生产有关。社区亲和型的新型农业经营主体容易融入乡村社区网络，因而容易协调与社区农民的矛盾，化解部分农业生产经营风险，并形成对社区普通农户的示范带动作用，不太容易出现土地经营权被侵犯的问题。外部植入型新型农业经营主体融入乡村社区往往需要一个过程，有的甚至很难真正融入乡村社区网络，容易形成与社区农民的矛盾或隔阂，增加土地经营权被侵犯的风险。部分外部植入型

的新型农业经营主体往往缺乏农业生产经营和管理经验，也容易增加农业生产经营风险。在支持新型农业经营主体的过程中，建议优先支持社区亲和型新型农业经营主体。借此，不仅可以促进新型农业经营主体与社区联系的改善，有利于减少其生产经营风险；还可以依托新型农业经营主体与社区农民的密切联系，更好地示范带动普通农户转变农业发展方式。

第八章　农户分化对粮食生产行为的影响
——基于问卷调查的分析

近年来，随着工业化、信息化、城镇化、市场化和国际化的深入发展，随着农业结构战略性调整的深入推进和农民进城务工经商规模的扩大，中国农户和农民的分化迅速深化，小部分农户在发展现代农业中脱颖而出，成长为专业化、规模化、集约化的新型农业经营主体，如种植大户、家庭农场等，开辟了新型农业经营主体成长的“本土化”渠道；大部分农户则逐步演变为以农为主或以农为辅的普通农户，也是兼业农户，形成农业发展的兼业化倾向。还有一部分工商资本通过投资农业，为形成专业化、规模化、集约化的新型农业经营主体提供了新的途径，开辟了新型农业经营主体成长的“植入型”渠道。近年来，随着新型农业经营主体的成长和农户兼业化的发展，农户分化对中国粮食安全和农业发展的影响日益广泛而深刻，不同类型农业经营主体行为在粮食生产和种植行为选择上的差异也日益引起广泛关注。但是，这些方面的影响到底有多大，仅靠研究者坐而论道往往难以得出令人信服的结论。况且，从动态演化的角度来看，现有农户或农业经营主体的结构也不是一成不变的。如何看待农户或农业经营主体结构的动态演变对中国粮食安全和农业发展的动态影响，也需要基于实际调查进行科学分析。因此，本章将基于本项目课题组2013年12月—2014年4月对10省（区）进行的农户问卷调查，就农户分化对中国粮食安全和农业发展的影响及其因应对策进行探讨，并就相关农业政策问题进行讨论。

一 农户粮食生产行为和绩效

（一）调查概况

本项目课题组进行的此次农户问卷调查，主要利用学生寒假回乡之机，组织11所高校的学生在安徽、江苏、河南、浙江、广东、陕西、四川、辽宁、内蒙古和新疆等10省（自治区）展开（见表8－1）。要求学生在保证调查质量的前提下，按照一户一份问卷、调查员与调查户一对一的方式进行，并尽可能让问卷对象覆盖不同类型的农户。在具体研究过程中，将农户分为普通农户和农场类户。普通农户的实际耕种面积南方都在50亩以下、北方都在100亩以下。将农场类户界定为南方实际耕种面积50亩以上、北方实际耕种面积100亩以上的大户或农场。为叙述简便起见，将少数专业化、规模化、集约化的新型农业经营主体纳入农场类户进行研究。因此，本章中的农场类户在一定程度上可作为新型农业经营主体的代表。普通农户包括以农为主的兼业农户和以农为辅的兼业农户。普通农户是以农为主还是以农为辅，以其主要收入是否来自农业作为依据。农户是否属于农场类户，以其实际耕种面积为准；是否经有关部门认定为家庭农场，不作为是否认定为农场类户的依据。问卷调查结束后，课题组组织力量对问卷进行了反复核查，最终形成总体有效问卷1121份。按照2013年标准，在1121份有效问卷中，农场类户、以农为主的普通农户和以农为辅的普通农户分别达169户、508户和444户，分别占农户总数的15.1%、45.3%和39.6%。但在这些总体有效问卷中，仍有部分问卷内容应填未填。因此，后文分析中所涉有效问卷数低于1121者，均为剔除对应选项应填未填者的最终有效问卷数。

表8－1 有效问卷及其农户类型和区域分布情况 单位：户、%

省份	四川	河南	陕西	广东	浙江	内蒙古	辽宁	新疆	江苏	安徽	合计
合计	122	89	113	104	96	124	80	127	114	152	1121

续表

省份		四川	河南	陕西	广东	浙江	内蒙古	辽宁	新疆	江苏	安徽	合计
农场类	数量	23	10	1	12	1	26	2	58	13	23	169
	占比	18.85	11.24	0.88	11.54	1.04	20.97	2.50	45.67	11.40	15.13	15.08
以农为主	数量	56	18	59	56	32	81	68	50	33	55	508
	占比	45.90	14.75	48.36	45.90	26.23	66.39	55.74	40.98	27.05	45.08	45.32
以农为辅	数量	43	61	53	36	63	17	10	19	68	74	444
	占比	35.25	50.00	43.44	29.51	51.64	13.93	8.20	15.57	55.74	60.66	

注：本表中的以农为主、以农为辅分别指以农为主的普通农户和以农为辅的普通农户。

（二）粮食生产情况

按照2013年标准，在1121份总体有效问卷中剔除对应选项应填未填者，形成1105份有效问卷。其中，农场类户168户、以农为主和以农为辅的普通农户分别为499户和438户，2013年平均的实际耕种面积分别为393.87亩、19.20亩和7.43亩，其中平均用于粮食生产的耕地面积分别为218.52亩、12.98亩和5.02亩，用于粮食生产的耕地面积分别占实际耕种面积总数的55.5%、67.6%和67.6%。可见，尽管农场类户平均的实际耕种面积和粮食经营规模明显大于以农为主、以农为辅两类普通农户，但相对于普通农户，农场类户种植面积选择的“非粮化”倾向更为突出。

在填写2013年粮食作物主要种植品种的861份有效问卷中，主要种植水稻、小麦、玉米的分别为414户、201户和215户，种植豆类的11户，种植薯类和杂粮的20户，分别占有效问卷总数的48.1%、23.3%、25.0%、1.3%和2.3%。与以农为主的普通农户相比，农场类户种植小麦的比重明显更高，高出12个百分点；种植玉米的比重明显更低，低14个百分点。以农为辅的普通农户种植稻谷的比重明显更高，高出11个百分点；种植玉米的比重明显更低，低近18个百分点（详见表8－2）。

不同类型农户主要种植品种的差异，除与不同类型农户的地区分布，进而与主要粮食品种的地区适宜性有关外，很大程度上与不同类型农户对农业机械化需求的差异及主要粮食品种农业机械化的难易程度有关。当前，在中国三大粮食作物中，小麦已基本实现全程机械化，2012 年耕种收综合机械化水平已达 93.2%，但水稻和玉米的机械化水平仍明显低于小麦。以 2012 年为例，水稻的机械种植水平和玉米的机收水平分别仅为 31.6% 和 42.4%。[①] 农场类户种植小麦的比重明显较高、种植玉米的比重明显较低，在很大程度上是因为这有利于通过推进农业机械化的应用扩大粮食种植规模。如果把农场类户看作新型农业经营主体的代表，那么由此可以很自然地引申出一个结论：推进农业机械化特别是以大型农机为主导的农业机械化的发展，有利于培育新型农业经营主体。

表 8－2　2013 年不同类型农户种植粮食作物的主要品种　单位：户、%

粮食作物主要品种		稻谷	小麦	玉米	豆类	薯类和杂粮	合计
农户类型	农场类	50	32	27	2	1	112
	以农为主	171	65	151	5	4	396
	以农为辅	193	104	37	4	15	353
	合计	414	201	215	11	20	861
农户类型	农场类	44.64	28.57	24.11	1.79	0.89	100.00
	以农为主	43.18	16.41	38.13	1.26	1.01	100.00
	以农为辅	54.67	29.46	10.48	1.13	4.25	100.00
	合计	48.08	23.34	24.97	1.28	2.32	100.00

在本项问卷调查中，农场类户占比位居前两位的新疆和内蒙古，农场类户分别占全部有效问卷中农场类户总数的 34.3% 和 15.4%，合计接近农场类户总数的 50%。按产量计，2013 年，新疆的主要粮食种植品种为玉米和小麦，分别占粮食总产量的 47.1% 和 45.2%；内蒙古的主要粮食种植品种为玉米，占粮食总产量的 75.7%。这种农场类户地区分布和所在地区主要粮食种植品种结构的特点，不利于农场类户选择以稻谷作为主要粮食种植品种。

① 参见《张桃林在全国农机补贴暨农机化工作座谈会上的讲话》，中国农业机械化信息网，www.amic.agri.gov.cn，2014 年 3 月 3 日。

以农为辅的普通农户种植规模普遍较小，种植稻谷的比重明显更高，种植玉米的比重明显更低，主要与本问卷调查中以农为辅的普通农户主要分布于安徽、江苏、浙江、四川、广东等稻谷主产区有关，合计占以农为辅农户总数的 80.5%。

（三）粮食作物单产与当地平均水平比较

近年来，农业经营规模的扩大是否会带来粮食单产水平的提高，引起了农经理论界的关注。一种观点认为，当前中国农户经营“小而全”“小而散”的问题比较突出，不利于保障粮食安全；扩大农业规模经营，有利于增进粮食安全。但是，也有人认为，在粮食生产中并不存在明显的规模经济，农业经营规模的扩大并不会对粮食单产水平带来明显影响，因而指望通过发展农业规模经营来增进粮食安全的愿望往往会落空。近年来，还有一种观点认为，由工商资本投资农业形成的农业规模经营，其粮食单产水平大多低于普通农户，因而不仅不会有利于反而会有损于粮食安全；从粮食安全等方面考量，发展农业规模经营的重点应该是鼓励农户之间通过土地流转，形成种植大户、家庭农场。这些观点在当前对待新型农业经营主体的政策态度上都有不同程度的反映。那么，农业规模经营对于粮食单产水平到底有没有、有什么程度的影响呢？

从表 8－3 可见，按照问卷回答者的评价，在 835 份有效问卷中，80.7% 的农户认为其粮食作物单产与当地平均水平相近（高、低不超过 5%）；分别有 8.6% 和 0.8% 的农户认为其粮食作物单产高于当地粮食作物平均单产 5%—20% 和 20% 以上，分别有 6.8% 和 3.0% 的农户认为其粮食作物单产比当地粮食作物平均单产低 5%—20% 和低 20% 以上。就不同类型农户之间的比较而言，根据问卷回答者的评价，农场类户有 25% 认为其粮食作物单产高于当地粮食作物平均单产 5% 以上，有 14.8% 认为其粮食作物单产低于当地粮食作物平均单产 5% 以上，分别高出全部农户相同指标 15.5 和 5.0 个百分点。综合而论，农场类户认为其粮食作物单产高于当地粮食平均单产者较多。形成这种现象的主要原因可能有三个，一是农场类户由于平均土地经营规模较大，容易获得技术推广和应用等方面的规模经济，并据此提高粮食单产；二是大多数农场类户从事农业经营的时间不长，对于农业经营风险和务农经验不足，对粮食单产的影响估计不足；三是农场类户较强的资本实力、先进的设施条件和主要经营者相对更高的文化素质，容易导致其不愿承认其粮食作物单产低于当地普通农户。[①] 因此，随着农场类户等新型农业经营主体的成长，采取有效措施，引导新型农业经营主体提高农业经营的风险意识日趋迫切。将鼓励新型农业经营主体成长的重点，放在通过促进农户之间的土地流转形成种植大户、家庭农场等新型农业经营主体，也有利于提升新型农业经营主体的风险意识。

表8-3　不同类型农户粮食作物单产与当地平均水平比较

	农户数（户）				占所在类型农户总数比重（%）			
	农场类户	以农为主	以农为辅	合计	农场类户	以农为主	以农为辅	合计
低20%以上	4	6	15	25	3.70	1.78	3.85	2.99
低5%—20%	12	21	24	57	11.11	6.23	6.15	6.83
高、低不超5%	65	292	317	674	60.19	86.65	81.28	80.72
高5%—20%	24	16	32	72	22.22	4.75	8.21	8.62
高20%以上	3	2	2	7	2.78	0.59	0.51	0.84
合计	108	337	390	835	100	100	100	100

注：低、高分别指较当地粮食平均单产低、高。以农为主、以农为辅分别为以农为主的普通农户和以农为辅的普通农户。

从表8-3还可以看出，以农为辅的普通农户，其粮食作物单产水平与以农为主的普通农户总体差别不大，但与其平均水平的离散程度更高。近年来，随着农业劳动力转移稳定程度的提高，农业劳动力转移明显呈现由劳动力个体的兼业型转移向劳动力个体的专业型转移

① 这在我们以往对新型农业经营主体的调研中也得到验证。大多数新型农业经营主体带头人告诉我们，其粮食作物单产高于当地普通农户。但随后陪同调研并熟悉其情况的乡镇政府工作人员又会悄悄告诉我们，这些新型经营主体的粮食作物单产明显低于普通农户，只是他们不愿说而已。

的演变趋势。在劳动力个体实现兼业型转移的情况下，部分以农为辅的兼业农户形成常年务工、农忙回乡务农的模式，如果疏于农业生产的日常管理，可能导致粮食单产的下降。在农业劳动力个体实现专业型转移的背景下，农户部分劳动力完全转向非农产业务工经商，但仍有部分劳动力专职务农，实际上相当于扩大务农劳动力的劳均农业经营规模。在当前农户劳均耕地经营规模偏小的背景下，农户部分劳动力专职务农不会明显影响粮食单产，反而为其实现劳动力和其他资源的优化配置提供了更为宽松的空间，很可能有利于提高其粮食单产。近年来，农业机械、植保、农产品运销等社会化服务组织的发展，还为这些以农为辅但有劳动力专职务农的兼业农户发展粮食生产提供了良好的条件。但是，部分以农为辅但没有劳动力专职务农，或务农劳动力经验、技能不足的普通农户，其粮食单产水平低于当地平均水平，也是不足为怪的。

（四）粮食作物亩成本与当地平均水平比较

对于当前要不要支持种植大户、家庭农场、公司农场等新型农业经营主体，要不要限制以农为辅的兼业农户发展，不仅要考虑其是否影响粮食作物单产，还应考虑其对粮食作物成本的影响。鉴于近年来农产品成本和风险提高的压力不断加大，提高农业经营效益和比较利益的要求日趋迫切。在此背景下，关于农业经营主体或农户兼业化的政策选择，更应充分考虑新型农业经营主体和兼业农户对粮食作物成本的影响。根据对835份有效问卷的统计，按照问卷回答者的评价，81.8%的农户认为其粮食作物亩成本与当地粮食作物亩成本相近，分别有8.9%和1.4%的农户认为其粮食作物亩成本高于当地平均水平5%—20%和20%以上，分别有6.5%和1.4%的农户认为其粮食作物亩成本低于当地平均水平5%—20%和20%以上。就不同类型农户之间的综合比较而言，农场类户的粮食作物亩成本明显高于以农为主的普通农户，以农为辅的普通农户粮食作物亩成本略高于以农为主的普通农户（详见表8-4）。与农户平均水平相比，农场类户有22.2%认为其粮食作物亩成本高出当地平均水平5%以上，13.0%认为其粮食作物亩成本低于当地平均水平5%以上，比相同指标全部农户平均水平分别高出11.9和5.1个百分点。以农为主的普通农户粮食作物亩成本高出当地平均水平5%和低于当地平均水平5%的农户比重，均低于以农为辅的普通农户；但综合来看，以农为主和以农为辅的普通农户粮食作物亩成本的差别不大，只是以农为辅的普通农户之间粮食作物亩成本的离散程度较大而已。这与以农为辅的普通农户之间粮食单产的离散程度更高有大致类似的原因。

表8-4　不同类型农户粮食作物亩成本与当地平均水平比较

	农户数（户）				占所在类型农户总数比重（%）			
	农场类户	以农为主	以农为辅	合计	农场类户	以农为主	以农为辅	合计
低20%以上	2	2	8	12	1.85	0.59	2.05	1.44
低5%—20%	12	14	28	54	11.11	4.15	7.18	6.47
高、低不超5%	70	295	318	683	64.81	87.54	81.54	81.80
高5%—20%	16	26	32	74	14.81	7.72	8.21	8.86
高20%以上	8	0	4	12	7.41	0.00	1.03	1.44
合计	108	337	390	835	100.00	100.00	100.00	100.00

注：低、高分别指较当地粮食作物平均亩成本低、高。以农为主、以农为辅分别为以农为主的普通农户和以农为辅的普通农户。

二　种植结构选择和销售方式

（一）除粮食外种植的最主要农作物

随着农业结构调整的深入推进，农业结构多元化日益成为农村发展的趋势。越来越多的农户在种植粮食作物之外，选择种植棉花、油料、蔬菜、花卉等经济作物，甚至有些农户逐步远离粮食种植，形成农户种植结构选择中的“非粮化”倾向。那么，不同类型农户的种植结构选择行为有何差异呢？根据对1061份有效问卷的统计，除粮食外，没有种植其他作物的农户303户，占有效问卷总数的28.6%；主要种植棉花、油菜籽和糖料的258户，主要种植蔬菜和花卉的316

户，主要种植果树的 103 户，分别占有效问卷总数的 24.3%、29.8% 和 9.7%。与两类普通农户，特别是以农为主的普通农户相比，农场类户种植棉花、油菜籽和糖料的比重明显更高；种植蔬菜、花卉和果树的农户比重明显更低（见表 8－5）。这种现象的形成，同棉花、油菜籽和糖料种植亩用工和投入较少，蔬菜、花卉和果树种植亩用工和投入较多可能有很大关系（见表 8－6）。在本项问卷调查中，近 46% 的农场类户位于中国新疆棉花主产区，也是农场类户更多选择种植棉花的重要原因之一。

表 8－5　　不同类型农户除粮食外主要种植品种比较

农户类型	农户合计	其中				比重合计	其中			
		棉花、油菜籽和糖料	蔬菜、花卉、果树	其他	无		棉花、油菜籽和糖料	蔬菜、花卉、果树	其他	无
农场类	162	71	39	13	39	100	43.83	24.07	8.02	24.07
以农为主	410	97	160	37	116	100	23.66	39.02	9.02	28.29
以农为辅	489	90	220	31	148	100	18.40	44.99	6.34	30.27
合计	1061	258	419	81	303	100	24.32	39.49	7.63	28.56

注：比重合计系占所在农户类型总数的比重。

表 8－6　　不同农作物亩用工和投入情况

指标	棉花	油菜籽	甘蔗	蔬菜	苹果
每亩用工（个）	20.42	7.91	15.96	33.84	40.37

资料来源：根据国家发展和改革委员会价格司编著《全国农产品成本收益资料汇编·2013》（中国统计出版社 2013 年版）相关数据计算。

（二）选择种植品种的主要依据

为了考察农户的主要决策方式，在本项目课题组问卷中设置了“你家选择种植品种的主要依据是什么”这一问题。根据对 1045 份有效问卷的统计，第一依据选择为自食需要、传统习惯、种植简单方便者分别占农户总数的 29.3%、20.6% 和 12%，选择效仿别人和政府要求者分别占 3.6% 和 3.0%，选择不同产品的比较收益和绝对收益者分别占 15.5% 和 15.1%；第二依据选择为自食需要、传统习惯、种植简单方便者分别占农户总数的 15.8%、25.3% 和 21.2%，选择效仿别人和政府要求者分别占 5.9% 和 2.0%，选择不同产品的比较收益和绝对收益者分别占 13.4% 和 13.3%（详见表 8－7）。可见，以不同产品的比较收益和绝对收益作为选择种植品种主要依据的农户占比仍然较低，引导农户增强按照市场配置资源的能力，是推进农业市场化、产业化的迫切要求。

表 8－7 **不同类型农户选择种植品种的主要依据比较** 单位：户次、%

农户类型		自食需要	传统习惯	种植简单方便	打发时间	效仿别人	不同产品比较收益	销售价格、成本	政府要求	其他	合计
次数	农场类	19	34	50	0	17	91	79	17	7	314
	以农为主	203	209	154	2	42	137	150	26	14	937
	以农为辅	244	228	136	9	39	70	63	8	9	806
	总计	466	471	340	11	98	298	292	51	30	2057
占比	农场类	6.05	10.83	15.92	0.00	5.41	28.98	25.16	5.41	2.23	100
	以农为主	21.66	22.31	16.44	0.21	4.48	14.62	16.01	2.77	1.49	100
	以农为辅	30.27	28.29	16.87	1.12	4.84	8.68	7.82	0.99	1.12	100
	总计	22.65	22.90	16.53	0.53	4.76	14.49	14.20	2.48	1.46	100

注：次数为选择对应选项作为第一依据和第二依据的次数之和，占比为占对应农户类型总次数的比重。

从表 8－7 可见，就不同类型农户的比较而言，农场类户选择自食需要、传统习惯作为第一依据者明显低于两类普通农户，选择不同产品的比较收益和绝对收益作为第一依据者明显高于两类普通农户，这与农场类户农业经营规模较大、农业经营行为高度市场化有很大关系。以农为辅的普通农户情况正好与农场类户相反，很大程度上也是因为其农业经营规模较小、农业经营主要作为副业有关。

（三）生产农产品的主要销售方式

农户生产农产品的销售方式，不仅直接关系到农户农产品生产的价值实现，影响到农民增收，也在很大程度上反映着农业经营环境的状况和农户发展农业市场经济的能力。为了了解农户的农产品销售情况，本次调查问卷设置了这样的问题：如果有对外销售，你家生产的农产品主要采取以下哪种方式销售。根据对1013份有效问卷的统计，农户生产农产品的最主要销售方式，选择自己到市场上销售者达295户，占29.1%；选择消费者、收购商到家里收购者540户，占53.3%；选择由村集体统一组织销售、由专业合作社统一销售、由签过协议的企事业单位统一收购、由经纪人或协会等中介收购和其他的，分别有45户、35户、46户、22户和30户，分别占有效问卷总数的4.4%、3.5%、4.5%、2.2%和3.0%。在有效问卷中，选择第二主要销售方式的农户808户，其中第二主要销售方式选择自己到市场上销售的332户，占41.1%；选择消费者、收购商到家里收购的254户，占31.4%；选择由村集体统一组织销售、由专业合作社统一销售、由签过协议的企事业单位统一收购、由经纪人或协会等中介收购和其他的，分别有49户、31户、31户、68户和43户，分别占6.1%、3.8%、3.8%、8.4%和5.3%（见表8－8）。可见，当前总体而言，在农户农产品销售方式的选择中，①自己到市场上销售和消费者、收购商到家里收购这两种传统的销售方式，仍是农户农产品销售的主要方式；但消费者、收购商到家里收购的比重明显超过农户自己到市场上销售者的比重，近年来农产品流通服务组织的迅速发展据此可见一斑。②最主要和第二主要销售方式选择由村集体统一组织销售、由专业合作社统一销售、由签过协议的企事业单位统一收购、由经纪人或协会等中介收购等新型销售方式者所占比重仍然较低，新型农产品流通方式的发展在总体上仍只处于起步阶段。采取有效措施，促进农产品流通方式的创新仍是非常迫切的。

从不同类型农户的比较来看，农产品最主要销售方式选择自己到市场上销售者，在以农为辅的普通农户中占比最高，这与该类农户商品农产品规模较小有关。在以农为主的普通农户中，最主要销售方式选择由消费者、收购商到家里收购者占比明显高于农户平均水平，这大致有三方面的原因。一是由于该类农户的商品农产品规模大于以农为辅的普通农户，主要依靠自己到市场上销售往往存在较高的交易成本；二是近年来农产品流通服务组织迅速发展，为农户在家里出售农产品提供了便利；三是大多数该类农户的商品农产品销售规模仍然有限，如果选择由专业合作社统一销售、由签过协议的企事业单位统一收购、由经纪人或协会等中介收购等新型销售方式，可能存在较高的交易成本和可得性障碍。农场类农户采取这些新型销售方式的比重明显大于两类普通农户，很大程度上是因为此类农户大多数农业经营规模和商品农产品销售规模较大，经营理念较为先进，采用这些新型农产品销售方式单位交易成本较低，在市场价格谈判中也容易争取更为有利的地位。

表 8－8　**不同类型农户对农产品最主要销售方式的选择**　单位：户次、%

销售方式		自己到市场上销售	到家里收购	由村集体统一组织销售	由合作社组织统一销售	由签过协议的企事业单位统一收购	网络或电子商务	通过经纪人或协会等中介来销售	农家乐或乡村旅游	其他	合计
次数	农场类	90	101	27	14	32	5	18	1	12	300
	以农为主	301	383	42	33	28	3	42	2	19	853
	以农为辅	236	310	25	19	17	0	30	3	28	668
	总计	627	794	94	66	77	8	90	6	59	1821
占比	农场类	30	33.67	9	4.67	10.67	1.67	6	0.33	4	100
	以农为主	35.29	44.9	4.92	3.87	3.28	0.35	4.92	0.23	2.23	100
	以农为辅	35.33	46.41	3.74	2.84	2.54	0	4.49	0.45	4.19	100
	总计	34.43	43.6	5.16	3.62	4.23	0.44	4.94	0.33	3.24	100

注：次数为选择对应选项作为自己生产的农产品最主要销售方式和第二主要销售方式的次数之和，占比为占对应农户类型总次数的比重。

三　结论与政策思考

（一）审慎处理新型农业经营主体与普通农户的关系，完善粮食安全保障机制

在今后相当长的时间内，围绕引导农户结构的演变，需要处理的

一个突出问题是，如何科学处理新型农业经营主体与普通农户的关系。一般而言，以农场类户为代表的新型农业经营主体经营理念先进，按照市场化方式选择农业种植结构的能力较强，也容易获得农技推广应用和农产品销售的规模经济与范围经济，更容易选择新型农产品销售方式，可望成为推进农业发展方式转变的“探路先锋”。但是，相对于以农为主和以农为辅两类普通农户，新型农业经营主体容易出现较强的“非粮化”倾向，从维护国家粮食安全的角度考虑，今后在引导农户结构演变的过程中，对于支持新型农业经营主体的成长既要积极又要稳健，要警惕操之过急形成妨碍粮食安全的隐患。

从本项问卷调查来看，农场类户平均的实际耕种面积分别是以农为主的普通农户的20倍，是以农为辅的普通农户的53倍。如果把农业政策的主要精力放在鼓励新型农业经营主体的成长上，少数新型农业经营主体的成长将以大量普通农户消失为代价，由此形成的对国家粮食安全的影响不可低估。可以预见，在今后相当长的时期内，以农为主的普通农户和以农为辅的普通农户仍然是中国农业经营主体的主要组成部分，是维护中国粮食安全的主力军。种植大户、家庭农场乃至工商资本投资农业形成的企业农场等新型农业经营主体，充其量只能是维护中国粮食安全的生力军。从支持农业发展方式转变的战略要求出发，进一步加强对新型农业经营主体的政策支持，引导其适度加快发展，是必要的。但过犹不及，如果因此忽视以农为主和以农为辅两类普通农户的发展，也是有明显问题的，甚至会形成对中国粮食安全保障机制的长期性损害。审慎处理新型农业经营主体与普通农户的关系，将适度支持新型农业经营主体成长，与有效引导以农为主和以农为辅两类普通农户结合起来扬长避短，对于完善中国粮食安全保障机制的战略意义值得高度重视。

（二）完善对不同类型农户的分类引导，加强对农业组织创新的结构性支持政策

基于前文分析可见，不同类型农户的粮食生产和种植行为选择往往存在较大差异。为实现粮食安全和农业发展的政策目标，农业发展

政策的制定应该基于农户分化的现状和演变趋势，科学把握不同类型农户粮食生产和种植行为选择的差异，增强针对性，促进不同类型农户更好地扬长避短、趋利避害，推进农户结构演变有效导入有利于粮食安全和农业发展方式转变的轨道。今后，随着工业化、信息化、城镇化、市场化和国际化的深入发展，中国农户分化的进程仍将不断持续和深化。因此，加强对农业组织创新的结构性支持，增强引导农户结构演变的针对性，日益具有重要性和紧迫性。

引导农户结构的演变，首先应该重视对新型农业经营主体的引导和支持。从前文分析可见，相对于普通农户，新型农业经营主体的粮食生产成本往往较高，在粮食经营等方面的风险意识也亟待增强。新型农业经营主体的粮食生产规模较大，也容易导致其粮食或农业生产经营的风险较为集中。因此，通过加强对区域性农业基础设施建设和土地流转的政策支持，帮助农场类户等新型农业经营主体降低从事粮食和农业生产经营的成本与风险；通过支持发展农业保险等引导农场类户等新型农业经营主体增强防控农业经营风险的能力，都是比较重要的。此外，对于新型农业经营主体的支持，还应注意针对不同类型新型农业经营主体的差异而有所不同，以便更好地做到有的放矢。如一般而言，相对于工商资本投资农业形成的公司农场等“植入型”新型农业经营主体，通过农户之间的土地流转形成的种植大户、家庭农场等“本土化”新型农业经营主体，由于土地流转成本较低，加之农业生产经验较多、风险防范意识较强，农业生产“非粮化”的问题往往不甚突出，粮食作物单产水平低、成本高的问题往往不甚严重，甚至部分“本土化”新型农业经营主体，其粮食作物单产还明显高于普通农户，粮食生产成本也明显低于普通农户。应将支持新型农业经营主体成长的重点，放在鼓励这些“本土化”的新型农业经营主体成长上。

引导农户结构的演变，还应该重视普通农户的发展，包括以农为主的普通农户和以农为辅的普通农户。这些普通农户虽属兼业农户，但如能针对其发展中面临的困难和问题进行有效的引导和支持，仍有可能是维护中国粮食安全的中坚力量。在支持中国农业发展方式转变的过程中，支持新型农业经营主体固然重要，但如不能有效激发普通农户参与农业发展方式转变的积极性，实际上如同在战场上有“尖刀班”，没有“大部队”。从当前来看，支持普通农户参与农业发展方式转变，最重要的是支持发展农业生产性服务业，带动农户更好地参与现代农业发展，帮助普通农户降低发展现代农业的成本和风险。如近年来，农机服务业的发展不仅有效地促进了新型农业经营主体的成长，对于引导以农为主和以农为辅的兼业农户更好地节本增效、降低风险也发挥了重要作用。在继续支持小麦机械化的同时，进一步加强对稻谷和玉米机械化发展的支持，有利于促进兼业农户更好地推进农业专业化、规模化、集约化发展，克服小规模农户兼业对发展现代农业的局限性。再比如，从前文分析可见，当前总体而言，普通农户特别是以农为辅的普通农户按照市场配置资源的能力较弱。因此，通过加强农民培训和示范引导，增强其按照市场配置农业资源的能力，仍然具有重要性和紧迫性。此外，通过支持农产品流通服务组织的发展，增强普通农户销售农产品的便利，增强新型农产品流通组织供给引导需求的能力；通过支持农场类户等新型农业经营主体发挥对普通农户应用新型农产品销售方式的带动作用，对于促进普通农户尤其是以农为辅的普通农户加快农产品销售方式的转变，也是至关重要的。

我们认为，从支持加快转变农业发展方式的角度出发，无论是主要支持新型农业经营主体成长，还是主要支持普通农户的发展，都是不完备的。将二者有机结合起来，形成“少数企业家带着农户干，农业生产性服务业帮着农户干”的政策支持格局，是加快农业发展方式转变的一种理想选择。在此，少数企业家可以是种植大户、家庭农场、农民合作社甚至公司农场等新型农业经营主体的带头人；农户即普通农户，包括以农为主和以农为辅的普通农户，也即通常所说的第一类兼业农户和第二类兼业农户；农业生产性服务业如农机服务、植保服务、农产品流通服务甚至农业设计服务的发展，一方面可有效解决农业劳动力老弱化对发展现代农业的制约，促进农业的节本增效降险，另一方面可有效引领现代农业的发展方向。形成“少数企业家带着农户干，农业生产性服务业帮着农户干”的政策支持格局，有利于整合现行农业支持政策，将支持新型农业经营主体成长、鼓励其发挥引领带动作用，同支持发展农业生产性服务业、加快构建农业社会化服务体系有机结合起来，将促进农业转型增效升级与促进普通农户的转型提升有机结合起来。

附　家庭农场的资源配置和运行绩效

近年来，随着工业化、城镇化的推进，中国农村劳动力大量转移，传统的农户开始分化为非农经营户、兼业农户、专业大户和家庭农场等多种类型。其中，家庭农场因其具有农业家庭经营的制度内核，又能通过组织制度的创新来弥补普通农户“小而全、小而散”的弊端，受到了政策层面的重视和鼓励。为了解家庭农场与普通农户的资源配置和运行绩效的差异，课题组就家庭农场与普通农户发展情况设计了相关选项，并于2013年12月—2014年4月组织来自10余所院校的学生利用春节假期回乡（安徽、江苏、河南、广东、浙江、四川、内蒙古、新疆、山西、辽宁等10省份）的机会，开展农村入户调查。复查、整理后获得了已经认定的家庭农场35家、普通农户1071户的问卷调查资料。问卷调查结果表明，家庭农场在人力资本条件、土地资源利用、生产经营绩效等方面的表现总体优于普通农户，对于应对农业生产“后继无人”的矛盾，解决“谁来种田”的问题具有积极意义；政府扶持政策对于家庭农场至关重要。目前，家庭农场的发展具有明显的政策主导特征；大部分普通农户并没有向家庭农场发展的意愿，发展家庭农场与支持普通农户两者不可偏废。

（一）劳动力素质和资源配置情况

1. 家庭农场的经营决策者劳动力素质总体较高，年富力强者和文化程度较高者所占比重较大

与普通农户相比，在家庭农场的经营决策者中，年富力强者（26—60岁）的比重超过97%，中专（技校）、大专及以上文化水平者的比重接近30%，男性比重接近95%，分别高出普通农户12.1、

22.9 和 10.9 个百分点。相比之下，普通农户的经营决策者老龄化问题较重，文化素质较低，且女性比重较高。在普通农户中，家庭经营决策者的年龄超过 60 岁者占 14.4%，小学及以下文化程度者占 28.5%，女性占 13.6%。

2. 家庭农场雇工经营较为普遍，投入农业的劳动时间较多

家庭农场有雇工的比重高达 74.0%，劳动时间有 86.0% 用于农业生产，均明显高于普通农户（见表 8－9）。可见，相对而言，家庭农场的劳动力使用超出了所在户劳动力的局限，且专业化程度较高。

表 8－9　**家庭农场和普通农户劳动力资源情况及配置情况**

农户类型	家庭人口数	家庭平均务农劳动力数	雇工比重（%）	劳动时间用于农业比重（%）	劳动时间投入粮食生产比重（%）
家庭农场	5.00	2.77	74.00	86.00	34.80
普通农户	4.18	2.12	32.00	67.00	31.29

（二）生产经营行为

1. 家庭农场的行为目标更加注重经济效益，更加倾向为了交换而生产

无论是普通农户还是家庭农场，都将通过销售农产品或经营农业来获得经济收入作为其农业生产经营的主要目标，分别占 79.4% 和 68.1%。但在家庭农场中，以此为最主要目的者的比重要高出普通农户 11 个百分点。可见，相对于普通农户，家庭农场经营目标的商业化程度更高。这在家庭农场对经营品种的选择行为上也有突出表现，家庭农场种植品种选择的首要依据主要集中于比较收益（40.0%）和绝对收益（23.3%），而普通农户选择农产品种植品种的依据主要集中于自食需要和传统习惯（51.0%）。

2. 家庭农场的土地经营规模远大于普通农户，对土地转入的依赖性更强

家庭农场的平均土地经营规模为 646.33 亩，是普通农户平均经营规模（49.62 亩）的 13 倍。以 2013 年为例，家庭农场土地转入行

为的发生比重达到62.9%（其中部分家庭农场以养殖业为主，故未流转土地，若扣除该因素，则家庭农场的土地转入行为的发生比重为85.7%），相比之下普通农户的比重只有28.9%（见表8-10）。

表8-10　　　**家庭农场和普通农户土地资源利用情况**

	平均经营规模（亩）	土地转入行为的发生率（%）
家庭农场	646.33	62.86
普通农户	49.62	28.85

注：土地资源包含了耕地和山地等不同类型，因此总体数量较大。

3. 家庭农场的农产品销售渠道仍以传统方式为主，但与企业紧密合作的趋势已开始显现

无论是家庭农场还是普通农户，都把自己到市场上销售和由消费者、收购商到家里收购，作为农产品的主要销售方式。但相对于普通农户，家庭农场选择由消费者、收购商到家里收购这种“等客户上门”销售方式的比重要低10个百分点以上。而选择较现代的农产品销售方式作为首要销售渠道者占比，家庭农场明显高于普通农户。在家庭农场中，分别有15.6%和6.3%将由签过协议的企事业单位统一收购和由专业合作社组织统一销售作为首要销售渠道，分别高出普通农户11.5和3.2个百分点（见表8-11）。

表8-11　　　**家庭农场和普通农户的农产品销售方式**　　　单位：%

渠道项目名称	首要销售渠道选择	
	家庭农场	普通农户
自己到市场上销售	31.25	29.05
由消费者、收购商到家里收购	43.75	54.03
由专业合作社组织统一销售	6.25	3.08
由签过协议的企事业单位统一收购	15.63	4.18
其他	3.13	9.66

4. 家庭农场和普通农户都将农忙季节劳动力紧张作为主要困难，但家庭农场相对于普通农户资金周转困难更为突出

调查发现，家庭农场和普通农户生产经营面临的最主要困难，都是农忙季节劳动力紧张，选择此项为面临最主要困难的家庭农场和普通农户占比分别为35.3%和33.2%。但与普通农户相比，家庭农场生产经营面临的资金周转问题更为突出，有接近34%的家庭农场将资金周转困难列入前两大困难，高出普通农户将近17个百分点。另外随着经营规模扩大，家庭农场在农产品流通环节面临的矛盾也更加突出，8.8%的家庭农场选择首要困难为农产品储藏、保鲜困难或损失较大，与之相比选择了该选项的普通农户只有2.6%（见表8－12）。

表8－12　**家庭农场和普通农户生产经营面临的困难**　单位：%

选项名称	最主要困难		第二困难	
	家庭农场	普通农户	家庭农场	普通农户
农忙季节劳动力紧张	35.29	33.18	6.67	14.14
难以买到安全、高效的生产资料	5.88	7.35	10.00	8.43
农业生产资料价格太贵或波动太大	8.82	17.06	26.67	17.85
农产品销售困难	2.94	5.00	3.33	9.63
农产品储藏、保鲜困难或损失较大	8.82	2.64	6.67	3.91
农作物病虫害或动物疫病防治难	2.94	10.65	6.67	14.64
获得技术、品种和市场信息难	5.88	4.15	13.33	9.53
资金周转难	20.59	9.80	13.33	7.62
水利等基础设施条件太差	5.88	7.07	13.33	12.44
其他	2.94	3.11	0.00	1.81

（三）农业经营绩效

1. 相对于普通农户，家庭农场的农业经营更呈现出“高投入、高产出”特征

绝大多数普通农户粮食单产水平、生产成本均接近当地平均水平，而有39.1%的家庭农场粮食单产水平高于当地平均水平，

26. 1% 的家庭农场生产成本高于当地平均水平（见表 8 - 13）。

表 8 - 13 **家庭农场和普通农户农业生产行为** 单位:%

粮食单产水平	家庭农场	普通农户	生产成本情况	家庭农场	普通农户
低于本地平均水平 20% 以上	4. 35	2. 79	低于本地平均水平 20% 以上	4. 35	1. 22
低于本地平均水平 5%—20%	13. 04	6. 68	低于本地平均水平 5%—20%	13. 04	6. 08
与本地平均水平接近	43. 48	82. 14	与本地平均水平接近	56. 52	82. 99
高于本地平均水平 5%—20%	34. 78	7. 65	高于本地平均水平 5%—20%	21. 74	8. 51
高于本地平均水平 20% 以上	4. 35	0. 73	高于本地平均水平 20% 以上	4. 35	1. 22

2. 家庭农场相对收入高，且主要来自农业收入

从相对感受看，家庭农场认为自己收入在当地属于高水平或较高水平的占 64. 5% ，普通农户的这一比重只有 24. 0% 。从来源结构看，家庭农场的收入有 74. 3% 来自农业经营；普通农户的收入来自非农产业的比重达 58. 6% （见表 8 - 14）。

表 8 - 14 **2013 年家庭农场和普通农户收入情况**

	纯收入（元）	收入相对水平				收入构成	
		低（%）	一般（%）	较高（%）	高（%）	农业（%）	非农（%）
家庭农场	64322. 58	3. 23	32. 26	38. 71	25. 81	74. 3	25. 7
普通农户	15927. 48	16. 1	59. 89	17. 98	6. 03	41. 4	58. 6

（四）对家庭农场的认知

1. 已经成为家庭农场者认为享受扶持政策是其最重要的好处

本次调查共有 35 个经过认定的家庭农场，对其调查结果表明，成为家庭农场的第一好处，有 32. 4% 认为是可以获得财政补贴以外的国家政策支持，有 14. 7% 认为是可以获得政府财政补贴，两者合

计接近农户数量的一半。可见，国家政策扶持对于家庭农场的发展起到了举足轻重的作用（见表8－15）。

表8－15 **成为家庭农场的好处所在** 单位:%

选项名称	第一好处	第二好处
可以获得国家的政策支持（不包括财政支持）	32.35	19.35
可以获得政府财政补贴	14.71	16.13
可以更好地从事农业生产经营	26.47	9.68
可以更好地扩大经营规模	5.88	38.71
有利于打造农产品品牌	14.71	9.68
其他	5.88	6.45

2. 普通农户认为享受扶持政策是向家庭农场转型的最重要动力

在本次调查的1071个普通农户中，310户有向家庭农场发展的意愿，占比为28.9%。那么，想成为家庭农场的首要原因是什么？分别有31.1%、21.7%、19.4%和17.8%的普通农户认为是可以获得财政支持以外的国家政策支持、可以获得政府财政补贴、可以更好地扩大经营规模和可以更好地从事农业生产经营。排在前两位的依然是政策性因素（见表8－16）。

表8－16 **向家庭农场方向发展的原因** 单位:%

选项名称	首要原因	次要原因
可以获得国家的政策支持（不包括财政支持）	31.07	17.11
可以获得政府财政补贴	21.68	26.85
可以更好地从事农业生产经营	17.80	17.45
可以更好地扩大经营规模	19.42	22.15
有利于打造农产品品牌	6.80	8.39
其他	3.24	8.05

3. 大部分普通农户向家庭农场方向发展的意愿不强

在1071个普通农户中，有754个选择没兴趣成立家庭农场，占比为70.4%。究其缘由有三方面：一是对现有经营方式比较满足，没有动力搞家庭农场；二是对政策不大了解，不知道如何去搞家庭农场；三是面临着具体的困难和问题，难以真正去发展家庭农场。对首要原因的回答主要集中在四点：现在的经营方式挺好，没有必要搞家庭农场；对相关政策不了解；家里劳动力比较缺乏；融资或扩大资金投入比较困难，占比分别为28.0%、20.6%、18.7%和13.4%（见表8-17）。

表8-17　**没有向家庭农场方向发展兴趣的原因**　单位:%

选项名称	首要原因	次要原因
现在的经营方式挺好，没有必要搞家庭农场	28.04	13.56
对相关政策不了解	20.56	23.73
融资或扩大资金投入比较困难	13.35	11.44
家里劳动力比较缺乏	18.69	15.11
对经营农业不感兴趣	7.21	8.33
农业经营风险太大	2.80	7.49
其他	9.35	20.34

（五）结论与启示

1. 发展家庭农场是转变农业发展方式的重要途径

总体来看，家庭农场在决策者素质、劳动力资源及配置、农业生产经营行为、农业经营绩效等方面的表现，要普遍优于普通农户。发展家庭农场对于促进农业发展方式转变、构建新型农业经营体系具有重要意义。

2. 家庭农场与普通农户面临着不同的困难与难题

多数家庭农场虽然克服了小规模、分散化普通农户的经营弊端，但产品销售渠道并未明显改观，农忙季节劳动力紧张问题依然突出。此外，家庭农场的发展还面临着一系列新难题，如生产成本增加、流通领域问题凸显、资金周转难题突出等。可见，引导和支持家庭农场解决这些问题至关重要。要在鼓励家庭农场推进农业机械化的同时，瞄准家庭农场的节本增效降低风险问题，采取有效的支持政策。如引导金融保险部门加强对家庭农场的支持，优先支持家庭农场拓展农产品流通渠道等。

3. 要适度重视政策因素对家庭农场发展的影响

无论从已经被认定为家庭农场者的感受判断，还是从准备向家庭农场发展的普通农户的看法来看，政策扶持都是家庭农场得以发展最为重要的因素，体现出较强的政策主导特征。但要防止家庭农场陷入对政策的“依赖症”。对于家庭农场支持政策的选择，要力戒“定任务”“下指标”“上猛药”，要在确保公平竞争的前提下，适度采取“文火”和“滴灌”的方式。

4. 家庭农场与普通农户的表现各有千秋，难以完全互相替代

纵然家庭农场体现出良好的政策绩效和重要性，但也不能因此否认普通农户发展的合理性。由于主客观各方面因素的影响，本调查中超过 2/3 的农户并没有向家庭农场方向发展的意愿。短时期内，两者将长期共存和共同发展。要把支持家庭农场的发展与引导普通农户转型升级结合起来。在相当长时期内，普通农户仍然是中国农业经营的主要载体，国家政策支持不能对家庭农场和普通农户畸重畸轻。要针对普通农户不同于家庭农场的组织特征，在尊重公平竞争的前提下，有序引导普通农户家庭联合和合作，发挥农业生产性服务业和农业产业化经营对农户转型升级的引领支撑作用，克服普通农户“小而全、小而散”等现实弊端。鼓励家庭农场带动普通农户的转型升级，对于促进农业微观组织结构的优化也有重要意义。

第九章　发展服务链接的农业适度规模经营

2017年中央一号文件提出，要“大力培育新型农业经营主体和服务主体，通过经营权流转、股份合作、代耕代种、土地托管等多种方式，加快发展土地流转型、服务带动型等多种形式规模经营”。大力发展农业生产性服务业，培育服务链接的农业适度规模经营，也是加快转变农业发展方式的重要途径。

一　农业的根本出路在于发展农业生产性服务业

生产性服务即被其他产品或服务的生产过程用作中间投入的服务，主要表现为两种形态，一是内部化、非市场化的非独立形态，如农户或家庭农场自我提供农机服务；二是外部化、市场化的独立形态，如农机服务公司向农户或家庭农场提供市场化农机服务。生产性服务业与后者相对应，是市场化、外部化的生产性服务提供者的集合体。农业生产性服务业作为现代农业产业体系的重要组成部分，主要通过提供农业生产性服务，为科技、信息、资金、人才等有效植入农业产业链提供途径，为提高农业作业效率和农业产业链的协调性、促进农产品供求衔接、提升农业价值链提供支撑。农业生产性服务业有时也称农业服务业、面向农业的生产性服务业。如面向农业特定作业环节的农机服务业、植保服务业、农资供应服务业，面向农业生产过程提供高级、专业化生产要素的农业金融保险服务业、农业科技服务业、农业人力资本服务业，对农业产业链进行协调规制的农业供应链管理服务业、食品安全服务业等。近年来，农业生产性服务业迅速发展，成为农业发展方式转变中最引人注目的现象之一。但是，相关理论研究在总体上仍较为薄弱。

（一）发展农业生产性服务业可以为解决当前的农业问题提供新思路

当前，中国农业发展中的问题，可以大致归结为以下三个方面。一是农业生产对资源和要素投入的依赖迅速增加，耕地质量退化、环境污染加重甚至局部生态破坏问题日趋突出；二是农产品成本和机会成本提高、比较利益下降的问题迅速加重，增强农业可持续发展能力的重要性迅速凸显；三是国内农产品价格高于国际市场的问题日趋突出，增强农业国际竞争力和可持续发展能力更加紧迫；四是农业产业链、价值链的整合协调机制亟待健全，提升农业价值链和维护农业产业安全面临的挑战日益增多（姜长云，2015）。

农业生产性服务业的发展，可以为解决这些问题提供新思路。如近年来中国农产品成本和机会成本的提高、农业经营比较利益的下降，与农业要素投入的增加、要素成本的提高以及农业发展的粗放经营有密切关系。[①] 近年来，中国许多地方通过发展农机服务，替代农户自购农机自我提供农机服务，不仅有效降低了农业发展的人工成本和农户的农机使用成本，缓解了农村土地撂荒和农忙季节农业劳动力短缺等问题，提高了农机使用的社会效益和效率；还促进了农业适度规模经营的发展和农业经营效益的提高。特别是近年来以大型农机为主导的农机服务格局不断强化，不仅有效提高了农机作业效率和服务质量，促进了农机、农艺的结合；还推进了土壤深耕深松，促进了耕地质量的改善和肥料、农药、水资源的有效利用，为新型农业经营主体的成长和农业专业化、规模化、集约化的发展

---

① 以三种粮食平均为例，2009—2013 年每亩总成本的增量为 463.77 元，其中对增量贡献较大的主要有人工成本、物质与服务费用和土地成本，分别占同期每亩总成本增量的 54.9%、27.5% 和 17.6%。

提供了便利（姜长云等，2014）。推进测土配方施肥对降低农产品成本和化肥施用量、减少农业环境污染的作用日趋突出，相关生产性服务功不可没。在茶叶、山核桃、甘蔗、水果等部分特色农产品生产中，机械服务水平差，全程机械化特别是机收、机播普及率低，不仅推动了用工成本的快速增加，妨碍农产品品质和效益的提升，还导致劳动力短缺甚至农业“后继无人”日益成为相关农产品生产面临的“瓶颈”制约。由于用工成本剧增、产品价格下跌，在部分水果、茶叶产区，农民弃收农产品的现象日趋普遍，导致大量产品烂在田间地头，农民苦不堪言。这从反面说明发展农机等农业生产性服务业的重要性。

近年来，部分地区鼓励农民合作社、农业生产性服务公司等通过承接服务外包方式，面向农户提供施肥洒药、机耕机收、农产品销售等服务，不仅有效实现了农业生产性服务供给的规模经济和范围经济，促进了劳动力和化肥、农药的高效节约利用，减少了农业的环境污染，也有效促进了农业的节本增效和可持续发展。几年前中国部分农产品产销衔接不畅、价格波动加剧、“买难”和“卖难”交替频发，也从反面说明优化农产品市场信息、农产品流通或物流服务供给的重要性和紧迫性。

（二）发展农业生产性服务业可以为解决“谁来种地”“如何种地”问题探索新路径

随着农村青壮年劳动力的大量进城，农业劳动力老弱化的趋势日益显著。近年来，随着农业劳动力转移由个体转移向举家转移的推进，以及“50后”“60后”劳动力在城市就业难度的加大和返乡离城意愿的增强，农业劳动力老弱化的趋势进一步强化，因此，“谁来种地”“如何种地”的问题日趋凸显。那么，如何有效地解决这一问题呢？一条有效路径是通过“现代农业企业家+发达的农业生产性服务业+为数众多的小规模兼业农户”，探索发展现代农业之道。

在中国、日本、韩国等东亚国家，人多地少的农业资源禀赋特点，决定了以小规模兼业农户为主体是农业微观组织结构的可行选择。当然，随着农户之间土地流转的推进，这种小规模兼业农户也会经历一个逐步扩大农业经营规模的过程。尽管在一定时期内，大规模专业农场的发展及其数量、规模的扩大很可能会成为趋势，但在今后相当长的时期内，在中国多数地区，这种大规模专业农场充其量只是中国农业微观组织结构中的“配角”，难以成为“主角”。

在以小规模兼业农户为主体的农业微观组织结构下，农业劳动力老弱化的推进，容易导致小规模兼业农户在发展现代农业的进程中迷失方向，难有作为。按照“现代农业企业家 + 发达的农业生产性服务业 + 为数众多的小规模兼业农户”的模式，现代农业企业家带着小规模兼业农户干，为数众多的小规模兼业农户在发展现代农业的过程中就不会迷失方向，也可能有所作为。这些现代农业企业家可以是新型职业农民或种养大户、家庭农场、农民合作社的带头人，也可以是农业产业化龙头企业甚至工商资本投资农业的企业家。通过他们“点燃一盏灯”，照亮“一大片”，为数众多的小规模兼业农户在发展现代农业的过程中，就不容易感到无所适从。

在以小规模兼业农户为主体的农业微观组织结构下，农业劳动力老弱化的推进，往往会强化小规模兼业农户与发展现代农业的矛盾。如小规模兼业农户容易因农业经营副业化，降低农业经营效率，削弱推进农业创新发展的动力。以小规模兼业农户为主体的农业微观组织结构，容易推动农产品成本的提高，加剧动植物疫病防治、现代农业技术采用和食品安全治理的困难，影响农业经营效益的提高和农业优质化、标准化、品牌化的实现等。但是，农业生产性服务业是农业分工深化和社会化协作的产物，如果有发达的农业生产性服务业，就容易通过农业生产性服务业与小规模兼业农户的服务供求关系，将大量分散经营的小规模兼业农户纳入分工协作的网络之中，导致小规模兼业农户的发展环境和行为方式出现“质的变化”。发达的农业生产性服务业，如动植物疫病防治服务、现代农业技术服务、食品安全服务、农业标准化和品牌化服务等，有利于解决农民老弱化背景下小规模兼业农户发展现代农业“干不动”“干不好”“干得不经济”的问题，缓解小规模兼业农户与发展现代农业的矛盾。

《中共中央关于制定国民经济和社会发展第十三个五年规划的建议》提出，“加快转变农业发展方式，发展多种形式适度规模经营，发挥其在现代农业建设中的引领作用”。培育新型农业经营主体，引导种养大户、家庭农场、农民合作社、农业产业化龙头企业甚至工商资本投资农业，是发展农业适度规模经营的一种途径。通过发展农业生产性服务业，培育新型农业服务主体，带动小规模兼业农户融入社会分工协作网络，形成区域适度规模经营，也是发展农业适度规模经营的一条途径。农业适度规模经营的发展，甚至还可以将引导新型农业经营主体发展适度规模经营和引导新型农业服务主体发展农业区域适度规模经营结合起来。在发展现代农业的过程中，培育新型经营主体与培育新型服务主体同等重要，同样不可或缺。

（三）发展农业生产性服务业可以为加快农业发展方式转变培育新引擎

近年来，加快转变农业发展方式的问题日益引起政府和有关方面的重视。尤其是随着中国经济发展进入新常态，面临农产品价格“天花板”封顶、生产成本“地板”抬升、资源环境“硬约束”加剧等多重考验，加快转变农业发展方式的重要性和紧迫性更加凸显。农业生产性服务业日益成为加快农业发展方式转变的重要生长点和动力源。如近年来推进农村一二三产业融合发展，日益成为加快农业发展方式转变的重要途径。农业生产性服务业往往是农村一二三产业融合发展的“短板”。发展农业生产性服务业，促进其与农业、农产品加工业甚至农村生活性服务业融合发展，是推进农村一二三产业融合发展的重要方向。近年来，许多地方发展休闲农业和乡村旅游，实际上把激活农村环境、景观、文化等资源与引导城市消费市场、吸引城市优质资源和发展要素进入农村结合起来，促进农产品市场与旅游市场对接。在此过程中，咨询、设计、策划等农业生产性服务业的发展举足轻重，甚至是画龙点睛的。许多化肥、农药生产企业甚至农资经销商通过向服务商转型，实现由卖产品向卖设计、卖服务的转变，资源整合和优势集成能力显著提升，逐步成长为区域农业发展方式转变的

“领头羊”。

随着农业产业链主要驱动力从生产环节向加工环节进而流通等服务环节的转移，品牌、流通、服务等对农业价值链升级和发展方式转变的重要性更加突出，农业服务商日益成为农业产业链、价值链的主要驱动者；现代服务业越来越成为现代农业发展的引领力量，成为农业产业链价值增值的主要源泉。这也有利于整合集成消费者对农业或农产品的需求信息，并通过产业链、供应链、价值链等现代产业组织方式将其传导给农产品加工者和生产者，带动从餐桌到田间的农业发展方式转变。有些农业产业化龙头企业通过由农业企业或农产品加工企业向农业服务企业的转型，对发展现代农业的引领作用显著增强，日益成为现代农业产业链的核心企业、现代农业产业体系建设的领航力量（见案例 9－1）。

案例 9－1

国家级农业产业化龙头企业——云南锦苑花卉产业股份有限公司 1995 年成立时以种植花卉为主，目前已成为集鲜切花种苗繁育推广、生产种植、品种研发推广、鲜切花生产技术研究及咨询服务、采后处理及其技术研究和咨询服务、鲜切花冷链运输、鲜切花进出口贸易、绿色食品出口贸易、国际国内终端销售于一体的花卉企业，完成了从花卉种植商到服务商和运营商的战略布局。近年来，该公司坚持以品牌、服务为核心，致力于打造创新型花卉产业支撑服务系统；已在国内 20 多个主要城市建立花卉一级批发配送中心，在泰国、新加坡等建立了国际配送中心。

（四）国际经验显示推进农业现代化的过程往往也是农业产业链延伸和农业服务化的过程

如在农业高度发达的美国，2014 年按现价计算，农、林、渔、猎业（Agriculture, forestry, fishing and hunting）增加值 2154.16 亿美

元，但与农业关联的食品、饮料和烟草产品制造业增加值 2450.13 亿美元，食品和饮料商店零售业增加值 1504.63 亿美元，餐饮服务业增加值 3460.48 亿美元，后三个农业关联产业增加值合计 7415.24 亿美元，相当于农、林、渔、猎业增加值的 3.44 倍。同年，农、林、渔、猎业就业人数为 40.97 万人，与农业关联的食品、饮料和烟草产品制造业就业人数 168.41 万人，食品和饮料商店零售业就业人数 298.72 万人，餐饮服务业就业人数 106.25 万人，分别是农、林、渔、猎业就业人数的 4.11 倍、7.29 倍和 2.59 倍，后三个农业关联产业就业人数相当于农、林、渔、猎业就业人数的 14.0 倍。1997—2014 年 17 年间，按当年价格计算，农、林、渔、猎业增加值增加了 98.8%，与此关联的食品、饮料和烟草产品制造业增加值增加了 82.7%，食品和饮料商店零售业增加值增加了 67.6%，餐饮服务业增加值增加了 130.4%。后三个农业关联产业增加值合计增加了 98.2%；按 2009 年不变价格计算，同期农、林、渔、猎业增加值增加了 64.4%，与此关联的食品、饮料和烟草产品制造业增加值增加了 29.1%，食品和饮料商店零售业增加值减少了 8.2%，餐饮服务业增加值增加了 62.0%。后三者增加值合计增加了 31.1%。同期，农、林、渔、猎业就业人数减少了 58.7%，与此关联的食品、饮料和烟草产品制造业就业人数下降了 3.4%，食品和饮料商店零售业就业人数下降了 14.6%，餐饮服务业就业人数增加了 38.3%；后三个农业关联产业就业人数合计增加了 18.3%。①

近年来，荷兰创意农业的发展引人注目，经济效益和社会效益都很显著，与其发展农业生产性服务业、打造富有活力和创造力的产业链经济密切相关。荷兰农业经济占经济总量的 1/10，但农业贸易却占全国贸易的近一半，其农业出口率、人均创汇率、单位土地

① 注：此处数据根据以下来源数据整理。增加值数据来自美国商务部经济分析局（Bureau of Economic Analysis，U. S. Department of Commerce），网址：http：//www. bea. gov/industry/gdpbyind_ data. htm；就业数据来自美国劳工部劳工统计局（Bureau of Labor Statistics，U. S. Department of Labor），网址：http：//www. bea. gov/industry/gdpbyind_ data. htm；http：//www. bls. gov/oes/tables. htm。

面积创汇率均位居全球领先地位。高度发达的农业生产性服务业为文化、科技、艺术等有效植入农业产业链、提高农业附加值创造了条件，也为农业产业链不同环节之间的整合协调和农产品生产、加工与消费需求的对接，为增强农业产业链的创新能力提供了便利。如在农业关联企业供应链管理方面，荷兰拥有享有国际声誉的"链网、链群和信息通信技术研究中心"和"农业产业链竞争能力中心"。高效的储运和销售系统也对提高农业产业链的附加值发挥了重要作用（刘丽伟，2011）。

在许多农业发达国家，从农资供应到机收机播、施肥灭虫、农产品包装分级和物流运销，乃至覆盖全程的技术和信息服务等，都由专业化的服务公司来提供服务。这些专业化的服务公司成为现代农业产业体系中不可或缺甚至日益重要的内容。大量国际经验显示，发展农产品品牌、设计等服务，特别是农业供应链管理服务和食品安全服务，有利于完善农业产业链、供应链、价值链整合协调机制，提高食品安全和农业产业安全水平，提升农业价值链，增强农业竞争力。

二 农业社会化服务体系与农业生产性服务业

长期以来，在中国政府的相关政策文件中，鲜有"发展农业生产性服务业"等提法。2012 年发布的《服务业发展"十二五"规划》中提出"加快发展农村生产性服务业"。2014 年发布的《国务院关于加快发展生产性服务业促进产业结构调整升级的指导意见》（国发〔2014〕26 号）提出，"生产性服务业涉及农业、工业等产业的多个环节"，"实现服务业与农业、工业等在更高水平上有机融合"，"因地制宜引导生产性服务业在中心城市、制造业集中区域、现代农业产业基地……等区域集聚，实现规模效益和特色发展"。这是迄今为止国务院相关文件中与"发展农业生产性服务业"比较相近的两个提法。2015 年 12 月召开的全国农业工作会议将"积极发展农业生产性服务业"作为 2016 年需要突出抓好的 20 项重点工作之一。这是中国中央有关部委文件中首次使用"农业生产性服务业”的提法。.

但是，早在20世纪90年代初，中国政府就明确提出要“加强农业社会化服务体系建设”。[①] 2008年中共十七届三中全会通过的《中共中央关于推进农村改革发展若干重大问题的决定》，将“建立新型农业社会化服务体系”作为“要明确目标、制定规划、加大投入，集中力量办好关系全局、影响长远的大事”之一；明确提出“建设覆盖全程、综合配套、便捷高效的社会化服务体系，是发展现代农业的必然要求。加快构建以公共服务机构为依托、合作经济组织为基础、龙头企业为骨干、其他社会力量为补充，公益性服务和经营性服务相结合、专项服务和综合服务相协调的新型农业社会化服务体系”。至此，加强农业社会化服务体系建设的政策框架基本成型并日趋清晰。国务院发布的《全国现代农业发展规划（2011—2015）》（国发〔2012〕4号）将“大力发展农业社会化服务”作为从加快转变农业发展方式关键环节入手，重点加强事关现代农业发展全局、影响长远的八大重点任务之一，明确提出了“增强农业公益性服务能力”和“大力发展农业经营性服务”等具体任务。2015年《中共中央关于制定国民经济和社会发展第十三个五年规划的建议》进一步要求“健全从农田到餐桌的农产品质量安全全过程监管体系、现代农业科技创新推广体系、农业社会化服务体系”，并将其作为大力推进农业现代化的重要内容。

我们认为，“加强农业社会化服务体系建设”与“积极发展农业生产性服务业”在大的方向上是一致的，在内容上也大致相同。比如，二者都强调推进服务主体多元化和运行社会化，都重视公益性服务和经营性服务、专项服务和综合服务的分类发展，甚至分层发展。

---

① 1991年《国务院关于加强农业社会化服务体系建设的通知》，虽然其部分精神已经过时，但其重视农业社会化服务体系建设，并将“为农民提供产前、产中和产后的全过程综合配套服务”作为农业社会化服务体系建设的内容，至今仍是值得高度肯定的。1998年中共十五届三中全会通过的《中共中央关于农业和农村工作若干重大问题的决定》，明确将“基本建立以家庭承包经营为基础，以农业社会化服务体系、农产品市场体系和国家对农业的支持保护体系为支撑，适应发展社会主义市场经济要求的农村经济体制”，作为到2010年建设有中国特色社会主义新农村的目标内容。

但二者也有明显不同。在农业社会化服务体系建设中，更多地强调服务的系统性和配套性，[①] 甚至受思维习惯和政策运行惯性的影响，更容易把关注的焦点放到公益性服务，特别是政府主导的公益性服务上；即使关注经营性服务，也容易将关注的重点放在农业产业化龙头企业和农民合作社等经营性组织提供的服务上，难以拓宽领域，将目光转向范围更广的经营性服务组织的成长上，不利于加强农业生产性服务业发展能力建设。相对于农业社会化服务体系建设，发展农业生产性服务业更多地强调农业服务供给的市场化和产业化，强调服务创造价值，农业生产性服务业是农业产业链价值增值的主要源泉，是农业产业链运行和引领农业向价值链高端跃升的主导力量。

因此，明确提出“积极发展农业生产性服务业”的政策取向，较之于“加强农业社会化服务体系建设”等现有提法，有利于更好地把握农业生产性服务业运行特点和发展规律，有利于进一步重视农业生产性服务业产业化的措施，引导农业社会化服务体系建设走市场化、产业化道路。如推进服务专业化、规模化、标准化、品牌化、网络化和信息化，引导领军人才、优质要素进入农业生产性服务业，促进供销社、农信社等传统服务组织转型和农机服务、植保服务、农业设计、供应链管理、农业技术服务站等新型农业服务主体发展，完善农业生产性服务企业或中介服务机构的运行环境，并借此增强农业生产性服务业的特色、竞争力和可持续发展能力，优化其可持续发展机制。近年来，在许多地方，新型农业经营主体如种养大户、家庭农场、农业产业化龙头企业、农民合作社或投资农业的工商资本结合自身优势，积极推进向新型农业服务主体转型，增强对农业产业链的资源整合和优势集成能力，成为推进农业服务化的先行者。按照发展农业生产性服务业的思路，对此也应积极引导和支持。

可见，相对于“加强农业社会化服务体系建设”等现有提法，明确提出“积极发展农业生产性服务业”的政策取向，有利于拓宽思

---

① 如2005年的中央一号文件，即《中共中央国务院关于进一步加强农村工作提高农业综合生产能力若干政策的意见》明确将农业社会化服务与管理体系作为加强农业发展综合配套体系建设的“七大体系”之一。

路、创新政策，加强对经营性服务组织的支持，增强相关支持政策的针对性和灵活性；有利于持续增加和优化农业社会化服务供给，增强对现代农业发展的引领支撑能力。

随着分工的深化和信息技术的发展，现代农业供应链日益由线性的单链转为非线性的网链。明确提出“积极发展农业生产性服务业”的政策取向，有利于促进农业生产性服务业网络化发展，形成网络发展的农业生产性服务供给格局和农业生产性服务能力格局，促进不同类型的农业生产性服务组织分工协作、优势互补，推进农业与服务业深度融合发展。

按照“积极发展农业生产性服务业”的思路，推进农业社会化服务体系建设，也有利于把产业链、供应链、价值链等现代产业发展理念和组织方式引入现代农业发展过程，创新农业发展方式转变的路径和选择空间。

基于这些原因，在农业政策基调中，明确用“积极发展农业生产性服务业”替代“加强农业社会化服务体系建设”等现行提法，日益具有必要性和紧迫性。

三　需要科学处理的几个关系

近年来，中国农业生产性服务业迅速发展，多层次、多元化的农业生产性服务业发展格局加快形成，部分地区的农业生产性服务业发展日益呈现网络化趋势，成为构建现代农业产业体系、生产体系和经营体系的新生长点，也是推进农业发展方式转变中一道“靓丽的风景线”。在许多地方富有成效的农业经营方式创新案例中，农业生产性服务业的发展发挥了不可或缺的作用。如四川崇州的农业共营制、安徽宿州的现代农业产业化联合体，以及浙江农科院与房地产公司、地方政府合作建设的现代农业综合体。但在农业生产性服务业的发展中，如何科学处理公益性服务与经营性服务、专业服务和综合服务、阶段性服务和全程性服务、支持农业生产性服务主体与支持其服务体系建设之间的关系，仍然值得高度重视。

（一）公益性服务与经营性服务的关系

总体而言，在农业生产性服务业的发展中，公益性服务与经营性服务之间应该形成分类发展、分层发展、分工协作、优势互补和网络联动格局。公益性服务具有较强的外部性，包括政府或准政府部门提供的公共服务（如区域性重大动植物疫病统防统治和预测预报服务），以及农产品行业协会、产业联盟等行业组织面向特定行业、特定地区提供的公益性服务。龙头企业和农民合作社提供的服务，有的具有行业公益性，如行业培训服务、行业性重大动植物疫病防控服务、食品安全治理服务等；但多属经营性服务或介于行业公益性服务与经营性服务之间，如统一供应饲料、种苗等。

当前，随着农业结构调整和农业产业化经营的推进，农业发展对公益性服务的需求日益呈现层次和类型分化。由政府或准政府部门提供的公共服务，在公益性服务中居于基础层次，对区域农业发展应该具有基础性、普惠性的影响，且具有服务获得的平等性、服务对象对服务价格的可承受性等特点。农业经营主体需求的许多服务，特别是个性化、特色化服务，具有较强的私人物品性质，当属经营性服务。如常规的农机服务、农产品物流服务等。公益性服务的提供主要对经营性服务的开展起铺路搭桥作用，有利于降低获得经营性服务的成本和风险。引导经营性服务组织的成长，也是公益性服务组织的重要职责之一。通过政府购买公共服务等方式，完善公益性服务供给机制，有利于经营性服务组织培育市场，优化经营性服务组织的发展环境。在家庭服务业等发展中，国内外已有大量案例将政府履行扶危济困、特殊帮扶等基本公共服务职能，与支持服务企业开拓市场结合起来。在农业生产性服务业的发展中，这些经验值得借鉴。

（二）专业服务和综合服务的关系

如前所述，在当前乃至今后相当长的时间内，中国农业经营的微观主体仍将以小规模兼业农户为主体，这些小规模兼业农户对农业生产性服务的需求往往点多、面广、种类多、单体规模小，因此其需求表达和供求对接的成本或交易成本往往比较高。当前，多数小规模兼业农户农业经营“小而全”的特点，还会加剧这一问题。通过综合性的农业生产性服务组织对其提供服务，有利于降低其获得农业生产性服务的交易成本和风险。因此，综合性的农业生产性服务组织往往具有一定的需求空间和生存发展的合理性。

但是，随着现代农业的发展，促进农业生产性服务业专业化发展的积极因素也会加快成长。这些因素主要有如下4点。①小规模兼业农户对农业生产性服务需求的质量不断提高，要求通过农业生产性服务业的专业化实现服务供给由“供得上”向“供得上”和“供得好”并举转变；②农业区域专业化的推进和农业经营比较利益、机会成本等变化，有利于推进小规模兼业农户从农业兼业经营转向农业专业经营和农户兼业经营并重，[①] 从而推进区域农业生产性服务需求的专业化和规模化，为专业化的农业生产性服务组织增进规模经济创造条件；③提高效率和效益的激励，有利于推动综合化的农业生产性服务组织走上专业化的发展道路；④随着现代农业的发展，种养大户、家庭农场、公司农场、农民合作社、农业产业化龙头企业等新型经营主体不断成长，并扩大规模和影响，这也有利于促进农业生产性服务业专业化发展。因为农业经营主体的专业化和规模化容易带来其服务需求的专业化和规模化，为专业化、规模化的农业生产性服务业发展提供适宜条件。因此，在今后相当长的时期内，农业生产性服务业发展的重点应该是加快专业化的农业生产性服务组织发展。

在发展农业生产性服务业的过程中，科学处理专业服务和综合服务的关系，还需注意两个问题。一是考虑农业生产的季节性和空间分散性，以及服务业发展的规模经济和集聚效应，推进农业生产性服务业的专业化应该科学把握“度”。过度的专业化和市场细分，

---

① 这些小规模农户的兼业化可能与其农业专业化、农业经营副业化并行发生。小规模农户的兼业化即农户在从事农业经营的同时，部分劳动力从事非农经营或就业。小规模兼业农户的农业专业化，即此类农户的农业经营日益专业化。如由原先既从事粮食生产，又从事畜禽养殖；转为专门从事粮食生产或畜禽养殖，甚至农户的粮食生产也日益单一化和简约化。小规模兼业农户由于农业经营规模较小，随着农业专业化的推进，农业收入日益降到其收入来源的次要地位，导致其农业经营副业化。

不利于形成一定规模，难以支撑农业生产性服务组织跨越盈亏平衡点，并蓄积可持续发展能力。因此，不能将农业生产性服务组织的专业化等同于单一化。二是专业化和综合化是对立统一的。在专业化的农业生产性服务业发展到一定阶段后，基于农业产业链一体化的需求和农业生产性服务业组织追求规模经济、范围经济的考虑，通过联合、合作、股份（合作）制或平台化等方式，整合、集成专业化农业生产性服务机构，形成农业生产性服务组织的综合化和农业生产性服务供给的集成化也是趋势。但这种农业生产性服务的综合化或集成化，是建立在专业化农业生产性服务业发展甚至较为发达的基础之上，是建立在农业生产性服务业分工深化基础上的综合、集成和提升。它与农业生产性服务业不发达基础上的综合性农业生产性服务组织不是一回事。

（三）阶段性服务和全程性服务的关系

农业生产性服务机构提供的服务，多数属于阶段性服务，如植保服务、动植物疫病防控服务、农产品销售服务；少数属于全程服务，如农产品供应链管理服务、覆盖全程的食品安全治理服务等。在发展农业生产性服务业的过程中，对于阶段性服务和全程性服务应该统筹兼顾，不可偏废。现代产业竞争，与其说是产品之间的竞争，不如说是产业链或供应链之间的竞争。因此，发展农业生产性服务业，应该注意覆盖全程的农业生产性服务业“统揽全局”或“画龙点睛”的作用。在此过程中，尤应注意不能把农业生产性服务业简单等同于面向农业生产（或农业产中）环节的生产性服务业，甚至要看到覆盖面向农业产业链的生产性服务业中许多“短板”不在产中环节，而在产前、产后环节。

要把产业链、供应链、价值链等现代产业组织方式引入现代农业发展过程，要促进农业发展由生产导向向消费导向转变，覆盖全程的农业生产性服务业都具有不可或缺的引领支撑作用。

与此同时，根据“木桶效应”原理，在发展现代农业的过程中，应该注意瞄准重点领域和薄弱环节，引导相关阶段性服务优化供给，提高服务质量，以便补齐“农业生产性服务业”的“短板”，促进农业产业链不同环节生产性服务业的协调发展，增进农业服务链对农业产业链转型升级的引领支撑能力。

（四）农业生产性服务主体与其服务体系的关系

当前，总体而言，农业生产性服务业的发展与发展现代农业、推进农业发展方式转变的要求之间，仍然存在较大差距。究其原因，与多数农业生产性服务主体，特别是经营性服务主体规模小、层次低、实力弱、融资难、优势互补关系亟待形成有密切关系。这些问题的形成，固然有农业生产性服务业发展时间短的因素，但面向农业生产性服务主体的服务体系不健全也是重要原因。如许多地方农业生产性服务业的发展面临“盈利难、用工难、风险控制难、先进农机开发和维修服务难”（李一平，2013），可以从农业生产性服务业的企业家素质、从业人员培训和融资环境等方面找原因。在农业生产性服务业的发展过程中，企业家市场开拓能力弱，难以有效推进业态和商业模式创新，导致不同的农业生产性服务业主体之间服务同质性强，这是农业生产性服务主体盈利难的重要成因。针对性强、简便使用的特色化、优质化培训服务体系不健全，不仅容易导致农业生产性服务业缺乏熟练农机手等专门人才，也容易加大其风险控制的难度。先进农机开发和维修服务难，更是直接反映相关服务体系的薄弱状况。许多地方农业生产性服务业融资难，固然有农业生产性服务企业规模小、实力弱、缺乏风险抵押品等原因，也与现有金融体系缺乏针对农业生产性服务业的金融创新产品设计有关。因此，支持农业生产性服务业发展，应该把加强面向农业生产性服务业的服务体系建设放在突出地位，鼓励搭建针对农业生产性服务主体的企业家培训平台、专业技术人员培训平台和信息服务平台，鼓励金融机构开展富有针对性的金融创新业务等。近年来，国家支持农村产权流转交易市场健康发展和农业信贷担保体系建设，细究起来也都与面向农业生产性服务业的服务体系相关。当然，面向农业生产性服务业的服务体系，也是农业生产性服务业的重要内容。

四　培育新型农业服务主体要有新作为[①]

近年来，中国农业生产性服务业迅速发展，新型农业服务主体迅速涌现，以农机服务业最为典型。因此，本节对培育新型农业服务主体的研究，以农机服务主体为重点。自2004年中国政府正式启动农机购置补贴政策以来，中国农业机械化迅速发展，大型农机在农业机械化中的主导格局日益强化。同时，各类农机服务组织应运而生，成为农业机械化发展的突出亮点，为推进农业规模经营和培育新型农业经营主体提供了重要支撑，有效促进了农业和农业机械化的发展方式转变。在此背景下，基于对农机服务组织发展新情况、新问题的调研，提出促进农机服务组织发展的对策思路，具有重要意义。为叙述简便起见，本节的农机服务均指农机作业服务。

（一）调查地区农机服务组织的发展情况及其影响

金寨县位于安徽省西部、大别山腹地，素有“八山半水半分田，一份道路和庄园”之称，是安徽省面积最大、山库区人口最多的县。全县总面积3814平方公里，总人口68万人，其中农业人口58万人，耕地面积33.9万亩，林地面积440万亩。2013年，全县实现地区生产总值83亿元，财政收入6亿元，农民人均纯收入7146元，分别较上年增长2.0%、3.1%和14.2%。2012年全县耕地流转面积共达2.5万亩，2013年达到5.5万亩；到2014年4月，全县耕地、山场流转面积分别共达7.2万亩和25万亩，耕地流转面积占全县耕地总面积的21.8%。

颍上县位于安徽省西北部，淮河、颍河交汇处，全县总面积1859平方公里，总人口172万人，耕地面积154.5万亩，是全国粮食生产先进县、全国劳务输出示范县、全国现代农业示范区。2013年，全县完成地区生产总值179.3亿元，农民人均纯收入6795元，分别较

---

① 本节分析主要基于笔者2014年对安徽金寨、颍上两县农机服务组织的调研。

上年增长 10.1% 和 14.2%。2013 年年底，全县土地流转面积共 65.8 万亩，占全县耕地面积的 42.6%。

近年来，随着农机购置补贴政策的推进、农民进城规模的扩大和农业用工价格的提高，许多地方的农业机械化水平不断提高，农机拥有量和农机拥有户明显增加。与此同时，在农机购置补贴政策的支持下，各具特色的农机服务组织应运而生，主要有以下途径：①农户购机为周边农户提供代耕代种代收等作业服务，转型发展为农机服务专业户或农机服务企业；②某些工商资本或城市投资者直接投资农业生产，在购置农机主要为自身服务的同时，形成惠及周边的农机服务能力；③部分农机拥有户联合起来创建农机作业合作社，形成具有较强辐射效应的农机服务能力。据金寨县农业发展委员会提供的资料，到 2014 年 5 月，全县农机合作社已达 26 个，覆盖领域包括茶叶机械化加工、粮食生产、综合作业等，其中包括 2 个省级示范合作社、1 个部级示范社和 5 个县级以上示范合作社，合作社社员已达 1216 人，拥有农机具 1617 台套，实现全程机械化作业面积 3.6 万亩，年创经济效益 1.96 亿元；农机种粮和茶叶加工等大户 596 户，引进各类机械 4395 台套，创经济效益 2.39 亿元。

（二）农机服务组织发展的积极效应正在迅速凸显

1. 有效缓解了农业劳动力短缺问题，促进了农业的节本增效

近年来，随着大量青壮年劳动力的进城，农业劳动力老弱化、妇幼化问题加重，农忙季节劳动力短缺的问题更为突出。同时，随着农业用工机会成本、农资成本和土地租金等上涨，农产品成本和农业经营机会成本提高的压力不断加大，“谁来种地”的问题日益引起担忧，这为农业机械化的发展提供了广阔的需求空间。农机服务组织的发展，有利于协调“有机户有机没活干，无机户有活没人干”的问题，降低农业的劳动强度，缓解农业劳动力短缺特别是季节性短缺问题，促进农业的节本提质增效并降低农业经营风险（见案例 9 – 2）。

案例 9－2

金寨县白塔畈乡以前采用人工育秧，费工费力，找有经验的人育秧也比较难。从 2013 年开始，金寨县引进全自动水稻育秧播种流水线，实行工厂化育秧，每天可为 300 亩稻田育秧，相当于人工育秧 15 个人每人 4 天的工作量。每座育秧工厂每年可提供 2000 亩以上的机插秧苗。按照该乡金圩利民农机专业合作社的工厂化育秧示范标准，每百亩工厂化育插秧共需工资、生活费 1520 元。当地人工育插秧每百亩需工资、生活费 14950 元。与人工育插秧相比，每亩机械化育插秧可节约成本 134.3 元，仅插秧环节每亩就节约 102.7 元。

2. 有效解决了农村土地撂荒问题，促进了农村土地流转方式的创新和农业劳动力向非农产业的稳定转移

近年来，随着农业劳动力大量进城和农业经营机会成本的上升，农村土地撂荒问题不断加重。农机服务组织的发展，在解决农业劳动力短缺问题的同时，也为解决农村土地撂荒问题提供了新的方式和途径。许多农机户、农机专业合作社等农机服务组织通过对周边农户提供代耕、代种、代收、代育秧等服务，帮助农户解决了农业劳动力外出后“谁来种地”的问题，促进了土地撂荒向土地规模化集约利用的转变，提高了土地利用率和产出率；也为农业劳动力向城市或非农产业的稳定转移提供了支撑，促进了原农民向新市民或新型产业工人的转型。

某些市场化的农机服务组织创新，更是与土地流转方式创新相伴而生的。如在案例 9－3 中金寨县油坊店乡面冲村和周院村，近年来随着青壮年劳动力外出打工规模的扩大，抛荒茶园越来越多。通常春茶总体品质较好，外形好看、“卖相好”，容易卖出高价格，价格随“卖相”和品质波动幅度较大，且春茶采摘时天气凉爽宜人；夏秋茶总体质量较差，采摘时天气较为炎热，且夏秋茶市场价格稳定并明显低于春茶。因此，大多数茶农对春茶会及时精心采摘，但考虑到夏秋

茶采摘的比较利益和机会成本，越来越多的茶农选择将夏秋茶园抛荒。2013 年，周院村抛荒茶园占茶园总面积的 15%—20%。面冲村全村 606 户，约 30 户茶园常年抛荒；50—60 户基本不采摘夏秋茶，导致茶园季节性抛荒。茶园抛荒不仅直接导致茶园的低效或无效利用，还会增加病虫害的发生，增加周边茶园防治病虫害的难度和成本。按照案例 9 - 3 方式成立的茶叶劳务服务有限公司（以下简称茶叶劳务公司）通过季节性流转茶农的茶园经营权，有效解决了茶园抛荒问题，促进了茶园的有效利用，也有效支持了茶园绿色防控和皖西生态农业（茶叶）示范区建设。2014 年，周院村和面冲村实现茶园季节性流转的面积均在 1000 亩上下。

案例 9 - 3

为解决夏秋茶园季节性抛荒问题，金寨县油坊店乡周院村和面冲村在县农发委和乡镇政府的支持下，分别成立了茶叶劳务服务有限公司，在公司内部设立机采服务队，帮助茶农采摘夏秋茶，并进行夏秋茶的茶园管理。县农发委从皖西生态农业（茶叶）示范区建设项目中，为每个茶叶劳务公司免费提供 10 台采茶机，每台价值 3000 余元；并通过茶叶劳务公司向茶农提供每亩 100 公斤的饼肥。面冲村成立的惠农茶叶劳务公司经营范围为茶叶采摘与修剪、施肥、耕作服务、茶苗供应及农业生产资料销售等。按照惠农茶叶劳务公司与茶农签订的夏秋茶生产社会化服务作业合同，茶叶劳务公司买断茶农 5 月 1 日到 10 月 1 日间的茶园经营权，负责茶农茶园夏秋茶的鲜叶采摘和茶园轻修剪，为茶农开展茶园绿色防控提供一半的粘虫板资金；承包费为每亩 300 元，夏秋茶鲜叶收入归惠农茶叶劳务公司所有，或承包费为夏秋茶鲜叶采摘所得收益的一半。如茶农要求参与相关茶叶劳务公司的采茶作业，在征得茶叶劳务公司同意后，参与作业的工资标准为：每天工作 10 小时左右，机采工和辅工工资分别为 150 元/天和 100 元/天。茶叶劳务公司因采摘茶叶批量大，每斤可比普通茶农的价格贵约 10%。

3. 农机服务的专业化、规模化和集约化加快了农业机械化进程，有效带动了新型农业经营主体的发育和农业专业化、规模化、集约化的发展

与农户购机、自我服务的农业机械化模式相比，农机服务组织的发展，一方面可以帮助农户或新型农业经营主体有效减少农机重复购置问题，以及与此相关的农机利用和资金投入的浪费；另一方面可以有效规避农户资金或技术缺乏对农机使用的制约，帮助农户更好地实现对农机服务“用得起，用得上，用得有效益”，加快农业机械化特别是农业全程机械化的进程。

相对于普通农户甚至农机专业户，农机专业合作社、农机服务企业等通过农机服务的专业化、规模化和集约化，帮助种养大户、家庭农场、农民合作社甚至公司农场等降低了农机作业的成本，促进了农机服务的规范化和标准化，提高了农机服务质量，为新型农业经营主体的成长和农业专业化、规模化、集约化的发展提供了便利。如金寨县金圩利民农机专业合作社收取每亩280元的服务费用，即可为周边农户提供“四代一管”（代育秧、代耕作、代机插、代机收，帮助田间管理）作业服务。但该农机合作社在为农户提供“四代一管”作业服务时，并非“普遍撒网”“照单全收”，而是“重点捞鱼”“有所选择”：只对土地种植连片且经营规模超过50亩的农户提供从育秧到耕作、机插、机收的全程套餐式服务。可见，这些专业化、规模化和集约化的农机服务组织，实际上把满足新型农业经营主体的批量化农机服务需求放在优先地位。

还有一些农机服务组织通过承接流转土地，转化为家庭农场、种植合作社等新型农业经营主体，实现了新型农机服务主体与新型农业经营主体的融合发展，加快了农业专业化、规模化、集约化的进程。如在金寨县白塔畈乡，金圩利民农机专业合作社主任从2009年开始租用土地150亩，2014年增加到3600亩。通过对这些耕地统一进行耕、种、收和水稻、小麦全程机械化作业，该户已经成为较规范的家庭农场。2013年该户共种植水稻2586亩、小麦1089亩，其中实行稻虾共育1500亩，产龙虾10.5万公斤，年利润超过300万元。

4. 有效促进了农机农艺结合，带动了农产品质量和农业产业链全程机械化质量的提高

调研时许多农机合作社反映，他们购买农机时优先考虑农机性能和实用性，甚至宁愿为此多出些钱。在实际运行中，这些农机服务组织也比较重视农机和农艺结合，更好地提升农业机械化的效能，如近年来金寨县瞄准水稻育插秧等薄弱环节，鼓励农艺专家和农机专家共同攻克农机发展过程中的难题，优先推广农机与农艺深度融合型技术。该县油坊店乡白茶种植机械化加工专业合作社依托科技特派员和专家大院，开展白茶新品种的引进和选育，研发并示范推广有机茶基地规范化管理技术，并将茶叶生产技术的推广、名优茶加工和营销工作结合起来，引进并示范推广先进的茶叶植保、修剪机械和名优茶机械化加工成套设备，建立智能化机械化白茶加工示范基地，有效提升了茶叶质量，其生产的“皖西白茶”荣获中国（安徽）第三届茶产业博览会“优质金奖”。在提供农机服务的同时，金圩利民农机专业合作社还主动开展农机、农艺结合的试验示范，有效促进了水稻全程机械化生产。

许多农机服务组织达到一定规模后，自身的农机维修能力逐步形成，有利于提升农机的使用寿命和农机使用的经济性。农机服务组织通过农机服务的专业化、规模化和集约化，还为建设“平安农机”、开展农机化教育培训提供了便利，有利于减缓农机“野蛮使用”问题，提高农业机械化的发展质量。到 2014 年 5 月，金寨县累计创建“平安农机”示范乡镇 14 个、示范村 114 个、示范合作社 14 个，2013 年获全国“平安农机”示范县殊荣。该县以金圩利民农机专业合作社为例，通过“平安农机”创建活动，面向社员加强农机安全生产法律法规、安全驾驶操作和业务技术培训，在重要农时加强农机具安全检查，有效加强了农机安全生产和服务能力。

（三）当前农机服务组织运行和发展面临的新问题

1. 对农机服务组织及服务规范化、标准化、品牌化的引导支持不足

发展农机服务组织的积极效应虽在迅速凸显，但总体而言，对农

机服务组织的引导和政策支持不足，明确、系统且富有针对性的支持政策不多，仍是一个突出问题。况且，实行农机购置补贴政策以来，许多农户购置农机自用导致农户农机拥有率大幅度提升，影响了农机利用效率的提高，也在一定程度上制约了农机装备结构的优化升级。当前，许多地方农机装备结构不合理，动力机械多、配套机具少，小型机具多、大中型机具少，低档机具多、高性能机具少，少数农业生产环节农机具趋于饱和、利用率下降，甚至局部过剩问题日趋凸显，与此有很大关系。这在一定程度上制约了农业机械化发展方式的转变，妨碍了农机服务市场化需求的扩张。

此外，对农机服务规范化、标准化和品牌化的引导不足，导致农机服务规范化、标准化、品牌化水平低也是突出问题。由此进而导致许多地方农机服务质量参差不齐，对农机服务质量的评价也缺乏客观依据，容易形成农机服务市场的无序竞争，甚至“劣币驱逐良币”现象。据颍上县调查，2014 年为保护环境全县推广秸秆禁烧，要求对小麦实行短茬收割，所有田块小麦秸秆留茬高度严控在 10 厘米以下，防止因留茬过高为农民焚烧秸秆留下隐患；同时支持秸秆机械化粉碎还田，采取措施确保秸秆快速打捆离田，并将粉碎秸秆限期清运出去。但该县麦收服务市场存在着本地农机与外地农机的服务竞争，从实际效果来看，来自山东、江苏等地的农机手多属跨地区长距离作业，割麦时往往留茬矮，且秸秆粉碎效果较好，服务标准高。本地农机手割麦时，服务质量相对较差。如果公平竞争，容易导致部分本地农机手没活干。面对外来农机的竞争，有些地方人为设置障碍把外来农机挤走，如本地农机户鼓动其亲戚在使用外来农机服务后，以服务质量为由拒付服务费。类似现象的形成，同缺少相关服务标准和对农机市场的有效监管不够均有很大关系。

2. 农机人才和熟练农机手供不应求

近年来，两县农业机械化发展很快，但农机人才特别是熟练农机手缺乏，成为影响农业机械化和农机服务可持续发展的突出问题。据金寨县相关部门反映，由于多年来县级农口基本不招新人，农机管理部门人才和知识老化的问题日趋突出。该县农机管理部门现有工作人员23人，其中50岁以上的21人，最年轻的45岁，1998年后未进新人。一些农机服务组织反映，由于熟练农机手严重供不应求，许多农机手技术不熟练时来此边干边学，待技术熟练后就离开自己干。有的合作社雇用插秧机手和拖拉机手，每天工作10小时，分别需要支付报酬300元和400元，相当于一般农民就近在农业打工收入的3—4倍，但合作社还是经常为找不到合适的农机手发愁。勉强使用不太熟练的农机手，一方面影响农机使用效率，另一方面容易因农机手“野蛮操作”增加农机损坏和使用不安全的风险。

3. 购买农机筹资难与农机利用率下降并存

尽管农机补贴政策不断完善，但仍有一些农民、农机大户或农机服务组织购买农机缺乏足够的资金，制约部分关键领域、薄弱环节农业机械化的推进，也影响部分先进、适用、高效、绿色、环保机械的推广应用。尤其是近年来，农机补贴政策支持购买的农机日益走向大型化，单台机械价格越来越高，导致部分农机服务组织购买农机的资金缺口增大，筹资难度陡增。与此同时，前几年在农机补贴政策的推动下，大量农户独立购买了小型农机用于自我服务，导致部分地区小型农机闲置的问题凸显。如在金寨县部分地区，每台3000多元的微耕机每个季节可有效服务50—60亩耕地，但由于购机时可得30%左右的农机补贴，许多农户为图方便，每家购置一台主要用于自我服务，导致其有效服务范围不足10亩，形成大量的资金占用和农机闲置。

4. 农机维护维修能力和机库建设缺乏有效支持

随着农机补贴政策和农业机械化的推进，许多地方的农机拥有量大幅度增加，导致农机维护维修需求迅速扩张。但区域农机维护维修能力不足，不仅影响农机的有效和方便利用，也会缩短农机使用寿命，降低其性能。许多地方农机服务组织购置大量农机后，没有地方建设专用机库，被迫露天存放，加速农机生锈、老化甚至损失。有的农机合作社介绍，拖拉机露天存放相对于入库存放，使用年限可能会缩短1/3。

5. 特色、专用农机研发和试验示范、信息服务亟待加强

特色化、专用化农机的研发和试验示范滞后，是两县妨碍农机服

务发展和功能提升的重要因素。这些特色化、专用化农机，如丘陵、山区特色优势农业使用的小微特色、专用农机，由于市场容量小，技术先进的大厂往往不愿从事相关研发和推广工作。从事此类农机生产的往往是技术、资金和研发能力薄弱的小厂，它们生产的农机品种少，产品研发和市场推广难以很好地结合区域条件和农艺特点，导致其开发推广的特色、专用农机使用起来难以实现经济、实用和方便。如在金寨县，目前茶叶机械化主要应用于低档茶采摘，高档茶采摘由于精细化程度高，目前主要是手工进行。究其原因，很大程度上是适应精细化采摘要求的茶叶机械研发滞后。近年来，金寨县立足野生猕猴桃资源丰富的优势，积极发展猕猴桃产业。但由于山区地形复杂，适合山区和果园特点的微耕机、小型打药机等农机研发滞后，加之近年来国家支持农业机械化的重点日益向大型农机具倾斜，猕猴桃种植和果园管理的机械化程度仍然比较低，猕猴桃采摘、疏花疏果和人工授粉等需要大量使用人工，加大了生产成本。目前市场上有的小型微耕机和小型打药机在山区猕猴桃果园使用都不方便；市场上有些动力机械可一机多挂（作业机具），但又往往因机型较大进不了果园。目前亟须研发生产体型矮小、动力强、可一机多挂的动力机械，便于在不同季节悬挂不同的作业机具，穿插于果树之间从事机械化操作。

2014 年在安徽颍上县，推广秸秆禁烧在农户那里阻力很大，一个重要原因是现有的农机研发滞后，农户或农机服务组织很难买到在本地使用方便又经济实用的秸秆粉碎机。按照政府部门对秸秆禁烧的要求，农户要利用农机进行短茬收割，并将秸秆快速打捆离田。这不仅容易降低机械作业效率，增加油耗、机械损伤等作业成本，还容易增加农民抢收的劳动强度，甚至会因延误农时增加小麦遇雨霉变等损失。在实行秸秆禁烧之前，农民往往把田里的麦茬一把火烧掉。与此相比，按照现行农机化方式，实行秸秆禁烧每亩地往往会增加成本 100 元左右。颍上县为秸秆禁烧需要使用秸秆粉碎机，外地已有许多厂家生产且性能较好，但供求双方信息不通、对接不畅，影响了农业经营主体、农机服务主体的选择空间。地方政府为支持农民禁烧秸秆配送的秸秆粉碎机，因未与当地农艺特点有效衔接，使用较不方便，增加了农户从事秸秆禁烧的成本。

（四）促进农机服务组织发展的对策思路

1. 积极创造条件推进由农机购置补贴政策向农机服务补贴政策转型

加强对农机服务组织创新发展的引导和政策支持，是推进农业和农业机械化发展方式转变的战略性、方向性大事。在此方面，一个有效办法是实行农机服务补贴政策。这一方面有利于培育和引导农机服务需求，更好地支持农机服务组织扩张市场，促进其“市场前景好，发展动力强”，带动农业机械化发展方式转变；另一方面有利于农业经营主体降低农机服务的使用成本，激发其接受农机服务的积极性。可选择部分地区，抓紧探讨面向普通农户取消农机购置补贴政策的可能性和必要性，探索将面向农户的农机购置补贴政策转换为农机服务补贴政策。实行这种政策转换，有利于规避在农机购置补贴政策支持下农户分散独立购机形成的农机闲置和资金浪费，提高农机具利用率、农机使用的经济效益和农业机械化的资源配置效益。为缓解农机服务组织购买农机时的筹资困难，并支持新型农业经营主体发展，建议对农机服务组织和新型农业经营主体购买农机，仍继续实行农机购置补贴政策；建议结合实施农机服务补贴政策，优先支持农机服务的规范化、标准化和品牌化，优先支持农机服务组织连片提供农机服务，优先支持农机服务组织开展农机与农艺技术深度结合的试验示范，鼓励加强农业机械化信息服务网络和服务平台建设。

2009 年 10 月 12 日，国务院常务会议决定“实施土壤有机质提升和深松作业补贴”。同年 11 月，财政部明确将深松作业纳入新增农资综合补贴资金重点支持范围。农机深松整地作业按照“政府扶持，社会化服务”方式运作。对农机深松整地作业进行财政补贴，实际上就是一种农机服务补贴制度，目前主要采取定额补贴方式。实行农机服务补贴政策，可参照各地实施农机深松整地作业补贴的方式；也可参照城市家庭服务消费券的方式，实行农机服务消费券制度。在实行农机服务消费券制度时，按照农机服务使用者（农户或新型农业经营主体）的实际种植面积向其发放农机服务消费券。农业经营主体作为农机服务的使用者，根据对农机服务组织及其服务质量的评价，以及农机服务组织的服务条件，选择农机服务的提供者。待其接受符合标准的农机服务后，将持有的农机服务消费券交给提供服务的农机服务组织以冲抵农机服务作业费用。一段时间后，农机服务组织将通过农机服务获得的农机服务消费券，到农机或财政部门指定机构兑现现金。从许多城市实施家庭服务消费券制度的经验来看，实行农机服务消费券制度有利于激发农机服务组织之间在农机服务市场的竞争，督促企业提高服务质量，推进农机服务规范化、标准化、品牌化进程。

2. 加强对农机具租赁服务业发展的引导和支持

农机具租赁服务通过“融物”代替“融资”，为农业经营主体或农机服务组织开拓了一条获取农机的新途径，有利于减少农业经营主体或农机服务组织与农机相关的资金占用，帮助其开拓灵活机动的融资渠道；有利于调动更多的积极因素，帮助农业经营主体或农机服务组织规避购买农机特别是大型农机的筹资困难，加速农业机械的更新升级。发展农机租赁，还可以通过农机租赁公司的专业优势，有效动员农户或新型农业经营主体的闲散农机从事农机服务，促进农机利用率的提高，优化农机资源配置，加快农业机械化发展方式的转变。2014 年 4 月 16 日，国务院常务会议已明确“开展农机金融租赁服务”的方向，《国务院办公厅关于金融服务“三农”发展的若干意见》（国办发〔2014〕17 号）也要求“鼓励开展农业机械等方面的金融租赁业务”。建议结合支持服务业或农业机械化等相关示范活动，加强对农机具租赁示范企业的支持。

3. 创新政策，完善农机服务组织的运行环境

第一，进一步重视政府农机管理部门的人才队伍和人才梯队建设。政府农业管理部门不进新人，固然有利于精简机构和人员，但从长远来看，却会加剧农口管理部门人才青黄不接的问题，给未来政府农业管理部门的正常运行和农业的可持续发展增加隐患。目前，这一问题已经比较严重。今后，随着农机服务组织的发展，加强对农机服务市场的政府监管日趋迫切。随着农机服务新业态、新组织形式的大

量形成，创新政府对农机服务监管方式的需求也会显著增加，相关工作量会明显增多。建议各级政府部门特别是编委系统高度重视这一问题。建议优先选择农口或农机部门开展试点，在考虑政府机构和事业单位改革及人员精简时，把人才结构和编制人员数量放在同等重要的地位，避免5—10年后因“50后”“60后”陆续进入退休年龄，导致农口管理部门出现人才断层。建议结合人才队伍建设，加强农机安全监理能力和农机市场监管能力建设。

第二，加强对农机人才培训的政府支持。加强农机人才培训，包括对政府农机管理部门的人才培训和熟练农机手的培训，是推进农机服务规范化、标准化、品牌化的基础，也是提高农业机械化发展质量、促进农业机械化发展方式转变的前提。近年来，各级政府在此方面进行了许多卓有成效的工作，积累了良好的经验。要在总结这些经验的基础上，进一步加强政府对农机人才培训的资金支持和政策引导，加大对农机人才的培训补贴或以奖代补力度，支持农机培训公共服务平台建设。在继续支持公益性培训机构开展农机人才培训服务的同时，鼓励市场化、产业化、社会化培训机构平等参与农机人才培训市场的竞争，发挥其在提供专业化、特色化或中高端培训服务方面的比较优势。要结合加强农机人才培训，加强农机化新技术培训，提高农机手安全生产、机具保养和维护维修能力。把加强农机人才市场的公共信息服务平台建设作为促进农机人才培训的基础工作，引导农机人才特别是农机手的流动和优化组合。加大对农机行业协会、农机手协会、农机服务协会等的支持，鼓励其搭建农机人才培训和交流的平台。

第三，加强对农机维护维修能力和机库建设的支持。随着农机拥有量的大量增加和农业机械化的加快发展，加强农机维护维修服务日趋迫切。这对于促进农机安全生产、促进农业机械的经济合理利用和农业机械化发展方式的转变，均具有重要意义。农机维护维修服务具有较强的公益性，随着农业结构多元化的推进，农机品类的多元化、复杂化日益深化，增加了提高农机维护维修质量的难度，也给农机维护维修服务形成自我发展能力带来了困难，在山区县尤其如此。为提高农机维护维修服务的发展质量，引导农机维护维修服务可持续发展，建议把农机维护维修能力建设作为推进农业机械化的基础工程，加强对农机维护维修设备设施建设的投入支持；综合考虑农机数量、类型、结构和地域特点，通过以奖代补等方式，对农业机械化发展成效较好的县，支持配备适宜数量的农机维修机动车；鼓励建设以县域农机服务中心（未必是县城）为龙头、以县内若干主要区域中心为支点、有效服务能力全覆盖的农机维修网络，支持现有农机维修网店改造升级。为支持农机维护维修服务能力集聚集约节约发展和可持续发展，建议优先支持专业化、市场化、社会化的第三方维护维修服务机构，优先鼓励开展农机维护维修服务的连锁经营；鼓励农机制造或经销企业兴办农机维护维修公司，鼓励社会资本投资兴办农机维护维修企业；建议对农机维护维修企业免征营业税，今后实行“营改增”后免征增值税；对农机维护维修企业的人员培训提供专项补贴；参照支持村级卫生站建设的方式，对达到一定规模的农机合作社或农机服务企业利用乡村边角地建设经济适用的机具库提供补贴。根据不同类型地区特点和机库建设需求，对于农机合作社、农机作业服务公司的机库建设用地要制定相应标准，在此标准内的机库建设用地，视同农业生产用地。

4. 加强对农机服务示范组织和专用化、特色化农机研发企业的支持

农机大户、农机服务企业、农机服务合作社等农机服务组织日益成为农业机械化的主要增长点，也是推进农业机械化发展方式转变的主要依托。促进农机服务市场化、产业化、社会化的发展，要加强对农机服务示范组织的支持。建议按照“典型引路、示范带动、问题导向、菜单选择”的原则，加强对各类农机服务示范组织发展的引导和支持，因类制宜地解决农机服务组织发展的难题，形成可复制、可推广的模式。鼓励各类农机服务示范组织在推进农机服务的规范化、标准化、品牌化，促进农机农艺深度融合，开展农业机械化试验、示范、推广活动，推广先进适用高效和绿色环保机械等方面，发挥龙头带动和示范引领作用。

为更好地支持区域优势特色产业发展，建议加强对农机企业研发制造专用、特色农机的支持，鼓励现代化、规模化、品牌化的农机企业引领中小农机企业组建研发创新联盟，鼓励中小农机企业向专业化、特色化发展，开展研发创新联合攻关，如鼓励其开发适应丘陵山区特点，不受地块限制、体型小、经济适用、使用便捷、作业效率高的农机新技术、新机具。重点支持农业机械化关键领域、薄弱环节的新型农机研发推广。结合支持区域优势特色产业的重大项目，鼓励农艺与农机结合，共同促进农业发展方式转变。鼓励农机研发、制造企业与优势特色农产品基地合作，主攻优势特色农业机械化发展的薄弱环节。2014 年，颍上县王岗镇农民周要平通过实践摸索改装了收割机，按照农机与农艺相结合的原则，发明了一种收割机和秸秆粉碎机连体机，可有效解决秸秆短茬收割问题，促进秸秆禁烧，与现行方式相比每亩地可节约成本约 80 元。可见，对农民、科技特派员、农机服务组织和新型农业经营主体等从事专业化、特色化农机研发和开展农机、农艺结合的试验、示范，要加大引导支持力度。

5. 推进支持农机服务组织发展的政策向特殊地区、特殊领域适度倾斜

鉴于与生态环保有关的农机设施研发推广体系薄弱问题严重，且推广效益较差、难度较大，建议上述支持政策加大向生态环保型农业机械化的倾斜支持。鉴于山区丘陵地区推进农业机械化成本高、难度大，建议上述支持加大向山区丘陵地区的倾斜力度。鉴于特色优势产业发展对于山区、贫困地区区域发展、农民增收和改善民生的特殊重要性，建议对山区、贫困地区特色优势农业机械化发展的支持，参照对粮食主产区粮食生产机械化的支持政策。

第十章　农村产业融合：培育农业农村发展新动能

推进农村一二三产业融合发展，是推进农业供给侧结构性改革的重要内容，是加快农业发展方式转变的重要途径，也是统筹促进农业增效、农民增收和农村增绿的战略选择。自2015年中央一号文件首次提出“推进农村一二三产业融合发展”以来，这一问题日益引起了各级政府的高度重视。实践表明，推进农村一二三产业融合发展，是关系到协同推进新型工业化、信息化、城镇化、农业现代化和绿色化的重大战略问题，也是紧紧瞄准市场需求变化加快培育农业农村发展新动能的重大现实问题。为叙述简便起见，本章将农村一二三产业融合发展简称为“农村产业融合”。

一　日本的“六次产业化”与中国的推进农村产业融合

2015年中央一号文件的一个突出亮点，是首次提出“推进农村一二三产业融合发展”的创新思路。在讨论“推进农村一二三产业融合发展”问题时，许多同仁很自然地想起日本学者今村奈良臣首倡的“第六产业”理念，以及日本政府推进的“六次产业化”。那么，中国推进农村一二三产业融合发展与日本推进“六次产业化”是否完全相同，在中国推进农村一二三产业融合发展的过程中，日本发展“第六产业”的理念和日本政府推进“六次产业化”的思路有哪些值得借鉴，又需要注意哪些不同呢？目前这方面的研究仍然比较少见。

本章试就这一问题进行初步探讨。

（一）日本提出“六次产业化”的背景

20 世纪 90 年代中期，日本社团法人 JA 综合研究所所长今村奈良臣通过研究发现，日本农业生产的农产品与日本国民消费的农产品（食品）之间存在着巨大的价值差。这种价值差主要通过农产品加工和农产品流通等环节流向农村之外，因而农业产业的增值收益未能留在农业生产者手中，制约了农民增收。以 2005 年为例，在日本食品产业的市场规模中，国内农林渔业生产者仅得到 13%，食品加工业、餐饮业和流通业分别获得 33%、18% 和 34%。因此，今村奈良臣提出，要通过鼓励农业生产者搞多种经营，发展农产品（食品）加工业、肥料等农资制造业、农产品和农资流通业等服务业以及农业旅游业，形成集农产品生产、加工、销售、服务于一体的完整链条，将流到城市等农村外部的就业岗位和附加值内部化，为农业生产者更好地获得农产品加工、流通等环节和农业旅游业的附加值创造条件，借此增加农民收入，增强农业发展活力。由于数字“1”“2”“3”之和、之积均等于 6，因此，他称为“第六产业”。后来今村奈良臣进一步强调“第六产业”是第一、第二、第三产业的乘积，意在强调农村一二三产业的融合发展，强调基于产业链延伸和产业范围拓展，推进农村一二三产业之间的整合和链接。

与 20 世纪最后 10 年的最高水平相比，进入 21 世纪以来，日本农民收入出现了较大幅度的减少，2008 年甚至不到 1995 年的一半。形成这种现象的一个重要原因是，许多农产品主要被作为加工原料输出，或通过批发市场及超市销售，减少了农村本应有的增收和就业机会。尤其是随着零售超市势力的增大，超市向农民压级压价的问题日趋突出，导致生产者的利润被大量挤占。在此背景下，日本政府逐步采纳了今村奈良臣关于“第六产业”的发展理念，注重将农产品生产和加工、销售及相关服务业融合起来，形成经营多样化和规模化格局。2008 年 12 月，日本民主党在其内阁会议中提出《农山渔村第六产业发展目标》，将其作为农林水产大纲。次年 11 月，日本农林水产省专门制定了《六次产业化白皮书》。除此之外，日本政府推行农业的“六次产业化”还有以下四方面的背景值得重视。

一是日本经济经历了20世纪50—70年代的高速增长，大量农村人口特别是青壮年劳动力向大城市和城市圈快速转移，导致农村人口老龄化和以町村为主的过疏化问题日益严重，加剧了农村区域之间、城乡之间发展的不平衡。20世纪80年代后，日本经济陷入“停滞的20年”，农村人口老龄化和地区过疏化问题继续加重，农地弃耕和农业后继无人的问题进一步凸显，许多农村地区日益缺乏活力和人气。在那些山间农业区或山地与平地之间的中间农业区（日本习惯称为“中山间地区”），农业生产环境和兼业机会都比较少，单纯的农业经营往往让农民无利可图，人口外流导致农村的过疏化问题更为严重。同期，日本贸易自由化的深化和农产品进口压力的加大，也加剧了日本农业的危机，影响农户农业收入的增长。特别是以农为辅的农户兼业经营日趋普遍，农户的农业收入依存率在较低水平上进一步下降，加剧了农业和地域经济的衰退。许多以农为辅的兼业农户把兼营农业作为业余爱好，影响粮食安全和农业、农村的可持续发展。为解决这些问题，日本1999年制定的《食物·农业·农村基本法》替代了1961年制定的《农业基本法》，强调要尽可能维持和扩大日本的农业生产，并把制止粮食自给率不断下降作为基本方针；强调农业的多功能性①和振兴农村，促进农业可持续发展，把改善农村生活环境作为政策的主要目标，促进不同农村地区之间及城乡协调发展。在此背景下，农村观光旅游、土特产品加工业等发展逐步受到重视，中山间地区发展农业的传统劣势甚至可能转变为发展农村观光旅游和土特产品加工业的优势。这与后来推进“六次产业化”，具有逻辑上的连贯性。

二是随着收入水平的提高，日本消费者对农产品消费的关注由主要关注价格，转向更多地关注饮食健康、消费安全和消费体验，甚至

---

① 农业发展在重视产品功能的同时，更加重视生活、生态功能，如防止洪涝灾害，涵养水源，防止土壤侵蚀和水土流失，处理有机废弃物，净化空气，提供绿色和自然景观，传承科技和教育、文化等。

传统的饮食文化和农产品的新鲜度也日益引起消费者的青睐。在此背景下，日本农业政策的调整进一步重视结构性政策，强调为国民提供优质、安全且让人放心的农产品。进入21世纪以来，基于对日本食物安全和环境破坏原因的反思与批判，在日本自主、自觉展开的市民运动日益受到关注。这种市民运动强调为确保食物优质安全放心而发展环境保全型农业，实现农业生产者与消费者双方的互动交流，借此实现产销连接，即由农业生产者生产和供应优质、安全且让人放心的农产品及加工品，消费者以双方都可以接受的价格直接购买。通过农业生产、加工、流通过程的信息透明化，通过减少化肥、农药的使用和农产品的远距离运输，降低农业对环境的负面影响，提升食品安全水平，重建消费者对生产者的信任关系。可见，日本政府重视农业的“六次产业化”，是顺应农业需求结构变化的重大战略调整。当然，随着日本经济由外向型发展向内生型发展的转变，农业作为新的内需增长点日益受到政府重视，也为日本支持农业的“六次产业化”提供了良好的环境。

三是在经济发展和交通改善的同时，日本农村的混合居住化迅速发展。自20世纪70年代以来，日本农业村落数一直维持在14万个左右，但其中农户家庭的比重却大幅度下降。到2010年，农户家庭占比低于30%的村落比例达51%，农户家庭占比超过70%的村落仅10%左右。农村混合居住化的发展，有利于发挥农业的多功能性，促进本地化农产品消费，也有利于增进农业产业链的供求衔接。

四是日本重视农产品“地产地消”的传统和国家政策，为推进农业的“六次产业化”提供了适宜的土壤。日本很早就有倡导农产品本地化消费的传统。早在20世纪80年代初，日本农林水产省制定的《地域内饮食生活提高对策事业》四年计划就倡导“地产地消”的理念。所谓“地产地消”，即根据地域内消费者的需求组织农业生产，并将当地生产的农产品在当地进行消费，使生产者和消费者直接联系在一起。直销店等“地产地消”组织形式，也是日本推进“六次产业化”的重要形式之一。

可见，日本政府推行“六次产业化”，不是凭空产生的，而是之前为解决农业农村发展问题出台的诸多政策举措的延续和发展，也是日本发展阶段和传统文化有机结合的产物。

（二）日本政府推进农业“六次产业化”的重点与特色

从以上背景分析可以看出，自20世纪末期以来，日本政府致力于推进农业“六次产业化”，一个重要动机是通过增加农产品的本地化利用，促进农产品在产地加工、利用和消费，让农民更好地分享农业产业链延伸、产业范围拓展和农业功能转型带来的增值收益，借此解决农民收入增长停滞和下降问题，促进农民增收。但日本推进农村“六次产业化”的动机，也不仅在于促进农民增收。日本政府发现，保留适当的农业经营有利于水土保持和防御洪涝灾害；保留适当的人口居住，也有利于振兴农村，维持农村经济社会的可持续发展和城乡协调发展，在那些过疏化问题较重的“中山间地区”尤其如此。通过推进农业“六次产业化”，促进农民增收，培育年轻有活力的农业后继者，有利于增强农村经济活力和农业的国际竞争力，改善农村生产和生活条件，维护村落功能，保护生态系统和农村环境。在推动农村“六次产业化”的过程中，日本政府更多地鼓励农业后向延伸，基于优化农业农村资源利用，内生发育出农产品加工、流通和休闲农业、乡村旅游等消费相关型产业，防止工商资本通过前向整合兼并、吞噬农业，防止形成农民对工商资本的依附关系，与前述背景也有很大关系。

与一般意义上的支持农业产业化不同，日本政府支持农业“六次产业化”的战略核心是促进农产品的“地产地消”，即当地生产的农产品在当地消费，并主要采取两种形式促进农产品“地产地消”。一是尽量用本地生产的农产品作为原料来加工生产，提高本地化农产品的自给率，以此代替从外地引进的农产品加工原料和食品；二是促进本地农产品由主要作为加工原料输出，转变为开发成当地土特产品输出，并以加工产品代替原料产品输出。日本发展“第六产业”的三种主要形态包括：①产地加工型，即利用本地农产品发展农副产品加工业；②产地直销型，即由产地生产组织自行建立直销店，培育自产农产品的特色和自有品牌；③旅游消费型，即发展乡村旅游等。这三种主要形态都与促进农产品“地产地消”密切相关。从日本政府重视支持农产品“地产地消”，以及日本混合居住化对日本农业“六次产业化”的影响可见，在中国中西部地区推进新型城镇化的过程中，应该更加重视农民就地就近城镇化。因为就地就近城镇化，不仅有利于规避异地城镇化带来的“留守儿童”“留守妇女”“留守老人”问题，缓解农村人口老龄化和农村过疏化对农业农村发展的负面影响，还有利于培育农村一二三产业融合的市场环境和农村产业的新增长点。

推进农业“六次产业化”的过程，从根本上属于推进农村一二三产业融合发展的过程。在此过程中，日本政府优先鼓励本土化经营主体的发育成长，培育其参与农村一二三产业融合发展的能力。如2008 年日本制定的《农工商合作促进法》，鼓励中小企业与农林渔业生产者有效利用各自的经营资源，共同开发新产品和新需求等，提升农林渔业经营的综合价值。但其目标是促进农林渔业生产者成长为农工商经营主体。为保证其利益，日本限制工商业的出资股份在 49%以下。目前，日本发展“第六产业”、推进农村一二三产业融合发展的实施主体，有农业生产者主导型、社区主导型和以农协为代表的自治体主导型，也有企业主导型和农工商连带型。由于日本对于工商企业进入农业采取严格限制，企业很少直接从事农业生产经营，企业主导型主要由市町村将抛荒地委托经营而成。农工商连带经营型由农林渔业生产者联合掌握高技术的食品制造企业、销售网络发达的流通企业和零售企业共同成立，主要适用于大规模产地的农业农村资源综合开发。这是发展“第六产业”较为有效也较为普遍的形式，但在这种形式中如何保持农林渔业生产者在发展中的主动权，往往是个关键问题。

（三）中国推进农村产业融合与日本的异同点

从国内外特别是日本经验看，推进农村产业融合，有利于丰富农业农村发展的内涵，提升农业竞争力和农业附加值，促进农业增效、农民增收和农村繁荣稳定；也有利于培育农业、农村乃至国民经济的新增长点，推动美丽乡村建设。推动农村一二三产业融合发展，还为更好地实现以城带乡、“四化同步”发展创造了条件，有利于发挥城市消费和产业发展对农村产业发展的带动作用，通过城乡市场融合带动产业融合，进而城乡协同发展。中国与日本同属于东亚国家，农业农村发展的资源禀赋多有共同之处。从人均 GDP 和经济结构等指标来看，日本属于发达国家，中国尚属于发展中国家，考虑到“发达国家的现在在很大程度上昭示着发展中国家未来的图景”，在中国加快谋划推进农村一二三产业融合发展、发展“第六产业”，也有利于吸收日本发展过程中的教训，缓解类似日本的农村人口高龄化、农村过疏化、农地弃耕、农业后继无人、农业和农村地域经济衰退等问题，增强农业农村发展的活力与人气。近年来，随着工业化、信息化、城镇化和农业现代化的推进，日本的这些问题在中国农村已经存在并日趋严重。日本发展“第六产业”、推进农村一二三产业融合发展的经验值得中国借鉴。

但是，应该看到，在中国推进农村一二三产业融合发展，与日本推进“六次产业化”也有一定的不同之处。如日本农村混合居住化的迅速发展、日本重视农产品“地产地消”的传统和国家政策，为“六次产业化”的发展提供了良好基础。当前在中国农村，混合居住化仅限于少数城郊地区，现行政策对市民在农村居住基本上采取限制政策。中国也无崇尚农产品“地产地消”的传统，出台类似支持农产品“地产地消”的政策也只是最近几年的事，且较为零星未成体系。可见，日本推进农产品“地产地消”的条件，在总体上比中国优越得多。从这方面看，在中国推进农村一二三产业融合发展的过程中，固然需要把促进农产品“地产地消”作为重要方向之一，但不宜像日本农业“六次产业化”那样，把促进农产品“地产地消”放在战略核心的地位。在中国，支持农业完善产业链、打造供应链、提升价值链的举措，只要是有利于推进农村一二三产业融合发展，都是应该支持的方向。当前中国农业发展方式粗放的问题日趋突出，许多农产品价格高于国际价格，提升农业价值链、增强农产品国际竞争力的重要性、紧迫性迅速凸显。考虑这种背景更应如此。换句话说，中国推进农村一二三产业融合发展的思路应该更宽，举凡按推进农村一二三产业融合发展方向，推进农业现代化和农业发展方式转变的，都应该支持。

日本在推进农业“六次产业化”的过程中，注意通过促进农产品本地化加工、流通和发展休闲农业、乡村旅游等，将本来流向外部的就业岗位和附加值内部化。这与日本解决农村过疏化等问题的需求密切相关。在中国推进农村一二三产业融合发展的过程中，固然需要注意借鉴日本经验，但对于日本经验的介绍和借鉴应本着客观、谨慎的态度。要尊重城乡产业分工规模，注意引导农产品初加工、特色加工和旅游消费型经济在农村发展，但盲目要求农产品精深加工向农村扩散，或在农村重新布局，也是失之偏颇的。要注意把县城和重点镇、中心村、特色村镇，作为引导农村一二三产业融合发展的主要载体，引导农村一二三产业融合发展优化布局，提高农村一二三产业融合发展的布局效益。对于这些判断，20 世纪 80 年代以来中国乡镇企业发展的经验教训已经提供了很好的佐证，无须赘言。

日本政府在推进农业“六次产业化”的过程中，优先支持本土化经营主体的发育成长，注意保护本土化经营主体在发展“第六产业”中的主动权，防止其形成对工商资本的依附性，避免其被推向利益分配的边缘地位。这是中国应当学习的。在中国推进农村一二三产业融合发展的过程中，这是应该重视的。但是，在此过程中，工商资本，包括外部植入型新型经营主体，往往具有资金、技术、经营理念甚至资本运作方面的优势。一味排斥工商资本，不利于扬长避短，更好地调动其积极性和创造性，推动农村一二三产业融合发展。从国内外经验来看，在推进农村一二三产业融合发展的过程中，由于其资源、能力、理念和营销渠道的限制，单靠本土化的经营主体推进农村一二三产业融合发展，往往非常缓慢，其成效也要大打折扣，迫切需要外部植入型的经营主体通过发挥引领、示范作用，带动本土化的经营主体增强参与农村一二三产业融合发展的能力，更好地提升农村一二三产业融合发展的层次。

二　推进农村产业融合的主要模式

（一）农业产业链向后延伸型融合模式

该模式以农业为基础，向农业产后加工、流通、餐饮、旅游等环节延伸，实现农业接二连三，带动农产品多次增值和产业链、价值链升级，多表现为专业大户、家庭农场、农民合作社等本土根植型的新型农业经营主体发展农产品本地化加工、流通、餐饮和旅游等（参见案例10－1），对农民增收和周边农户参与农村产业融合的示范带动作用较为直接，农民主体地位较易得到体现，与此相关的农村产业融合项目往往比较容易“接地气”，容易带动农户增强参与农村产业融合发展的能力；但推进农村产业融合的理念创新和实际进展往往较慢，产业链、价值链升级面临的制约因素往往较多。农户发展农产品产地初加工、建设产地直销店和农家乐等乡村旅游也属此类。部分农产品加工企业建设农产品市场、发展农产品物流和流通销售；部分农户和新型农业经营主体推进种养加结合、发展循环经济，引发农业产业链、价值链重组，也属农业产业链向后延伸型融合模式。

案例10－1

位于景芝镇阜口村的山东安丘市鸿发大樱桃种植专业合作社，拥有固定资产660万元，管理人员5人，技术人员10人，社员300人。该合作社拥有自属大樱桃基地3000亩，其中大棚樱桃1626亩，辐射带动附近约2000名村民就业；已建成40亩的樱桃交易市场、3000平方米的包装大棚和40个分拣区，通过与天猫、京东等电商平台合作，实现线上线下双向销售。该合作社还统一品牌，注册的“醉红灯”商标成为供销总社推荐品牌。合作社还通过举办“山东景芝大樱桃节”，增加了知名度，拓展了产品销路。鸿发大樱桃种植专业合作社还通过建设集果品生产、加工、包装、电子商务于一体的运营中心，增强分拣加工、预冷、仓储等服务功能。①

（二）农业产业链向前延伸型融合模式

该模式依托农产品加工或流通企业，加强标准化农产品原料基地建设；或推进农产品流通企业发展农产品产地加工、农产品标准化种植，借此加强农产品/食品安全治理，强化农产品原料供应的数量、质量保障，增强农产品原料供给的及时性和稳定性（参见案例10－2）。部分超市或大型零售商结合农业产业链向前延伸型融合，培育农产品自有品牌，创新商业模式，发展体验经济，还可以利用其资金和营销网络优势，更好地发现、凝聚、引导甚至激发消费需求，促进农业价值链升级，推动农业发展更好地实现由生产导向向消费导向的转变。农业产业链向前延伸型融合，多以外来型的龙头企业或工商资本为依托，往往有利于创新农村产业融合的理念，更好地对接消费需求，特别是中高端市场和特色、细分市场，促进产业链、价值链升级；也有利于对接资本市场、要素市场和产权市场，吸引资金、技术、人才、文化等创新要素参与农村产业融合，加快农村产业融合的进程。但在此模式下，容易形成龙头企业、工商资本主导农村产业融合的格局，导致农民日益丧失对农村产业融合的主导权和利益分享权，陷入农村产业融合利益分配的边缘地位。在此模式下，也容易形成农民对农村产业融合参与能力不适应的问题。因此，强化同农户的利益联结机制，增强龙头企业、工商资本对农民增收的带动能力，鼓励其引导农户在参与农村产业融合的过程中增强参与农村产业融合的能力，都是极其重要的。日本政府在推进农村“六次产业化”的过程中，更多地鼓励农业后向延伸，内生发育出农产品加工、流通业和休闲农业、乡村旅游，防止工商资本通

① 本章相关案例除特别注明外，均根据笔者相关调研资料整理。

过前向整合兼并、吞噬农业，防止农民对工商资本形成依附关系，这是一个重要原因（陈郁，2015）。

案例 10－2

2003年成立的湖北秀水天香茶业有限公司位于湖北省宜昌市夷陵区。该公司以精心研制的“秀水天香”品牌系列茶为主导产品，集茶叶种植、加工、仓储保鲜和销售于一体，实行产业化经营、科学化管理，现有资产总额5281万元，固定资产2769万元。该公司拥有新开发的无公害、无污染标准化茶园30000多亩，覆盖周边茶园40000多亩，带动周边茶农10000多户；年初制、精制加工干茶5000余吨，年销售额近亿元。2009年6月，该公司发起组建了宜昌高山云雾茶叶专业合作社，形成了“龙头企业＋合作社＋基地＋茶农”的运作模式，既帮助农民解决了茶叶鲜叶卖难的问题，又为龙头企业解决了茶叶加工的货源和产品质量保障问题。2013年，经村民代表大会表决同意，在夷陵区下堡坪乡蛟龙寺村按“整村入社，土地入股，土地所有权、承包权、经营权三权分离”方式，组建了秀水天香土地股份合作社。秀水天香土地股份合作社以农民土地承包经营权和宜昌高山云雾茶叶专业合作社的资产评估作价入股，合作社利润分配中股金分红和茶叶鲜叶交易额分红分别占40%、60%。到2014年底，高山云雾土地股份合作社拥有社员1008户，流转土地7658亩，总股份75948股，带动茶农人均年增收1000余元。高山云雾茶叶专业合作社已成为国家农民专业合作社示范社，秀水天香品牌获评为湖北省著名商标，合作社生产的秀水天香系列产品获中国国际森博会金奖、中国绿色产品金奖。在实施中央现代农业高效标准茶园项目、低丘岗改造项目、河堤治理项目的同时，该公司正在致力打造生态观光茶园，发展乡村旅游。在秀水天香茶叶产业链，基本形成了公司做干茶叶购销和品牌、合作社做鲜叶收购和加工、土地股份合作社做基地和茶叶种植示范的发展格局，公司是合作社的团体会员。

（三）集聚集群型融合模式

该模式依托农业产业化集群、现代农业园区或农产品加工、流通、服务企业集聚区，以农业产业化龙头企业或农业产业链核心企业为主导，以优势、特色农产品种养（示范）基地（产业带）为支撑，形成农业与农村第二、第三产业高度分工、空间叠合、网络链接、有机融合的发展格局，往往集约化程度高、经济效益好、对区域性农产品原料基地建设和农民群体性增收的辐射带动作用较为显著（参见案例10－3、案例10－4）。如《河南省人民政府关于加快农业产业化集群发展的指导意见》（豫政〔2012〕25号）要求“加快发展农业产业化集群，以农业优势资源为基础，以若干涉农经营组织为主体，以农业产业化龙头企业为支撑，以相关服务机构为辅助，以加工集聚地为核心，以辐射带动的周边区域为范围，围绕农业相关联产业发展种养、加工和物流，形成上下游协作紧密、产业链相对完整、辐射带动能力较强、综合效益达到一定规模的生产经营群体，实现产、加、销一体化”。农村一二三产业集聚集群型融合能否取得竞争优势，很大程度上取决于产业集群专业化、集中化、网络化、地域化特征的发育程度。许多地方发展一村一品、一乡（县）一业，部分地区建设特色小镇也属此种模式。

案例10－3

安徽肥东食品工业园占地5平方公里，经过10年的发展，已集聚企业60余家，形成农产品加工制造园、冷藏储存园、设计包装园、孵化中心和产品展示园，以及以徽商农产品交易市场为代表的物流配送园，农业产业化企业集聚集群发展、城乡联动格局基本形成。到 2016 年，该园区带动建设各类原料生产基地 40 万亩，实现农产品加工产值 143 万元，带动农户 30 万户，吸纳就业 2.2 万人，直接带动农民人均增收 1000 余元。①

案例 10－4

浙江义乌市佛堂鲁雅村通过技术引进和工艺改造，从一张桌子一把铡刀起家，已发展成为拥有切纸机、印刷机、覆膜机等全套先进设备的现代化纸制品加工专业村，集聚企业 60 家，80%以上的农户经商办厂或从事纸品加工。

（四）农业农村功能拓展型融合模式

该模式通过发展休闲农业和乡村旅游等途径，激活农业农村的生活和生态功能，丰富农业农村的环保、科技、教育、文化、体验等内涵，转型提升农业的生产功能，通过创新农业或农产品供给，增强农业适应需求、引导需求、创造需求的能力，拓展农业的增值空间；甚至用经营文化、经营社区的理念，打造乡村旅游景点，培育特色化、个性化、体验化、品牌化或高端化的休闲农业和乡村旅游品牌，促进农业农村创新供给与城镇化新增需求有效对接。近年来，许多地方蓬勃发展的特色小镇和农家乐旅游当属此种模式。如浙江省部分村镇综合开发利用自然生态和田园景观、民俗风情文化、村居民舍甚至农业等特质资源，发展集农业观光、休闲度假、商务会谈、科普教育、健身养心、文化体验于一体的农家乐休闲旅游，形成类似薰衣草主题花园、佛堂开心谷、农业奇幻乐园等旅游产品。许多地方推进“桃树经济”向“桃花经济”的转变，发展“油菜花”等“花海”经济。近年来，北京市大力发展“沟域经济”，促进农民增收效果显著，也是

① 根据安徽省农委、安徽省财政厅 2016 年 4 月提供的《2016 年农村一二三产业融合发展试点省份申报材料》整理。

这种模式的成功范例。许多山区、贫困地区长期以来经济发展缓慢，但生态环境优良，发展休闲农业和乡村旅游促进了其生态资源向生态资产的转换，有效带动了农民增收，加速了精准脱贫的进程。

农业农村功能拓展型融合带动农民增收的效果，在很大程度上取决于理念创新的程度和服务品质。单靠农民自身推进农业农村功能拓展型融合，往往面临观念保守、理念落后等制约，农户之间竞争有余、合作不足，也会影响区域品牌的打造和效益的提升。工商资本、龙头企业的介入，有利于克服这方面的局限，但防范农民权益边缘化的重要性和紧迫性也会突出起来。根据我们 2016 年 8 月对山东潍坊市的调研，全市农业农村功能拓展型融合基本呈现三种模式，一是在城市周边或名胜景区，面向市民多样化消费需求，以大型设施农业为基础，以奇、特、新、高（档）农产品生产为主，融合休闲、观光、度假、教育、体验等功能，建设休闲农业园区、农业主题公园或现代农业新业态，形成以农业“玩乐”功能带动“吃喝”功能的农村产业融合模式；二是依托依山傍水的自然生态景观或历史文化浓郁的人文景观，推进农业生产、生活、生态功能融合互动发展，发展生态休闲游、民俗风情游、历史文化游、农业景观游等休闲农庄或农家乐旅游；三是依托区域农业主导产业或优势特色产业的规模优势、品牌优势，发展休闲农业，丰富农业的创意、文化、体验等功能。

（五）服务业引领支撑型融合模式

该模式通过推进农业分工协作、加强政府购买公共服务、支持发展市场化的农业生产性服务组织等方式，引导农业服务外包，推动农业生产性服务业由重点领域、关键环节向覆盖全程、链接高效的农业生产性服务业网络转型；顺应专业大户、家庭农场、农民合作社等新型农业经营主体发展的需求，引导农业生产性服务业由主要面向小规模农户向更多面向专业化、规模化、集约化的新型农业经营主体转型；引导工商资本投资发展农业生产性服务业，鼓励农资企业、农产品生产和加工企业向农业服务企业甚至农业产业链综合服务商转型，形成农业、农产品加工业与农业生产性服务业融合发展新格局，增强在现代农业产业体系建设和农业产业链运行中的引领支撑作用（参见案例10－5、案例9－2）。农业生产性服务业引领支撑型融合有利于解决“谁来种地”“如何种地”等问题，促进农业节本增效升级和降低风险，带动农民增收。许多地方通过发展农业会展经济和节庆活动，带动农产品销售和品牌营销，推进农业供给与城市消费有效对接，促进农民增收，也属服务业引领支撑型融合。

案例 10－5

成立于2010年8月的山东沃华农业科技股份有限公司，注册资本4200万元，主营葱姜蒜产品的研发、种植、生产、加工、销售、出口等，与康师傅、李锦记、中粮集团、金锣、沃尔玛等企业建立了长期合作关系。近年来，沃华公司装备了国际最先进的大葱种植、采收、加工等全套机械装备，为农户提供个性化精准定制服务、全程农业生产服务、良种良法培训指导服务等，成为区域农业社会化服务的领跑者。沃华公司建设的现代化的育苗中心，采用丸粒化包衣、精量化播种、工厂化育苗等技术，与传统育苗相比，可缩短生长期45—50天，千亩种植所需苗地从170亩节省到35亩，还提高了出芽率、抗旱耐寒性，避免了苗期病害。沃华公司还成立了专业化的服务队，为合作社、农户提供大葱种植全程服务，提高了作业效率和质量效益。如自动化移栽服务比人工快5—10倍，且苗全、苗齐、苗壮，不用缓苗；机械化采收人工用量仅为手工的1/5，费用降低一半，还避免了损耗，确保了大葱品质。采用沃华公司的葱苗和服务，亩均可增产15%—20%。农户通过电话或网上订单的方式就可及时叫来服务，解放出来的劳动力可以外出打工或到沃华公司就业。沃华公司还拟依托大数据和互联网技术，打造联结农户、合作伙伴、加盟商的“惠农服务网”，促进互联网和社会化服务更好地对接。

（六）互联网与农业联姻型融合模式

此种融合从本质上也属于服务业引领支撑型融合，但为突出“互联网+”“+互联网”对推进农村产业融合的重要性，可将其单列。该模式依托互联网或信息化技术，建设平台型企业，发展涉农平台型经济；或通过农产品电子商务，形成线上带动线下、线下支撑线上、电子商务带动实体经济的农村一二三产业融合发展模式，拓展农产品或农加工品的市场销售空间，提升农产品或农业投入品的品牌效应和农业产业链的附加值。许多地区在发展设施农业和高端、品牌、特色农业的过程中，越来越重视这种方式。有些地区还结合优势、特色农产品产业带建设，加强同电子商务等平台合作，形成电子商务平台或“互联网+”带动优势特色农产品基地的发展格局（参见案例10－6、案例10－7）。如安徽省芜湖市依托“三只松鼠”等20余家农业电子商务骨干企业，带动“果仓王国”等新兴农产品电商企业快速发展，推动了农产品线上销售的快速增加。潍坊市是全国农产品电子商务发展的先行者，近年来全市着力加强电子商务企业孵化基地建设，打造“中国农产品电子商务之都”，已形成企业独立投资、建设和发展，企业投资、政府部门配合，小微企业和个人网店三种运营模式，通过电商平台建立的农产品销售网店已近万家。

推进“互联网+农业”或“农业+互联网”型融合，有利于创新农业发展理念、业态和商业模式，促进农业产业链技术创新及其与信息化的整合集成，发挥互联网对农业延伸产业链、打造供应链、提升价值链的乘数效应；也有利于更好地适应、引导和创造农业中高端需求，拓展农业市场空间，提升其价值增值能力，促进农民增收。但此种模式对参与者的素质要求较高，农产品物流等配套服务体系发展对其效益的影响较大，增强创新能力、规避同质竞争的重要性和紧迫性也日趋突出。此种模式能否有效带动农民增收，在很大程度上取决于平台型企业或者农产品电商能否同农户形成有效的利益联结。

案例 10－6

安徽省砀山县大力发展农产品电子商务产业，推动了互联网与农产品的协调互促发展，入选第二批国家级电子商务进农村综合示范县。全县电商平台已达21个，网店、微店1万多家，带动2万多人就业，2015年销售额突破10亿元，其中黄桃罐头7.8亿元、酥梨2亿元。砀山县建设了面积21000平方米的电子商务产业园，吸引苏宁、京东、德邦、圆通等电商和物流企业入驻，提供展销、运营、培训、孵化、物流、设计等电子商务全产业链一站式综合服务，营造了“你拎包入驻，我提供平台；你负责创意，我帮你实现”的发展环境。“90后”女孩姬冰纯带领创业团队，打造“桃如意”黄桃罐头品牌，2015年网络销售额1.5亿元；返乡青年周波成立带澳飞农业科技公司，打造“淘气的梨”品牌，每日接单量超过1万件。亿度商业管理集团建设120家村级服务点，推出服务点＋合作社＋便利店模式，实现了农产品进城和网货下乡的双向流通。2015年4月，砀山县电子商务协会成立，吸引200多家企业和个人参与。2016年春节以来，苹果滞销严重，电子商务协会召开义卖启动会，帮助果农渡过难关，每天发货不低于10万件，是上年同期的10多倍，基本解决了苹果滞销问题。电子商务有效带动了全县酥梨、黄桃价格的上涨，提升了砀山酥梨等品牌价值。砀山县已获“中国50家有较强影响力的果品区域公用品牌金奖”，还被评为“中国最美生态宜居旅游名县”。

案例 10－7

优渥有机农业有限公司由互联网企业转型进入有机农业领域，是“有机汇”品牌的运营主体，以网络平台建设为基础，致力于通过提供健康有机农产品解决客户一日三餐的食品安全问题，实现从“种植端”到品牌运营、产品销售、加工包装、物流配送、客户服务的全产业链融合。“有机汇”在山东省潍坊市峡山生态经济开发区拥有650亩有机基地，主要从事有机蔬菜种植及有机鸡蛋养殖，基地共有32个冬暖温室、10个高端拱棚、11个防虫拱棚、占地50亩的散养鸡场等有机生产设施，同时在黑龙江五常市安家镇建立1000亩有机大米生产基地，在山东省安丘市辉渠镇建立500亩有机小米生产基地，所有产品坚守有机种植，无农药、无化肥、无激素、无转基因，均通过中国、美国和欧盟有机认证，目前已形成了“有机菜篮子”＋“有机米袋子”＋“有机散养鸡蛋”的产品体系。“有机汇”同时向2836个家庭提供“农场直供餐桌”的家庭宅配服务。“有机汇”会员通过在“有机汇”专有平台以“合理组合＋个性换菜”的模式选取所需食材，然后公司根据客户下单摘菜，经过分拣包装、冷链运输、同城速递将新鲜、有机的农产品直供给消费者。依托电子下单，“有机汇”从消费者的精准需求出发，将农产品产业链由生产向包装、销售延伸，实现了以服务业发展带动的一、三产业融合。

以上模式主要是根据农村产业融合发展中第一、第二、第三产业的相对地位和组合方式划分的。现实中的农村产业融合发展模式，有的还程度不同地带有上述部分模式结合的性质。

三　培育新动能需要新办法

（一）推进农村产业融合：问题与制约

第一，对推进农村产业融合“是什么、为什么、怎么样”存在模糊认识，容易导致目标不清、重点错位、方式不当。

有些地方看不到农村产业融合是农业农村发展方式的深刻变革，

只是把推进农村产业融合简单理解为一项工作任务，或作为争取财政项目资金的抓手。有的看不到农村产业融合与农村第一、第二、第三产业各自分立发展的差别。

第二，融合主体规模小、层次低、功能弱、经营分散、同质性强，产业融合度和创新能力、竞争能力亟待提升。

许多参与农村产业融合的经营主体科技含量低、产品或服务档次低，创新能力、竞争能力，特别是整合资源、集成要素、拓展和提升市场的能力弱，难以形成对在较大范围内农户参与农村产业融合的带动力。有的经营主体参与农村产业融合徒有虚名，更妄谈通过融合文化、创意或休闲体验等塑造特色。许多农村产业融合项目同质性强，又处于产能建设初期，待产能达到预期目标后，容易因同质竞争导致产能过剩、竞争加剧和赢利能力明显低于预期，影响发展的可持续性。

第三，利益联结机制不健全，对参与主体特别是农户的辐射带动作用亟待提升。

许多融合主体同农户的利益联结松散，多以订单收购为主，甚至订单合同也不规范，随意性强、履约率低。有些融合主体与农户之间只是简单的买卖关系，或同农户之间只强调风险共担，不重视利益共享和共同参与，通过保护价收购、利润返还、股份分红等方式惠及农户的范围有限。有些农村产业融合项目看起来"高大上"，但主要是融合主体"自弹自唱"，农民在其中缺乏"存在感"和"显示度"。有些融合主体把同农户之间普通的市场行为，如租地和吸纳农户就业，"包装"成强化利益联结的重要方式。有的强调同农户之间的利益联结越紧密越好，不注意调动经营主体的积极性，导致农村产业融合项目惠及的农户有限。有的融合主体只是把通过股份（合作）制同农户之间形成利益联结，作为争取财政项目资金的"敲门砖"。待项目支持期满后能否存续，具有很大的不确定性。

第四，对重点领域、关键环节的政策支持亟待加强，政策支持的有效性不足。

许多地方对农村产业融合的政策支持眉毛胡子一把抓，对重点领域、关键环节辨识不清、重视不够，导致公共平台、营销网络、标准化、品牌化和融合主体之间的联合合作成为“短板”，严重影响农村产业融合质量、效益和竞争力的提升。许多地方“山好水好景更好”，但水、电、路等基础设施“最后一公里”问题，导致生态、景观优势难以转化为经济优势，制约农民增收。有些地方习惯于按照特惠式方式选择农村产业融合的支持对象，导致不同融合主体之间缺乏公平竞争。有些地方对农村产业融合的支持，习惯于政府“亲力亲为”“事必躬亲”，对发挥行业协会、产业联盟的作用重视不够；习惯于明确政府各部门责任分工，对推进部门合作、区域合作、条块合作、主体合作机制建设重视不够，影响农村产业融合提档升级增效。甚至企业之间、区域之间分散推进品牌化的过程，容易变成相互之间“打消耗战”的过程。

第五，要素市场发育滞后，资金、土地、人才等瓶颈制约难以消除。

首先是融资难、融资贵和融资环境差。如部分企业缺乏资金及时收购农产品原料，导致与农户之间的订单难以兑现，甚至影响商机。少数企业被迫用高利贷收购农产品原料。多数融合主体的土地经营权、畜禽和大棚、办公用房、种养设施等地上附属建筑物不能抵押贷款，加之银行贷款多以短期为主，加剧其融资难。随着经济下行压力加大，银行对企业“惜贷、拒贷、抽贷”现象增加，导致融合主体的融资难成为“难上难”，有的甚至因资金链、担保链断裂而破产。其次是用地难、吸引人才难。推进农村产业融合所需的农业生产设施用地和仓储、加工、流通、休闲设施用地，往往因创造的地方税收少、土地指标偏紧而落空。农村产业融合项目的推进，导致对人才特别是高端人才、领军型人才和复合型人才的需求快速增长。但由于中国推进农村产业融合时间短、发展快，人才培养培训能力建设跟不上，人才短缺已经成为农村产业融合提升创新和竞争能力的瓶颈制约。

（二）战略思路和对策选择

推进农村产业融合要将提升农业的生产功能与激活农业的生活、

生态功能结合起来；统筹处理服务市民与富裕农民、服务城市与繁荣农村、推进农业转型与增强农业竞争力、增强农村发展活力与增加农民收入、推进新型城镇化与推进新农村建设、建设美丽乡村的关系，积极营造推进产业融合带动城乡协同的发展格局；在增强农产品供给保障能力的同时，把增加农民收入、增强农业产业链的竞争力和创新能力放在突出地位；引导不同融合主体之间、农业产业链不同利益相关者之间形成引领有效、分工协作、优势互补、链接高效的战略性伙伴关系。

1. 加强典型经验和案例的宣传，廓清不同试点示范项目的功能和特色分工

农村一二三产业融合发展有别于农村第一、第二、第三产业各自分立发展，是农村第一、第二、第三产业之间“你中有我、我中有你”的新型格局。较之于通常的农业产业化，农村一二三产业融合发展更强调产业跨界融合、要素跨界流动、资源集约配置，更强调高端市场、特色市场的开拓和文化、创意、科技、体验等内涵的渗透，更强调第一、第二、第三产业之间由外部链接关系转为相互渗透、交叉和重组关系，更重视产业之间网络化、集群化、信息化趋势，更重视城乡互动、以城带乡和要素市场、产权市场的发育；更重视农业工业化、工业服务化、服务产业化、产业信息化和绿色化。因此，农村产业融合不是农业产业化的简单复制，而是农业产业化的升级版和拓展版。要加强对农村产业融合现有试点示范项目和成功经验的总结宣传和推广，通过先行经验和典型案例的宣传剖析，引导地方政府和融合主体更好地了解农村产业融合是什么、为什么、怎么做，以便更好地澄清推进农村产业融合的目标，辨识其重点和有效方式。

建议有关部门不定期编辑农村产业融合典型案例选、召开农村产业融合典型案例解剖会、典型经验交流会，从融合主体和地区两个层面加强对典型经验的宣传、解剖，以及失败教训的总结剖析，提高宣传、培训的针对性和有效性。结合宣传培训，引导融合主体在农村产业融合领域稳打稳扎，“打持久战”，避免盲目投资加大经营风险。

当前从国家层面支持农村产业融合的试点示范项目主要有国家发

改委会同财政部、农业部等部委实施的“百县千乡万村”试点示范工程，财政部和农业部通过中央财政农村一二三产业融合发展项目支持试点省份建设，农业部农村一二三产业融合发展先导区项目。这些项目的实施，对于促进农村一二三产业融合发展增加农民收入发挥了重要作用。但从现有实践来看，在加强统筹协调基础上，进一步明确不同类型试点示范项目的支持定位和功能特色，形成支持重点适度错位、分工协作的试点示范体系，有利于增强政策支持的有效性。建议“百县千乡万村”试点示范工程以支持试点为主，突出深化体制机制改革、政策创新和优化农村产业融合空间布局等试点内容；农村一二三产业融合发展先导区项目突出成熟成型经验的总结提升和复制推广；中央财政农村一二三产业融合发展项目支持试点省份建设，突出支持农村产业融合的区域分工协作、利用城市群和区域中心城市对农村产业融合的引领带动作用。

2. 积极支持新型融合主体成长及联合合作，完善人才成长和培养培训环境

促进农村一二三产业融合发展，要注意立足农业、依托农村、惠及农民。相对于普通农户，在推进农村产业融合过程中，新型融合主体往往理念新、能力强，规模优势、竞争优势和网络优势显著。要通过财政补贴、以奖代补、财政贴息、政府采购公共服务等方式，加强对新型融合主体的支持，鼓励其开展示范企业、示范合作社等创建活动，鼓励不同类型组织、不同类型主体之间加强联合合作，并增进利益联结，将增进规模经济与范围经济有效结合起来，进一步增强竞争优势和带动农民增收的能力。要把支持新型农业经营主体和新型农业服务主体作为支持新型融合主体的重点。在许多农民专业合作社发展基础好的地区，要将重点由支持农民专业合作社转向支持农民专业合作社联合社，或农民专业合作社与龙头企业、家庭农场等合作。近年涌现的部分复合型农村产业融合组织，如现代农业产业化联合体、农业共营制对区域范围的农民增收带动效应显著，要加强引导支持，鼓励其在发展过程中克服自身问题和局限。

要注意引导新型农业经营主体和工商企业、社会资本扬长避短，

投资或参与发展农村服务业，成为农村新型服务主体，鼓励其走规模化、产业化、集约化发展道路。建议结合推进农机补贴等政策转型，支持新型农业经营主体、新型农业服务主体加强关键性的农村生产性服务能力建设。鼓励新型融合主体围绕农村产业融合，开展资金互助、信用担保、互助保险、供应链融资等服务。鼓励农产品或农资经销商向农业生产性服务综合集成商转变。引导新型农业服务主体由提供关键环节农业生产性服务向提供全程农业生产性服务转变，由面向小规模农户提供服务向面向规模化的新型经营主体提供服务转变，由面向特定环节提供“碎片化”服务向提供覆盖全程的综合集成服务转变。

鉴于农村产业融合涉及领域广，复杂性强，跨界融合特征显著，技术、业态和商业模式创新的影响举足轻重，要把加强人才培养培训、优化人才成长发育的环境放在突出地位。推进农村产业融合不仅要重视专业技术人才，更应重视跨领域、复合型、创新型人才，特别是领军型人才；不仅要重视技术创新人才，更应重视业态、商业模式创新人才和资源、要素整合集成人才。鉴于新型农业经营主体、新型农业服务主体是推进农村产业融合的生力军，要重视加强新型农业经营主体、新型农业服务主体带头人和新型职业农民的培训，完善培训需求的瞄准机制。为增强科技对农村产业融合的引领支撑作用，要加强对农村产业融合科技特派员的支持，鼓励科技人员在农村产业融合领域创新创业，鼓励科技人员向富有创新能力的农村产业融合企业家转型。要结合支持创新创业，加强农村产业融合人才实训基地建设，引导外来人才更好地发挥对乡土人才成长的带动作用。只有外来人才的引进能够形成对更多本土人才“脱颖而出”的带动力，农村产业融合才具有可持续性发展的根基。

3. 加强对农村产业融合重点领域、关键环节的支持，创新支持方式

为更好地发挥财政投入“四两拨千斤”的作用，对农村产业融合的政策支持应该更多地采用产业化、规模化、市场化手段，通过财政贴息、以奖代补、先建后补和设立产业融合引导基金、投资基金等方

式加大支持力度，并重点瞄准以下重点领域和关键环节，即农村产业融合区域载体和相关平台建设，相关的关键性基础设施和服务能力建设，相关商会、行业协会和产业联盟运行及农村产业融合的跨区域、跨部门合作，产学研用合作，借此打造推进农村产业融合的“联合舰队”。也可通过政府设立农村产业融合风险补偿基金等方式，鼓励金融机构拓展对农村产业融合领域的中长期贷款。

4. 以营造有利于农村产业融合的产业生态为重点，深化体制机制改革

建议在总结现行试点示范经验的基础上，加大对体制机制改革的支持，着力营造有利于农村产业融合发展的产业生态，协调处理好发挥市场对资源配置的决定性作用和更好发挥政府作用的关系，并重点瞄准以下方面：创新农村产业融合的区域合作、部门合作机制和部门协同监管机制，深化相关公共平台和公共服务机构运行机制的改革，培育农村土地、资本、人才等要素市场和产权流转市场，探索商会、行业协会、产业联盟等运行机制改革，推进政策实施机制的创新。

5. 拓宽视野，完善利益联结机制，促进不同利益相关者互利共赢

完善经营主体与普通农户的关系，要因地制宜，引导选择较为紧密但带动农民增收较为有效的利益联结机制，切实做到风险共担、利益均沾、合作共赢、持续发展。强调经营主体与农户之间利益联结的紧密性固然重要，但强调利益联结的稳定性和可持续性更为关键。

第一，完善领军企业与一般经营主体的关系。有些工商资本主导的经营主体虽与农户没有形成直接的利益联结，但在推进农村产业融合过程中可以发挥“导航灯”作用。要鼓励其引领一般经营主体推进农村产业融合提质增效升级，带动农户等参与者增加“向心力”，并间接带动农民增收。支持领军企业应重点关注有无形成以技术、标准、品牌、质量、服务为核心的综合竞争优势，带动产业链、供应链、价值链提升价值增值和创新能力；以及在培育供应链不同环节的战略伙伴关系，增强对产业链、供应链、价值链的辐射带动力方面有更大作为。支持农民合作社的发展和联合，有利于增强农民在产业融

合利益分配中的话语权，促进战略性伙伴关系的形成。

第二，优化外来经营主体和本土化经营主体的关系。推进农村产业融合，规模化、组织化、集约化是基础，“小而散”的普通农户只宜成为参与者、“游击队”或“跟随者”。推进农村产业融合要将有效发挥本土化经营主体的主力军作用与外来经营主体的生力军作用结合起来。优先支持本土化新型经营主体成长，有利于将推动农村产业融合的过程转化为带动农户增收的过程，也有利于形成对外来经营主体侵犯农民权益的制衡机制，防止农民和社区利益边缘化。外来经营主体往往理念先进，也有较强的资源整合、要素集成和市场拓升优势；但如由其直接带动农户参与农村产业融合，容易因“水土不服”、缺乏“桥梁”而增大成本和风险；而主要依靠本土化新型经营主体，往往会因理念落后、能力不足，导致推进农村产业融合进展缓慢。这就迫切需要外来经营主体发挥引领示范作用，带动本土化新型经营主体更好发挥“二传手”作用，促进农村产业融合提质增效升级。

第十一章　创新驱动：重塑农业发展方式转变的动力源

当今世界，由要素驱动、投资驱动向创新驱动转变，日益成为各国经济发展和农业转型的潮流。全球经济面临危机后的深度调整，导致加快这种转变更为迫切。当今中国面对新一轮全球科技革命和产业革命的重大机遇挑战，加快实施创新驱动战略日益成为顺应新常态、谋求新动力的时代要求。推动农业走创新驱动的发展道路，是当前经济下行压力加大背景下稳定增长的现实途径，有利于培育新的经济增长点；更是提高农业质量效益和竞争力、打造发展新引擎的战略举措，有利于将农业发展更好地导入产出高效、产品安全、资源节约、环境友好的现代农业发展轨道。协同推进新型工业化、信息化、城镇化、农业现代化和绿色化，更加要求创新驱动为农业发展注入新动力。近年来，随着构建开放型经济新体制的提速，农业国际竞争国内化、国内竞争国际化更加凸显，更加要求依靠创新驱动塑造农业竞争新优势。2016 年 3 月发布的《中华人民共和国国民经济和社会发展第十三个五年规划纲要》，要求“牢固树立和贯彻落实创新、协调、绿色、开放、共享的发展理念”，并将创新提到引领发展“第一动力”的高度。科学技术是第一生产力，也是创新驱动的第一支撑力。可见，探讨依靠科技创新驱动加快农业发展方式转变问题，具有重要意义。

一　发展新要求

鉴于农业发展方式转变可从需求结构、产业结构（供给结构）、要素投入结构、产业组织结构甚至区域结构转变等方面来观察，本章研究也主要围绕这些方面来展开。

（一）农产品供求结构转型升级不断推进，对推进农业科技结构[①]转型升级提出新要求

从国内外经验看，随着城乡居民收入和消费水平的提高，社会对农产品的需求结构日益多样化，甚至个性化、体验化消费日益成为农产品消费需求的新增长点。如近年来中国农产品人均消费量变化的基本趋势是农村居民对粮食和蔬菜的人均消费量有所下降，城市居民对粮食和蔬菜的人均消费量在波动中略有下降；农村居民人均食油消费量、城市居民人均植物油消费量、城乡居民人均猪牛羊肉消费量在波动中呈现增长趋势，城乡居民人均家禽、水产品消费量呈现稳中略增趋势。2012 年，中国城市居民人均粮食、蔬菜、食用植物油、猪牛羊肉、家禽、水产品消费量分别相当于农村居民人均水平的 48.0%、132.6%、116.7%、152.4%、240.0%、281.5%。近 10 年来，全国总人口年均增长率为 0.5% 上下。2014 年中国城镇人口占总人口的比重已达 54.8%，随着城镇化的推进和人口总量的增长，中国的口粮需求总量将呈下降趋势，对蔬菜、食用植物油、猪牛羊肉、家禽、水产品的消费总量都将呈现增长趋势。

在城乡居民收入水平提高的同时，不同人群收入和对农产品消费需求的分化呈现日益深化态势，农产品需求的增长将日益呈现向专用化农产品、加工食品、品牌食品和安全化、优质化食品倾斜的趋势。与农产品/食品相关的服务质量和消费体验，也将日益成为农产品消费的重要影响因素。

加快农业发展方式转变的一个重要方向，是顺应消费结构升级的趋势，引导农业（产业）结构的优化升级。创新农业发展理念、目

---

① 农业科技涉及环节众多，影响因素复杂。尽管农业基础研究和前沿研究对于农业科技进步和创新能力建设具有不可轻视的基础作用，但为突出研究重点，本章研究在涉及农业科技问题时，主要探讨农业技术转移、成果转化和产业化问题，对农业基础研究和前沿研究存而不论。

标、战略和途径的一个重要趋势是引导农业由生产导向向消费导向转变。因此，从中长期趋势来看，农业供给结构（产业结构）转型升级和农业需求结构转型升级对推进农业科技结构转型升级的新要求，在方向上是一致的。综合而论，主要表现在以下几个方面。

第一，由粮食科技、种植业科技向全面的农业科技转型，在继续支持科技进步促进粮食安全的同时，突出加强对蔬菜、食用植物油、猪牛羊肉、家禽、水产品生产等的科技支持。

第二，由农业增产科技向统筹促进农业高产、优质、高效、生态、安全的科技转型，突出加强对农业优质、高效、生态、安全的科技支持。如有些农业技术可以促进农业增产，但会导致农产品品质和生产效益的下降，甚至容易形成对耕地质量和水环境的负面影响，不应作为今后农业科技支持的方向。近年来，农产品成本迅速提高、农业经营风险增加、农村青壮年劳动力短缺等问题凸显，农业用工成本的增加成为农产品成本提高的重要甚至主要推手。因此，促进农业节本增效降险的技术，特别是农机等节约人工成本的技术日益受到欢迎。随着消费者对食品安全重视程度的提高，生物肥料、生物农药及农业绿色生产技术日益成为农业科技发展的方向。发展休闲农业还要求农业科技由产品科技向景观科技转型。

第三，由粗放化的农业科技向精细化农业科技转型，加强对专用化农产品/食品生产的科技支持。如注意强筋小麦、中筋小麦、弱筋小麦栽培管理甚至加工技术的差异，以及饲用玉米、食用玉米和加工玉米栽培管理技术的不同。

第四，由主要惠及农业生产环节的科技向惠及农业全产业链的科技转型，加强对农业科技综合化、集成化的支持。特别是基于加工食品、品牌食品和安全化、优质化食品生产的需求，加强覆盖全程的科技支持，促进农业产业链不同环节技术进步的协同推进。如许多发达国家农作物新品种的研发，充分考虑其生产性能、加工性能、储藏性能等，注意与食品、农机、农资、农艺、农产品加工等方面的科技创新结合，甚至吸收产业链不同环节的利益相关者参与。随着农业产业链一体化的推进，农业科技与工业科技、食品科技，甚至生物医学科技的融合日益成为大势所趋。

（二）农业需求结构多样化和农业消费方式转变的深化，导致农业发展由科技创新驱动转向依靠科技的全面创新驱动更为紧迫

通常，农业需求结构多样化主要表现为产品种类、功能的多样化和延伸化。产品功能的多样化往往建立在产品专用化发展的基础上。如强筋小麦粉适合制作面包，弱筋小麦粉适合制作蛋糕和饼干，中筋小麦粉适合制作肉馅饼等。产品功能的延伸化，如加工食品特别是功能食品的开发，以及燃料乙醇等农产品能源用途的开拓。随着农业发展和城乡消费结构的升级，农业需求结构多样化日益由产品种类、功能的多样化和延伸化，拓展到在此之外的生活、生态功能上，由此进一步丰富了农产品消费需求多样化、个性化的内涵。如近年来，社会对农业景观、生态、科教、文化等多功能性的需求呈现迅速扩张态势。在越来越多的农产品价值构成中，不仅包括产品生产和流通环节创造的价值，还包括为提升产品品牌形象、改善产品消费体验付出劳动所创造的价值。如近年来中国食品消费日益呈现美食化、营养化、功能化、方便化和个性化的趋势。这与消费的体验化密切相关。今后的农业发展不仅要更加重视适应市场需求，还要更加重视增强引导和创造市场需求的能力。为此，农业发展依靠科技创新驱动日益具有必要性甚至紧迫性。但仅有这一点还是远远不够的。科学技术作为第一生产力，如果不与其他要素结合，往往无能为力。如产品品牌形象的提升、消费体验的改善，涉及消费需求的研判和对消费心理的引导利用，并非单纯的科技因素。

近年来，中国城镇化和人口老龄化的发展，丰富了农业需求结构多样化和消费方式转变的内涵，也加速了农业需求结构多样化和消费方式转变的进程。2020 年、2025 年中国的城镇化率很可能分别超过 60% 和 65%，届时城镇生活方式对整个社会农产品或农业消费方式的影响将会更加显著。与此同时，2014 年中国 65 周岁及以上人口已达 13755 万人，占总人口的比重超过 10%；2025 年前后中国很可能实现由老龄化社会向老龄社会的转变，即 65 周岁及以上人口占总人口的比重超过14%。城镇化和人口老龄化的深化，不仅会带动农产品需求结构的多样化，如增加对休闲食品、健康食品和优质农产品的需求；还会导致农业的生活、生态功能和对农业、农产品的体验化消费更加受到青睐。随着人口结构的变化，“80后”“90后”甚至“00后”日益成为社会的主导消费群体，由此会带动食品短链、社区支持农业、休闲农业和乡村旅游、电子商务等新型消费方式日益普遍化，导致农业或农产品消费更趋多样化和个性化。

农业需求结构多样化和消费方式转变的推进，不仅丰富了中国农业发展依靠科技创新驱动的内涵，还导致农业发展的创新驱动日益需要突破科技创新驱动的界限，需要将科技创新与管理创新、业态创新、商业模式创新甚至体制机制创新有机结合起来，需要将推进农业与其他产业的融合发展作为加强农业创新能力建设的重要方向；需要在重视产业、企业等供给层面创新的同时，进一步发挥需求层面创新的引导作用。近年来，生物技术、互联网技术、物联网技术、大数据技术等在农业中的应用日益广泛而深入，就是拓宽农业科技创新可能性边界、丰富其内涵的结果。中国休闲农业和乡村旅游、创意农业、智慧农业、社区支持农业等农业新业态、新商业模式迅速发展的经验证明，科技创新如果与管理创新、业态创新和商业模式创新有机结合，农业发展可以如虎添翼。如檀学文、杜志雄（2015）基于对北京郊区的一项研究发现，中小型生态农场在社会和生态维度具有强可持续性，但在经营层面存在较大风险，尤其是财务风险。这从反面揭示了中小型生态农场推进管理创新、业态创新和商业模式创新的紧迫性。

近年来，在农产品需求总量扩张、需求结构多样化推进的同时，中国农产品进口迅速增加，国内外农产品市场的联动性显著增强，国际农产品市场对国内农产品市场的影响日益深化。尤其是近年来，在农产品仓储物流、种子生产经营、农产品加工等领域，外资并购和参股国内企业的案例大量增加，增加了中国农业面临的产业安全风险和隐患。随着中国构建开放型经济新体制的提速，如何有效平衡争取开放红利与防控开放风险的矛盾，日益成为中国农业发展面临的突出问题。在此背景下，加快推进农业发展由科技创新驱动向全面的创新驱动转型更为迫切。这对于农业发展方式转变中更好地利用“两种资源、两个市场”，具有更加重要的意义。

（三）优化农业资源、要素结构和利用方式的重要性迅速凸显，为农业发展依靠科技创新驱动廓清新方向

就发展方式转变而言，如果说需求结构转变是引领、产业结构转变是表象，那么资源、要素结构和利用方式转变则是根基。加快农业发展方式转变的要义是，通过加快农业资源、要素结构和利用方式的转变，促进农业价值链升级的速度快于农业资源、要素成本攀升的进程。近年来，中国加快转变农业发展方式的重要性、紧迫性迅速凸显，一个重要原因是传统、粗放型的农业资源和要素利用方式，加大了农业发展对资源和要素投入的依赖，导致耕地质量退化、环境污染加重甚至局部生态破坏等问题日益突出；加剧了农业资源和要素利用结构不合理的问题，推动了农产品成本、机会成本的提高和比较利益的下降，影响农产品国际竞争力的提升和农业可持续发展能力的增强。随着加快转变农业发展方式重要性和紧迫性的迅速凸显，加快转变农业资源和要素利用方式，促进农业资源、要素集约利用、节约利用、循环利用和可持续利用，优化农业资源和要素结构，日益成为农业发展的时代要求。因此，农业发展依靠科技创新驱动必须突出以下新方向。

第一，增强农业科技创新和成果转化能力，通过推进科技向农业产业链的全程渗透和融合，促进农业资源、要素结构和利用方式的优化升级，增强农业转型升级的动力。2012 年中央一号文件要求“把提高土地生产率、资源利用率、劳动生产率作为主要目标，把增产增效并重、良种良法配套、农机农艺结合、生产生态协调作为基本要求，促进农业技术集成化、劳动过程机械化、生产经营信息化，构建适应高产、优质、高效、生态、安全农业发展要求的技术体系”，就是这个道理。

第二，提高农业经营主体的素质和创新能力，为优化农业资源、要素结构和利用方式提供依托。无论是种养大户、家庭农场、农民合作社、企业或工商资本投资农业等新型农业经营主体，还是普通农户等传统农业经营主体，提高素质、增强创新能力都是重要的。良好的农业经营主体不仅是科技创新的排头兵，还应是理念创新、管理创新、业态创新和商业模式创新的领路人。

第三，通过搭建优质资源、高级要素进入农业或在农业优化组合的平台，畅通企业和社会资本进入农业的渠道；为加强农民培训，促进技术、人才、信息等创新要素更好地进入农业，实现农业资源、要素的优化重组创造条件，更好地引领农业的理念创新、科技创新、业态创新和商业模式创新。

第四，促进农业科技化与信息化融合发展，发挥信息化对农业延伸产业链、打造供应链、提升价值链的引领支撑作用。近年来，信息化深入发展，日益呈现其高渗透性、强支撑性和广传播性；信息技术服务网络化、平台化和智能化趋势日盛，显著提升了信息化的功能。信息化向纵深推进，深刻影响着产业的成本结构、组合方式，加速着产业技术融合、技术创新、业态创新和商业模式创新的进程，提升了产销衔接、供求协调和创新要素集聚的可能性。这为农业延伸产业链、打造供应链、提升价值链提供了新的路径，也为发挥科技创新对全面创新的引领作用提供了更好更高的平台。

（四）农业组织创新和组织结构转型孕育新突破，要求为农业发展依靠科技创新驱动提供新依托

近年来，随着现代农业的发展和农业产业化经营的推进，农业组织创新日趋活跃，推进农业组织结构转型的基础不断得到夯实，为推进农业发展方式转变提供了重要载体。农业组织创新主要表现为各种新型经营主体的迅速崛起和农户等传统经营主体的分化、重组与改造，如龙头企业的发展、农民专业合作社的成长及合作社联合社的脱颖而出、家庭农场的发展等。供销社、信用社、邮政部门等传统服务主体的改造及其与农户关系的调整，也是农业组织创新的重要内容。随着农业组织创新的推进，新、老农业经营主体之间，农业经营主体

与服务主体之间的联结或组合关系不断丰富，农业组织结构转型的内容日趋丰富。农业组织结构转型一方面表现为不同类型农业组织之间比例关系和相对影响力的变化，以及不同类型组织之间联结方式的调整；另一方面表现为农业产业的纵向一体化和横向一体化。

推进农业的纵向一体化和横向一体化，[①] 有利于农业节本增效并降低风险，有利于增强农业的竞争能力。此外，农业的纵向一体化为农业发展更好地对接消费需求、产品市场、要素市场甚至产权市场提供了更多的端口；也为更好地集聚高级或专业化生产要素，提升要素质量、优化农业的资源和要素结构提供了机制保障；有利于增强农业对产品市场、要素市场和消费需求变化的快速响应能力，通过加强产业链整合提高农产品质量、改善食品安全治理，通过加强价值链整合增进农业的范围经济、协同效应、网络效应。农业纵向一体化也有利于促进农业产业链不同环节科技创新的协同和衔接，增强农业科技创新的针对性和有效性，并带动农业价值链升级。农业的横向一体化为增进农业的规模经济、实现农业资源和要素的优化组合提供了途径，也为农业龙头企业提高市场地位和影响力提供了保障。现实中的农业组织结构转型，大多不是表现为纯粹的纵向一体化或横向一体化，而是表现为带有纵向一体化与横向一体化结合性质的混合一体化。

随着农业生产经营组织创新的日趋活跃，加快发展农业生产性服务业的重要性和紧迫性日趋凸显。发展农业生产性服务业本身就是加快农业发展方式转变的重要途径，是农业生产经营组织运行提质增效升级的引领和支撑，因而也是整合农业产业链、提升农业价值链的依托。关于发展农业生产性服务业的作用，笔者曾经做过比较详细的分析。农业服务组织是农业生产性服务业发展的载体。因此，推进农业服务组织的发展，鼓励其对农业生产经营组织的运行和发展更好地发挥引领支撑作用，也应是推进农业组织结构转型的一个重要方向。

---

① 所谓农业纵向一体化也叫垂直一体化，即农业产前、产中、产后环节沿产业链有机结合甚至融为一体的过程。农业纵向一体化在微观上往往表现为农业生产经营组织将业务领域向产业链上游或下游延伸，在宏观上则表现为推进涉农第一、第二、第三产业的融合发展。所谓农业横向一体化也叫水平一体化，即农业同类产品或服务生产经营组织的联合、合作，甚至通过兼并重组融为一体。

（五）农业区域空间结构优化重组的重要性显著增加，亟待为农业发展依靠科技创新驱动探索新路径

农业发展的区域结构是农业产业结构、需求结构、要素结构的空间表现，与农业产业组织结构之间也有较强的互动关系。近年来，在农业迅速发展的同时，农业发展的区域空间结构正在发生重大变化，主要表现是农业发展向优势、特色产区集中的步伐不断加快，农业发展的集群化和区域专业化迅速形成，区域因素对农业发展依靠科技创新驱动的影响不断深化。近年来，各具特色的优势、特色农业产业带蓬勃兴起，现代农业示范区、农业产业化示范基地、国家农业科技园区、农业高新技术产业示范区、农产品现代流通综合示范区建设等日益受到政府重视，东北四省①节水增粮行动、分区域规模化推进高效节水灌溉行动、搭建区域性农业社会化服务综合平台、在重点产区整建制推进粮棉油糖高产创建等区域层面的财政支持项目不断加强，都是顺应了农业发展集群化和区域专业化的趋势。许多现代农业集群、产业区、产业带，往往是农业发展依靠科技创新驱动的样板区或先行区。顺应"创新动力和产业发展的重心正在向区域和次区域转移"的趋势，农业发展依靠科技创新驱动必须积极探索新路径。

但是，近年来在推进农业发展集群化和区域专业化的同时，农业发展与资源、环境承载力不相匹配的问题日趋突出。如2003—2014年，河南、河北、山东三省粮食增产量占全国粮食增产总量的比重达24.6%。包括这三省在内的华北平原已成为世界上最大的地下水"漏斗区"，追求粮食增产加剧了华北平原的地下水漏斗问题。同期，黑龙江省粮食增产量占全国粮食增产总量的21.1%，但这种粮食增产建立在耕地黑土层变薄、有机质含量下降、湿地减少、部分地区超采地下水等代价之上。至于为追求优势、特色农产品增产，将优势、特色农产品种植由适宜区扩大到次适宜区甚至不适宜区，导致相关农产品质量下降的问题更是比较常见。解决这些问题，科技和创新都大有

① 此处东北四省指辽宁、吉林、黑龙江三省和内蒙古自治区。

用武之地。可见，优化农业发展的区域空间结构，也是未来农业发展依靠科技创新驱动需要着力解决的问题。

近年来，中国主要农产品优势产区的转移，[①]也迫切要求为依靠科技创新驱动农业发展探索新路径。以生猪生产为例，总体而言，最近10余年来，猪肉生产区域布局的调整日益受到饲料和生猪（猪肉）运输成本、饲料来源的广泛性和可替代性、[②]猪肉消费市场的规模化和集中化程度、与人口密度相关的环境承载力和防疫压力等方面的影响，全国猪肉生产区域格局的变化趋势如下（见图11－1）：①猪肉产量占全国比重降低的省份多为发达地区或北京、上海、天津等特大城市。这些地区人均GDP水平和劳动力成本较高，加强环境治理的力度较大，产业政策不鼓励甚至抑制生猪生产，导致其猪肉产量占全国比重甚至猪肉产量下降。这些地区生猪养殖规模化、集约化的推进速度快于其他地区，还加剧了来自散养方式的猪肉产量下降。近年来河北省猪肉产量不增反降，占全国猪肉产量的比重降幅最大，主要是受京津冀环境治理力度加大的影响。②猪肉产量增幅较快的省份多为欠发达地区或粮食特别是玉米、小麦主产区。如江西、湖北、辽宁、广西、云南、吉林、黑龙江、新疆、海南、西藏等。③养猪业和猪肉加工业由城市中心区向外围地区的转移加快推进。与此同时，在同一地区内部，农产品生产结构也在不断发生新的变化。以农业大省黑龙江为例，详见表11－1。这种农产品生产结构的调整，也对农业科技空间供给结构的优化提出了新要求。

---

① 如2003年，中国前5大猪肉主产省（市、自治区）分别是四川、湖南、河南、山东和河北，这些省份占全国猪肉产量的比重均超过6%，合计占全国猪肉产量的41.8%；前10大猪肉主产省（市、自治区）还包括湖北、广东、江苏、安徽、云南，这些省份占全国猪肉产量的比重均超过4%，合计占全国猪肉产量的66.4%。2013年，中国前5大猪肉主产省（市、自治区）分别是四川、河南、湖南、山东、湖北，这些省份占全国猪肉产量的比重也均超过6%，合计占全国猪肉产量的38.6%；前10大猪肉主产省（市、自治区）还包括广东、云南、河北、广西、安徽，合计占全国猪肉产量的62.9%；但同年占全国猪肉产量比重超过4%的省份还包括江西、辽宁和江苏3省，占全国猪肉产量比重超过4%的省份合计生产全国猪肉产量的76.1%。

② 如近年来，陕西省占全国猪肉产量的比重明显提高，与该省水果产量较大、替代饲料资源较为丰富有密切关系。

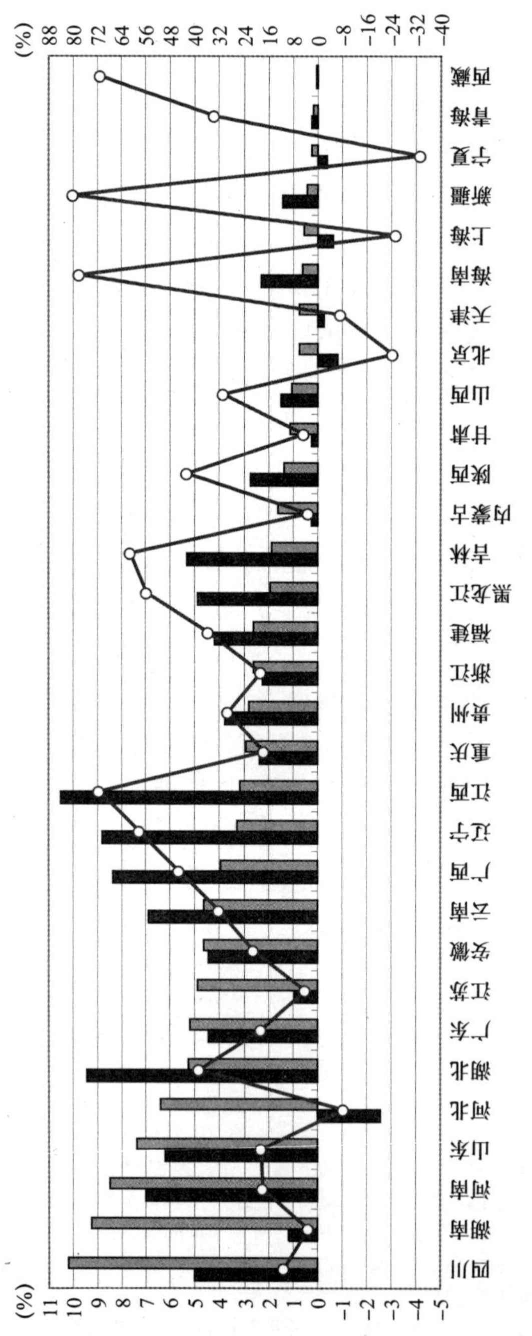

图11-1 2003—2013年全国各省（市、自治区）猪肉产量增长情况

表 11－1　2003—2013 年黑龙江省农林牧渔业总产值、肉类总产量及结构变化

项目		农林牧渔业总产值（亿元、%）					肉类总产量（万吨、%）			
		合计	农业	林业	牧业	渔业	合计	猪肉	牛肉	羊肉
数量	2003 年	903.3	502.9	59.1	294.2	23.10	151.5	85.6	29.9	6.7
	2013 年	4633	2856.3	180.6	1430.1	82.50	221.3	133.4	39.7	11.8
比重	2003 年	100.00	55.67	6.54	32.57	2.56	100.00	56.50	19.74	4.42
	2013 年	100.00	61.65	3.90	30.87	1.78	100.00	60.28	17.94	5.33

数据来源：根据《中国统计年鉴·2004》《中国统计年鉴·2014》整理。

此外，近年来，“一带一路”、京津冀协同发展、长江经济带三大国家战略已由概念阶段进入实施阶段。如何结合这三大国家战略的实施，探索农业发展依靠科技创新驱动的新路径，日益成为农业发展的时代要求。

二　难点与挑战

近年来，随着工业化、信息化、城镇化和农业现代化的深入推进，随着国内外发展形势和农产品供求格局、农业功能的变化，特别是中国经济发展进入新常态，农业和农村发展正在进入新的阶段，加快农业发展方式转变的重要性和紧迫性迅速凸显，对农业发展依靠科技[①]创新驱动提出了新要求、新期待。但是，依靠科技创新驱动加快农业发展方式转变，仍然面临若干难点和严峻挑战。

① 农业科技涉及环节众多，影响因素复杂。尽管农业基础研究和前沿研究对于农业科技进步和创新能力建设具有不可轻视的基础作用，但为突出研究重点，本章研究在涉及农业科技问题时，主要探讨农业技术转移、成果转化和产业化问题，对农业基础研究和前沿研究存而不论。农业科技创新能力是农业创新能力的重要支撑，但不应是唯一支撑。现代农业越发展，农业创新能力建设越需要科技创新与非科技创新能力建设齐头并进，实现科技创新与管理创新、业态创新、体制机制创新、商业模式创新相得益彰。因此，本章研究关注创新驱动加快农业发展方式转变问题，重视但不局限于农业科技创新。

（一）农业产业链技术转移和转化机制不健全，农业科技创新向产业创新转化的激励不足

通常科技创新是产业创新的依托和先导，但科技创新不等于产业创新。科技创新向产业创新的转化，主要是通过科技转移和产业化来实现的。当前中国农业产业链技术转移和转化机制不健全，增加了农业科技创新向产业创新转化的难度。一是中国农业产业链部门分割、条块分割的问题在总体上较为突出，容易导致农业产业链不同环节的技术创新、技术转移和产业化缺乏有效协同，“短板效应”制约农业产业链整体创新能力的提升。二是中国农业技术转移服务体系不健全，分工协作、网络发展的格局尚待形成，影响农业技术转移效率和效益的提升。当前在中国许多地方，农业科技成果家底不清、产权不明、资产流失、转化不畅的问题比较严重，农业科技成果因搁置不用形成浪费和无形资产损失的现象也比较常见，与缺乏有效的农业技术转移服务体系也有很大关系。多数农业技术转移服务机构规模小、层次低、功能弱、专业化和网络化发展不足，缺乏在不同区域之间、产业链不同环节之间协同推进技术转移的能力，也在相当程度上制约了农业科技转移及科技创新向产业创新的转化。三是适用农业技术转移的法律法规不健全，在知识产权保护、稳定农业生产经营者收益预期和保护农业技术转移中介组织权益等方面，存在明显不足。相对于工业技术转移，农业技术转移往往风险高、周期长，且受自然条件的影响大。当前农业技术转移基本套用主要适用工业技术转移的法律法规。但由于农业技术与工业技术的特点不同，适用工业技术转移的法律法规往往难以满足农业技术转移的需要。这种农业产业链技术转移和转化机制不健全的状况，往往加大了农业技术转移的成本和风险，容易削弱利益相关者推进农业技术转移的积极性。

当前中国农业科技创新的主体多在高等院校和科研院所，农业产业链特别是农业的多数科技创新成果也主要集中于此。这些高等院校、科研院所对科研人员的考核主要以论文和专利为导向，对推进科技成果转移和产业化的激励机制不足，在总体上也是突出问题。近年来，国务院和有关部委出台的相关文件也强调“强化创新成果同产业对接、创新项目同现实生产力对接、研发人员创新劳动同其利益收入对接”①“以满足科技创新需求和提升产业创新能力为导向……激发各类科技服务主体活力”②“探索完善科研成果权益分配激励机制”③。但总体而言，这些政策精神要落到实处还有很长的路要走。部分不尊重科研特点和发展规律，甚至按生产管理方式管理科研的科研经费管理制度，导致科技人员参与农业科技转移和产业化的积极性严重受挫。如前几年鼓励事业单位科技人员面向企业兼职开展科技服务，并据此获得合理报酬；也鼓励科技人员通过入股等方式参与农业科技转移和产业化，但近年来许多地方将此视为违纪甚至犯罪。政策执行的变化导致科技人员不敢参与农业科技转移和产业化。有些单位严格要求课题支出按照申请预算执行，缺乏宽容失败的环境和合法、必要的灵活性，也容易抑制科技创新的展开。

作为农业产业创新主体的农业生产经营者，如普通农户和家庭农场、农民合作社、龙头企业等新型经营主体，与作为工业产业创新主体的企业相比，大多具有规模小、实力弱、分工协作水平低、空间布局分散等特点。因此，与工业相比，农业科技创新主体与产业创新主体的协调衔接通常存在更大难度。在农业科技转移和转化机制不健全的背景下，农业科技创新和产业创新主体错位与协调衔接不畅，一方面，容易导致农业科技创新的资源错配和供求结构性失衡，导致农业科技创新主体的科技供给难以有效满足农业产业创新主体的科技需求；另一方面，容易导致农业科技创新难以得到农业业态创新、商业模式创新的呼应与协同，制约农业整体创新能力的提升。

---

① 《中共中央办公厅、国务院办公厅印发〈深化科技体制改革实施方案〉》，中华人民共和国中央人民政府网（www. gov. cn）2015 年 9 月 24 日。

② 《国务院关于加快科技服务业发展的若干意见》（国发〔2014〕49 号），中华人民共和国中央人民政府网（www. gov. cn）2014 年 10 月 9 日。

③ 《国务院办公厅关于加快转变农业发展方式的意见》（国办发〔2015〕59 号），中华人民共和国中央人民政府网（www. gov. cn）2015 年 7 月 30 日。

（二）政府主导的公共服务机构职能定位过宽，公共服务能力建设和供给方式创新滞后

近年来，中国农业结构调整和农业产业化经营日益呈现多元化、纵深化趋势，农业经营主体的分化重组不断加快，导致农业发展对科技和创新的需求迅速分化，日益呈现细分化、多元化和多层次化态势。一般而言，在现代农业发展的初级阶段，如果龙头企业、农民合作社、农产品行业协会、农业产业联盟等发展不足，那么，政府主导的公共服务机构职能定位较宽，对农业发展的公共服务需求大包大揽或拾遗补阙，往往有其必要性和合理性，至少可以较好地规避农业公共服务供给形成“真空”状态。但是，随着现代农业的发展，农业公共服务需求迅速扩张，并呈现由生产层面向产业链层面拓展的趋势。如果长此下去，不仅容易加剧农业基本公共服务供给的短缺，加大非基本农业公共服务供给的“真空地带”；还会加剧农户、家庭农场等农业经营主体发展农业的困难和风险。在此背景下，政府主导的公共服务机构难免会出现经费少、人员缺、机构不健全、服务供求错位和供不应求等问题，导致政府主导的农业公共服务机构不堪重负。况且，当今世界，农业发展日益呈现科技创新与业态创新、管理创新、商业模式创新融合发展的趋势。当前在大多数地方，总体而言，政府主导的公共服务机构提供公共技术服务的能力往往较强，但在业态创新、管理创新和商业模式创新等方面所能提供的公共服务能力往往薄弱，与农户、家庭农场等经营主体的需求差距较大。因此，主要依靠政府主导的公共服务机构来满足现代农业发展对创新的需求，其难度将越来越大。

与此同时，公共服务能力建设和供给机制改革滞后，也在一定程度上加剧了农业公共服务供给不足和供求错位的问题。如县乡两级农业推广机构提供公共服务，相当一部分是“资金跟着项目走”，许多项目结束后，相关公共服务能力也就等于“无源之水”了。当前，许多地方基层农业公共服务机构队伍不稳、人员专业结构不合理、知识结构老化等问题较为普遍，与此有很大关系。在农业公共服务供给

中如何引入市场机制，有效扩大政府采购公共服务的范围；如何有效形成公共服务供给主体、供给方式的多元化协同发展机制；如何深化非基本公共服务市场化改革，吸引社会资本参与；这些在总体上仍处于“星星之火”的探索阶段，在不少地方甚至并未引起足够重视。近年来，许多农业产业化龙头企业、农民合作社、农产品行业协会等在农业公共服务供给中日益发挥了重要作用，但政府主导的农业公共服务机构与龙头企业、农民合作社、农产品行业协会等在提供公共服务方面的分工协作或联合合作机制建设，在总体上仍处于起步阶段，在多数地方甚至几近空白。这对农业科技进步和创新能力建设的影响也是深刻的。

（三）新型农业经营主体对普通农户的示范带动作用仍待提高，网络效应和领军能力亟待增强

近年来，从种养大户、家庭农场到农民合作社、农业产业化企业以及投资农业的工商资本，各类新型农业经营主体迅速成长，成为依靠科技创新驱动加快农业发展的生力军，其示范带动效应日趋凸显。但由于发展时间短，其发展能力的成长和作用的发挥都需要经历一个“历练”的过程。当前总体而言，新型农业经营主体的发展大多面临规模小、层次低、功能弱、吸引优质要素难的问题，对普通农户的示范带动作用亟待增强。如部分工商资本投资农业，基于对农业市场前景的乐观估计，但对初期开拓市场和建立信誉、品牌的难度估计不足，对农业经营的特点和风险及自身在农业技术、经营管理方面的缺陷缺乏清醒认识，往往“开局前景诱人，经营每况愈下，结果悲情收场”。

近年来，许多地方各类新型农业经营主体之间的联合、合作蓬勃发展，分工协作、优势互补、网络联动格局开始形成。但总体而言，在依靠科技创新驱动加快农业发展方式转变方面，各类新型经营主体的功能特色仍然不够清晰；不同经营主体之间分工协作、优势互补、层次有序、网络发展的格局尚未成型，甚至在相当程度上存在着农业经营主体“碎片化”“散在化”的倾向。因此，在依靠科技创新驱动加快农业发展方式转变方面，各类新型农业经营主体的节点效应及其

对普通农户的示范带动作用亟待增强。这在相当程度上制约着科技在农业中的推广应用，也妨碍着农业创新能力和竞争能力的提升。

新型农业经营主体的示范带动作用不足，不同类型经营主体之间的网络效应亟待形成，在产业链或产业区的领航企业上表现得尤为突出。如在中国许多农业产业链，缺乏具有协调、整合能力的领航企业，导致产业链的发展难以形成有效的集体行动，片段化、碎片化问题较为突出。这不仅容易耗散农业产业链不同环节之间、不同利益相关者之间推进科技创新的效果，还容易导致社会或消费者对农产品功能、质量和数量的需求难以有效传导给农业生产经营者，转化为推进农业科技产业化的动力，并为其廓清农业科技产业化的方向。在当前许多农业产业集群或产业区的发展中，领航企业的导航能力不强，行业协会、产业联盟和农业技术市场等提供中介服务的能力薄弱，也是农业提升创新能力的瓶颈制约。

（四）财政尤其是中央财政增加农业科技和创新投入的难度加大，完善农业科技投入的多元化、市场化融资机制更加紧迫

相对于工业和服务业，农业发展的更多领域具有较强的公共品属性，如粮食和主要农产品有效供给、食品安全、扶贫开发等。因此，农业发展更多地需要中央政府和省级政府承担责任。但是，近年来，中国财政收入尤其是中央财政收入的增速明显放缓，增加财政农业科技投入的难度显著加大。如2001—2011年11年中，中国公共财政收入年均增长20.5%。但是，2012—2014年公共财政收入分别较上年增长12.9%、10.2%和8.6%，增速明显放缓。如2012年、2013年、2014年中央公共财政收入的增速分别低于地方公共财政收入增速6.8、5.8和2.8个百分点。2014年，中国一般公共财政预算收入的增速已是1992年以来中国财政收入的最低增速。[①] 2015年1—8月，全国一般公共预算收入较上年同期增长7.4%，同口径增长5.2%，同口径增幅较上年同期回落3.1个百分点；其中中央一般公共预算收

① 楼继伟：《如何应对1992年以来最严重的财政收入下滑》，人民论坛网（www.rmlt.com.cn）2015年8月12日。

入较上年同期增长5.7%，同口径增长5.4%；地方本级一般公共预算收入较上年同期增长8.9%，同口径增长5.0%。[①] 当前经济下行压力依然较大，结构性减税和普遍性降费继续向纵深推进，未来的财政增收形势依然比较严峻甚至会更加严峻。同时，政府在稳增长、调结构、促改革、惠民生、防风险方面必须保证的基本支出项目越来越多，增加了财政对农业科技和创新增加投入的难度。

问题的严重性还在于财政增收形势的严峻性在各省、市、自治区之间往往不是平均分配的，在部分农业主产区此类问题往往更为严重。如东北的辽宁、吉林和黑龙江省都属于全国粮食主产区，在全国农产品生产中具有重要地位；2015年上半年这些省份GDP实际增速分别为2.6%、6.1%和5.1%，均低于全国GDP平均增速，分别位居全国倒数第1、倒数第4和倒数第3位；同期一般公共预算财政收入分别较上年同期下降22.7%、上升0.9%、下降19%。[②]

三 思路与选择

（一）加强农业科技和创新能力建设的统筹规划，健全财政引导的农业科技多元融资机制

要面向加快农业发展方式转变对于依靠科技创新驱动的新要求，着力引导农业科技资源配置结构的优化调整，为增强科技创新在全面创新中的引领作用创造条件。要按照做优增量与调整存量并举的方针，立足当前、着眼长远，完善财政对农业科技的资源配置，增强政府科技投入对于企业和社会科技投入的引领功能。要以满足科技创新需求和提升产业创新能力为导向，着力推进政策创新并引导体制机制创新，增强农业科技（结构）对农业需求结构或供给结构调整的动

① 财政部国库司：《2015年8月财政收支情况》，中华人民共和国财政部网站（www.mof.gov.cn）2015年9月15日。

② 参见佚名《2015年上半年中国31省市GDP增速排行榜（榜单）》，中商情报网（www.askci，com）2015年7月27日；初彦墨：《东北经济全面告急：GDP排倒数，人口严重外流》，搜狐新闻（http：//news.sohu.com）2015年10月2日。

态适应能力，增强科技创新在全面创新中的引领作用，为构建现代农业产业体系、生产体系和经营体系提供新路径，为提高农业质量效益和竞争力提供新支撑，为走产出高效、产品安全、资源节约、环境友好的农业现代化道路提供新动力。

通常，农业科技创新或成果转化活动，都具有不同程度的外部性。从国际经验来看，企业增加农业科技投资往往需要三方面的条件，一是有较为有效的知识产权保护制度；二是投资领域主要集中于企业愿意增加投资的农业化学品、食品加工、农业机械、农作物杂交种子等领域；三是政府大量的公共投资能够对企业投资发挥铺路搭桥作用，有利于企业投资节本增效并降低风险。加之，由于三方面的原因，相对于工业，政府对农业科技投资更多地发挥主导作用有其合理性。第一，大多数农业科技公益性强，成果物化难度大，保密性差，况且农业技术开发与资源、环保密切相关；第二，多数农业生产经营主体规模小、实力弱，在农业科技创新、成果转化过程中实现规模经济和范围经济的难度较大；第三，相对而言，消费者而非生产者更容易成为农业科技进步和成果转化活动的主要受益者。尤其在中国，当前农业生产经营主体多为“小而全、小而散”的农户家庭经营，家庭农场、农民合作社、工商资本投资的公司农场，甚至农业产业化龙头企业等新型农业经营主体大多面临规模小、实力弱的问题。因此，在农业生产领域，不宜强调建立“以企业为中心的科技创新体系”，而应该重视政府在农业科技创新体系建设中的主导作用。但是，鉴于现代农业日益成为产业链、产业体系的概念，重视政府在农业科技创新体系建设中的主导作用，与在农业产前、产后领域建立“以企业为中心的科技创新体系”并不矛盾。基于农业及其科技发展特性的差异，推动农业科技成果转化应将发挥政府的主导作用，与促进企业成为转化主体、产业链成为转化载体有机结合起来。

总体而言，农业科技显著的公共性、基础性和社会性，决定了财政增加农业科技和创新投入的重要性和紧迫性。但是，近年来，随着中国经济发展进入新常态，财政尤其是中央财政增加农业科技和创新投入的难度加大。因此，在努力增加财政农业科技投入的同时，创新农业科技投入的多元融资机制，探索从实验研究、中试到生产的全程科技创新融资模式，拓展产业投资基金、科技金融等支持农业科技和创新能力建设的渠道，鼓励社会资本参与农业科技创新创业，日益具有重要性和紧迫性。应加大对相关方面试验示范的支持，甚至鼓励相关试验示范与现代农业产业技术体系对接。要配合“以‘一带一路’建设、京津冀协同发展、长江经济带建设为引领，形成沿海沿江沿线经济带为主的纵向横向经济轴带”，发挥财政投入的引导作用，引导农业创新资源优化空间配置，实现集聚集群发展。

（二）健全农业技术转移和转化机制，强化农业科技创新向产业创新转化的动力支撑

增强农业的创新驱动能力、加快农业发展方式转变，根本出路在科技。在现有农业基础性、前沿性、公益性研究基础上，按照现代农业发展对科技的需求，通过健全农业技术转移和转化机制，增强农业科技创新能力仍有很大空间；对于提高农业基础研究、前沿研究甚至科学研究的投资效益，也有“画龙点睛”的作用。随着现代农业的发展，产业链、产业体系对于农业发展的重要性迅速凸显，推进农业发展的部门合作、条块合作日益成为时代要求。互联网经济发展带来的去中心化、去中介化趋势，城镇化发展和消费结构升级带来的消费者主权强化，还进一步增强了推进农业部门合作、条块合作的必要性和紧迫性。要以加强重点领域、薄弱环节为先导，以加强国家（区域）农业科技创新体系和现代农业产业技术体系为重点，把推进农业及其科技发展的部门合作和条块合作，作为健全农业技术转移和转化机制的重要方向，努力克服农业政策部门化、部门政策政绩化对农业科技创新和成果转化的负面影响。与此同时，健全农业技术转移和转化机制，还应着力加强农业技术转移服务体系和法律法规建设，努力提高农业技术转移的效率效益，增强其可持续发展能力。

第一，加强对涉农行业协会、农业产业技术创新战略联盟的支持，强化农业发展的协同创新机制。涉农行业协会和农业产业技术创新战略联盟的运行，有利于促进农业或农业科技节本增效，并降低或

分担风险；但更重要的还在于有利于促进以下三个方面。一是建立有效的农业科技资源整合机制和跨领域、跨行业、跨产业链协同创新机制，加快建立以企业为主导的农业产业链科技发展格局，健全农业科技（结构）对农业需求（结构）的动态适应机制，深化产学研、农科教结合，促进科技与现代农业产业链发展深度融合；二是加快共性技术、关键技术研发推广和人才队伍建设的进程，加强包括科技创新在内的全面创新能力建设；三是发挥农业产业化龙头企业或农业供应链核心企业的作用，按照现代产业发展理念和组织方式，统筹促进农业产业链、供应链、价值链的创新能力建设。要结合完善公共服务的政府采购机制，加快建立政府面向行业协会、产业联盟的公共服务优先采购制度，引导行业协会、产业联盟在加强现代农业创新能力建设中发挥引领带动作用。

第二，加强农业技术转移服务体系建设，引导不同类型的农业技术转移服务机构分工协作、优势互补、网络发展。农业技术转移作为农业技术成果从科研单位向农业生产经营者转移的过程，包括技术转让、技术转化、技术扩散等环节。农业技术转移服务体系包括农业技术市场、区域农业技术转移服务中心、区域主导产业专家服务系统、农业科技示范园等农业技术转移平台，以及农业技术经纪人、知识产权服务机构等农业技术中介服务组织。要借鉴国际经验，鼓励企业或工商资本通过 PPP 等方式，与政府共建农业技术转移平台。从国际经验来看，农业技术转移机构有营利与非营利机构、政府机构与民间机构之别。要根据不同类型农业技术转移机构的特点，采取有差别性的支持政策。通过建立创新导向的税收政策、人才培训经费扣除政策、健全公共服务政府采购制度等方式，鼓励农业技术转移中介服务机构推进创新能力建设，提升信息化水平，扩大市场需求。优先支持不同类型的农业技术转移机构分工协作、优势互补，加快形成网络发展新格局。将加快农业技术转移服务体系与加强涉农产权和要素交易市场建设结合起来，促进农业技术和资金、人才等创新要素配置机制的优化。

第三，加强农业技术转移政策环境和法律法规建设，完善农业科技转移和产业化的激励机制。许多发达国家注意通过经济激励和非经济激励机制，激发研究人员参与技术转移活动的积极性和创造性。如建立有效的知识产权保护制度，合理分配知识产权权益；把参与技术转移的情况作为科技人员晋升晋级的依据，为创建新企业提供支持等。要尊重科技活动与生产活动的差异，以落实现行政策为重点，完善鼓励科技成果转移和产业化的激励机制。要加强兼通科技和市场的复合型人才培养培训平台建设，鼓励科技人员或企业家在农业技术转移领域创新创业，向农业技术经纪人或农业技术转移服务商转化，成为农业科技创新向产业创新转化的“二传手”。创新农业技术转移服务监管制度，推进农业技术转移市场秩序的优化，引导农业技术转移机构规范化、标准化、品牌化发展。尊重农业技术转移特点和发展规律，按照鼓励先进、宽容失败、保护创新的取向，统筹兼顾知识产权保护、稳定农业生产经营者收益预期和保护农业技术转移中介服务组织权益，加强农业技术转移政策和法律法规建设。推动相关部门出台相关政策，促进科研经费管理制度创新更多地聚焦于出成果、出人才，并在遵守财经纪律和法律法规的前提下，根据科研活动的规律，适度增加经费使用的弹性或灵活性。推进科研评价制度由论文导向转向论文导向与成果转化导向并重，培育鼓励创新、优先推进协同创新的文化氛围。

（三）优化公共农业服务机构的职能定位，加快推进其改革创新

一般而言，在农业科技和创新能力建设中，公益性服务按其公共品属性的强弱，表现出较强的层次差别。推进农业公共服务机构的改革创新，首先要科学确定农业公共服务机构的职能定位，将精简提升普遍服务、优化改造重点服务和突出加强引导性服务有机结合起来。所谓精简提升普遍服务，即压缩不必要的普遍服务，确保必要的普遍服务做实做优，增强服务惠及的广泛性和农业经营主体对服务的可获得性，形成普惠性的农业科技和创新支持体系。所谓优化改造重点服务，即重点加强面向区域主导产业、现代农业重点领域或关键环节的科技和创新服务，创新公共服务供给机制，加大向社会力量购买服务的力度。所谓突出加强引导性服务，即在农业科技和创新能力建设中，注意增强政府主导的公共服务机构对新型农业经营主体、各类农业服务主体的引领、示范和带动能力。与此同时，要统筹考虑区域农业发展的需求和农业区域布局结构的调整趋势，加强市、县两级公共服务机构和面向区域主导产业的农业服务中心建设，确保乡村两级的普遍服务能够做实，强化企业、合作社、家庭农场层面的示范功能。鉴于近年来许多地区“推向市场，毁了推广”的教训，要努力规避把农业科技普遍服务简单推向市场的做法。因为市场化服务往往难以惠及居于边缘地位的小规模农户，难以形成普惠性的创新支持体系。与此同时，结合推进公共农业服务机构的改革创新，要加强对公共农业服务机构运行的经费支持，鼓励公共农业服务机构拓展农技人员的培训渠道；并根据区域农业结构调整的需求，加强对畜牧、水产等新专业人才的引进培育。

（四）完善创新创业环境，引导服务主体通过转型升级推进科技与经济融合发展

新型农业经营主体、新型农业服务主体是推进农业发展方式转变的生力军，也是增强农业创新能力的“领头羊”。为增强新型农业经营主体、新型农业服务主体对普通农户的示范带动作用，提升其在推进农业依靠科技创新驱动方面的网络效应和对农业价值链升级的带动力，要结合推进农业补贴政策的转型、政府采购公共服务机制的创新和优化面向小微企业的服务环境，加强对新型农业经营主体、新型农业服务主体和新型职业农民创新创业的支持，引导其专业化、规模化、集约化和品牌化发展，鼓励其在增加农业生产性服务业供给中发挥主角作用。要优化鼓励其创新创业的环境，加强面向新型职业农民或新型农业经营主体、新型农业服务主体带头人的培训平台建设，引导其培育企业家精神，增强创新创业的能力、市场竞争力和对资源、要素的整合能力。当前的农业科技和创新服务体系主要是直接面向为数众多的普通农户。未来农业科技和创新服务体系转型发展的方向，很可能是直接支持新型农业经营主体、新型农业服务主体，并通过其

面向普通农户的服务和示范，间接带动普通农户。同时，要鼓励供销社、邮政公司和农资企业等加快转型发展，结合业态和商业模式创新，探索发展农业生产性服务业和带动新型农业经营主体、新型农业服务主体、新型职业农民创新创业的方式。

（五）用产业链、供应链、价值链等现代产业发展理念和组织方式创新科技与经济融合发展的途径，推动农业科技创新、业态创新、商业模式创新和组织制度创新协同发展

现代产业竞争从表面上看是产品之间的竞争，实质则是产业链或供应链之间的竞争。推进农业产业链、价值链转型升级，打造农产品供应链，是加快转变农业发展方式的战略工程。借此，有利于拓展农业发展依靠科技创新驱动的理念，更好地促进农业发展由生产导向向消费导向转变，促进农业价值链升级；也有利于按照以消费者为中心的发展理念，加强和创新食品安全治理。这对于带动农业科技结构、农业创新能力结构转型升级，促进农业科技创新与业态创新、商业模式创新和组织制度创新协同推进，具有重要意义。为此，要注意以下几点。

第一，引导新型农业经营主体或新型农业服务主体立足自身优势，扬长避短，培育以技术、标准、品牌、质量、服务为核心的综合竞争优势，强化以消费为导向的现代农业发展理念和面向需求的现代科技发展理念。因为现代供应链管理强调供应链价值增值以供应链参与者发挥竞争优势、增强核心竞争力为基础，鼓励企业将非核心业务外包给业务伙伴；强调以客户为中心，整合集成整个供应链资源，从全局和整体上降低供应链成本、增强对客户需求的快速反应能力，借此提高客户满意度，提升客户价值和经济价值，增强产品和服务的竞争力。

第二，鼓励农业价值链领航企业或供应链核心企业脱颖而出，成为加快技术创新、业态创新、商业模式创新的“领头羊”和发展农业生产性服务业的“排头兵”，通过市场竞争形成以技术创新引领全面创新，或以营销网络、品牌或服务优势带动创新能力建设新格局。

随着分工的深化、需求的多样化和现代信息技术的发展，现代供应链日益由线性的单链转为非线性的网链，成为由所有加盟的节点企业组成的供应和需求网络。现代供应链管理强调通过资金流、物流、信息流的整合集成和供应链关系管理，实现供应链不同环节之间的协调运作和有机结合，实现整个供应链效益和效率的最大化。在此过程中，供应链核心企业或价值链领航企业的作用举足轻重。但供应链核心企业的影响力和带动力，主要是凭借其对信息、品牌、关键技术、营销网络、高端服务等控制力，通过作为供应链信息流、物流协调中心和结算、产品设计等关键服务中心发挥作用的。价值链领航企业的影响力，也是以其创造特殊价值的能力为依据的。要鼓励农业产业化龙头企业、家庭农场、农民合作社甚至投资农业的工商资本等各类新型农业经营主体、新型农业服务主体之间，通过联合和合作，更好地扬长避短，培育综合竞争优势。鉴于中国农业价值链的主要驱动力日益呈现由生产者驱动向采购者驱动转变的趋势，[①] 流通环节、农产品大买家（超市）对农业产业链、价值链升级的驱动能力正在显著增强，要注意加强对区域性、全国性中心批发市场或骨干零售商的支持，鼓励其增强对现代农业发展和农业产业化经营的引领能力，发挥作为农业供应链核心企业或价值链领航企业的作用。

第三，促进农业产业化龙头企业或新型农业经营主体支持政策的转型，优先支持各类新型农业经营主体、新型农业服务主体增强对整个农业供应链的辐射带动力，优先支持供应链不同环节之间、不同利益相关者之间形成战略伙伴关系。现代供应链管理基于集成管理的思想，重视围绕核心企业的网链关系，即核心企业与供应商、供应商的供应商等前向关系，以及其与客户、客户的客户等后向关系，注意通过协调供应链成员之间的关系，形成各方合作共赢局面。按照现代供

① 一般而言，农业价值链按照主要驱动力的不同，可分为生产者驱动和采购者驱动两种模式。生产者驱动的价值链以产业资本为原动力，更加强调技术进步和生产成本的降低，注重规模经济，降低生产成本，其战略环节多在生产领域，利润主要来自规模经济、技术所有及创新。采购者驱动的价值链以商业资本为原动力，更加强调营销网络和品牌优势，获得范围经济，其战略环节多在流通领域，利润多来自产品设计、销售、市场和金融服务的结合。

应链管理的理念，在供应链各节点企业之间是既竞争又合作的关系，单个节点企业的盈利，应该以整个供应链价值增值为基础，将发挥节点企业的竞争优势与形成供应链不同参与者之间互信协商、利益共享、风险共担的战略伙伴关系结合起来。借鉴这个思路，今后支持农业产业化龙头企业或新型农业经营主体，固然要继续重视其自身的发展绩效、创新能力和带动农民增收的能力；但仅有这一点仍是远远不够的。要将其在整个供应链价值增值和创新能力建设，在培育供应链互信协商、利益共享、风险共担的战略伙伴关系等方面，发挥引领、带动作用的情况和潜力，作为新的、更加重要的依据。为此，今后在完善农业产业化和现代农业等支持政策的过程中，要注意引导供应链核心企业或价值链领航企业在增强社会责任意识，加强供应链诚信环境建设，以及完善公正、公平的利益分配机制方面发挥带头作用，引导供应链不同利益相关者之间形成利益分配合理、协商合作高效和风险共担的利益共同体。要鼓励城市企业、工商资本尤其是网络平台型企业，通过推进一二三产业融合发展等方式，与新型农业经营主体、新型农业服务主体探索合作共赢方式，带动普通农户推进农业发展方式转变。

第四，进一步重视农民合作社及其联合社建设在构建现代农业产业体系、生产体系和经营体系中的战略地位，加强对农民生产经营组织化的引导和支持。当前，农产品从田头到餐桌的产业链驱动方式，正在发生从农产品生产者或加工者向由农产品大买家（超市）驱动的转变。这种转变对于加快农业发展方式转变、增强农业的创新能力，具有广泛而深刻的影响；但由此也容易导致城市企业、工商资本凭借其垄断地位或市场强势形成对新型农业经营主体、新型农业服务主体特别是普通农户的利益挤压，形成“企业控制产业”、农民利益被边缘化的困局；甚至导致小农户在资本、技术约束下被挤出农业价值链，主要作为劳动力要素加入劳动力市场。为解决这一问题，要重新审视发展农民合作社、推进农民专业合作社联合社建设的战略意义。因为这有利于增强农民在农业产业链利益分配中的话语权，增强农民“讨价还价”的能力。近年来，中国农民专业合作社发展很快，但是“重数量、轻质量、欠规范”的问题在总体上仍然比较突出。要加强农民合作社规范化建设，结合推进农民合作社示范社建设行动等，引导农民合作社提高发展质量，增强创新能力，鼓励其探索与农民、企业合作共赢新模式。要将加强对农民专业合作社联合社和对农民合作社服务体系建设的引导支持，完善农民生产经营组织化支持机制，为增强农业供应链不同利益相关者之间的战略伙伴关系探索新的途径。

第十二章　粮食安全：加快转变农业发展方式的根基

粮食安全是农业发展方式转变的重要约束条件，粮食发展方式转变也是农业发展方式转变的缩影。2017年中央一号文件提出，“推进农业供给侧结构性改革是一个长期过程，处理好政府和市场关系、协调好各方面利益，面临许多重大考验”，必须确保“粮食生产能力不降低、农民增收势头不逆转、农村稳定不出问题”。他山之石，可以攻玉，在加快转变农业发展方式的过程中，加强对国际经验的研究和借鉴，对于夯实粮食安全这个加快转变农业发展方式的根基，具有重要意义。本章将就日、韩两国谷物自给率变化的过程及其原因进行剖析，以期对中国维护粮食安全、推进农业发展方式转变有所启发。

一　问题的提出

作为拥有十几亿人口的世界粮食生产和消费大国，中国政府历来重视粮食生产，强调主要依靠自己解决国内粮食安全问题。1996年，由国务院新闻办公室发布的《中国的粮食问题》白皮书郑重提出，“立足国内资源，实现粮食基本自给，是中国解决粮食供需问题的基本方针。中国将努力促进国内粮食生产，在正常情况下，粮食自给率不低于95%，净进口量不超过国内消费量的5%”。2008年发布的《国家粮食安全中长期规划纲要（2008—2020年）》明确提出“保障粮食等重要食物基本自给”的目标，要求将粮食自给率稳定在95%

以上，其中稻谷、小麦保持自给，玉米保持基本自给。[①] 鉴于在国际上并不存在与中国口径一致的“粮食”概念。通常翻译的“粮食安全”，其英文是“food security”，准确译法应该是“食物安全”。在中国现行粮食统计中，真正能与国际比较的，不是“粮食”，而是“谷物”。因此，本章在分析日、韩两国维护粮食安全的经验教训时，主要采用谷物自给率衡量粮食安全状况的变化。长期以来，中国粮食以谷物为主，谷物产量占粮食总产量的比重均在90%上下，2015年为92.09%。因此，在比较国内外粮食安全水平特别是粮食自给率时，采用谷物自给率可以近似代替粮食自给率，较好地反映中国的粮食安全状况。中国谷物主要是稻谷、小麦和玉米三大类。以2015年为例，全国稻谷、小麦、玉米产量合计占谷物总产量的98.39%。

多年来，由于中国政府积极完善粮食生产支持政策，引导地方政府和农民等利益相关者不断增加粮食生产投入，中国的粮食安全状况不断改善，粮食自给率也长期保持在基本自给的水平之上。如20世纪末的1996年和21世纪初的2007年，中国粮食自给率分别达到98.0%和95.8%。在1999—2003年连续5年粮食减产的背景下，2003年中国粮食自给率仍达99.9%。到2008年止，在绝大多数年份内，中国谷物自给率一直稳定在100%以上。2000年中国谷物净出口1063.0万吨，2003年增加到1986.0万吨，2008年下降到32.1万吨。从2009年开始，中国谷物已由之前基本呈现净出口格局，转为净进口格局。2009年，全国谷物净进口量达到178.0万吨。2015年和2016年，中国谷物净进口量分别达到3218.2万吨和2136.1万吨，谷物自给率分别下降到94.68%和96.51%。

前车之鉴，后事之师。尽管在中国粮食安全问题上，更好地利用国外资源和国际市场，是长期的必然趋势和理性选择；但作为一个发展中巨国，在今后相当长的时期内，解决中国粮食安全问题仍应主要依靠国内。这对于维持中国的长治久安和履行中国的国际责任都是必

---

① 本章主要按国内生产量占国内消费量之比来衡量粮食自给率。在具体计算时，鉴于粮食国内消费量的数据往往难以准确获取，本章用粮食国内生产量与进口量之和近似代替粮食国内消费量。

要的。鉴于近年来中国粮食或谷物自给率下降的趋势已经显现，汲取部分国家发展过程中粮食自给率下降的教训，避免重蹈覆辙，并防患于未然，对于今后有效防止中国粮食自给率出现进一步的快速下降具有重要意义。日本、韩国与中国同属东亚国家，农业生产的资源禀赋相似，都具有人多地少等基本国情。自20世纪60年代以来，日本、韩国都经历了一个谷物自给率迅速下降的过程，目前的谷物自给率在OECD国家中均属末位。因此，本章将就日本、韩国两国20世纪60年代以来谷物自给率下降的过程及原因进行分析，以此为基础，探讨对中国维护粮食安全的若干启示。

二 日、韩两国谷物自给率下降的过程

日本的经济发展水平高于韩国，且两国都明显高于中国。20世纪60年代以来，日、韩两国谷物自给率的下降态势都较明显（图12－1）。2009年日、韩两国的谷物自给率分别下降到23.6%和29.6%，形成了对国际市场的强烈依赖，尤以小麦、玉米为重。但两国大米自给率都超过90%，近年来还存在严重的大米过剩问题（表12－1）。

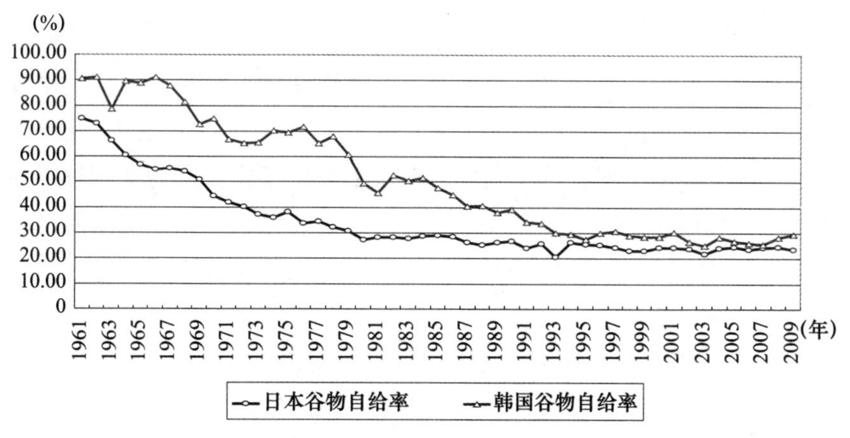

图12－1 日本、韩国谷物自给率的变化

日本谷物自给率的显著下降，主要发生在20世纪60年代和70年代，1961—1980年19年间谷物自给率年均下降2.52个百分点，1980年为27.2%。韩国谷物自给率的显著下降主要发生在20世纪60年代到90年代中期，1961年韩国谷物自给率为90.5%，1995年下降到27.5%，34年间年均下降1.85个百分点。

表12-1　**20世纪60年代以来日本、韩国谷物自给率的变化**　单位:%

年份	日本				韩国			
	谷物	小麦	大米	玉米	谷物	小麦	大米	玉米
1961	75.02	39.96	98.77	5.96	90.54	32.33	100.13	43.24
1980	27.22	9.48	107.77	0.03	49.35	4.59	82.40	6.15
1995	25.68	7.27	99.82	0.00	27.50	0.43	100.07	0.82
2009	23.62	12.49	92.00	0.00	29.55	0.48	94.91	1.04

三　日、韩两国谷物自给率下降的原因

（一）经济的高速发展和工业化、城镇化的迅速推进，加剧了同农业发展争夺资源和生产要素的矛盾

1956—1973年18年间，日本创造了经济长期高速增长的奇迹，实际的国民生产总值年均增长10%以上，工业年均增长率达到13.6%；以重化工业为主导的工业化进程快速推进，将日本成功转变为仅次于美国的世界第二经济大国。韩国1962—1996年实施了连续7个经济开发五年计划，迅速成长为新兴工业化国家，成为亚洲继日本之后第二个OECD国家。随着经济的持续高速增长，工业等非农产业要素生产率的提高明显快于农业，导致农业比较优势迅速下降，农业在资源、要素等方面的竞争劣势凸显，成为谷物自给率下降的重要推力。1962—1995年，韩国国民生产总值年均递增8.3%，但农林牧渔业增加值的年均增长率仅2.5%；20世纪90年代上半期下降到近乎停滞的0.1%。大量农村劳动力流入城市，形成农业劳动力短缺和老弱化问题；大量耕地等生产要素转入非农用途，农民弃耕和土地撂

荒。日本谷物自给率显著下降的过程持续时间短于韩国，但下降势头更为迅猛，一个原因是日本经济高速增长阶段较短，但经济高速增长阶段的增长速度更高。

（二）饮食习惯、消费结构的变化和农业结构中非谷物生产比重的提高，成为谷物自给率下降的重要推手

日、韩两国国民素以大米为主食，传统的农业生产以种植业尤其是稻米为主。20 世纪 50 年代，美国对日粮食援助、日本以食用面包为前提开展的学校供膳制度，推动着日本饮食结构和消费习惯“西化”。当时日本从美国进口小麦和玉米的价格往往低于其国内，为日本人饮食生活的西化提供了经济合理性。饮食结构和消费习惯的变化导致日本人小麦消费量迅速增加、大米消费量明显减少，也推动日本畜产品和蔬菜、水果等非谷物类农产品生产迅速扩张，挤占可用于谷物生产的耕地、劳动力等生产要素投入，并通过畜牧业发展带动饲料需求扩张，拉动玉米国内需求和进口增长。

韩国人喜食泡菜，泡菜出口规模也较大。相对于谷物种植，泡菜原料（大白菜）种植较易且周期短、收益高，导致许多韩国农民将种植谷物的土地改种蔬菜，加剧了谷物耕地减少、产量徘徊下降。韩国国民喜食猪肉、牛肉等料理，推动畜产品消费需求迅速扩张，间接拉动了玉米等饲用谷物消费增长，加剧了谷物自给率下降。

（三）农业经营规模小且以农为辅的兼业经营较为普遍，导致部分谷物品种进口比国内生产更划算

日本进入高速增长阶段后，随着农民在家兼业机会的剧增，专业农户和以农业收入为主的第一类兼业农户大量减少，以农外收入为主的第二类兼业农户大量增加，形成所谓“二兼滞留”。日本 1961 年的《农业基本法》追求“建立一种以自立经营农户为主的农业结构”。但“二兼滞留”阻碍了这种农业结构的形成，影响农业经营效率目标的实现。

由于农户农业经营规模小，以农为主的兼业经营较为普遍，加之

山区多、平原少和耕地分布零散，日、韩两国农产品成本和价格高，导致部分谷物品种从国外进口比国内生产更划算，这加剧了谷物自给率下降。20 世纪 50 年代初中期，美国麦类、饲料用谷物等产品的国际价格就已低于日本国内。

（四）农业劳动力老龄化的快速发展，加剧了耕地闲置和劳动力不足对谷物自给率下降的影响

日本农业从业人口的平均年龄，1995 年为 59.1 岁，2010 年上升到 65.8 岁。1960 年日本耕地利用率为 133.9%，1980 年、1999 年分别下降到 103.2% 和 94.1%。1995—2010 年，日本农业从业人口数减少了 37.2%，闲置耕地面积增加了 66.7%，这与农业劳动力老龄化有密切关系。韩国存在类似问题。

（五）本币升值和农产品贸易自由化，对谷物自给率的下降发挥了推动作用

日、韩两国随着农产品贸易自由化的推进，除稻米外的国外廉价谷物大量进口，挤占了国内谷物生产的市场空间，推动谷物自给率下降。如在饲用玉米进口已经自由化的基础上，从 20 世纪 60 年代中期开始，日本放开了青饲料用高粱的进口，导致饲用谷物进口量迅速扩张。

日、韩两国大米自给率仍然保持较高水平，很大程度上是因为两国长期实行对国内大米市场的强国境保护和高米价政策。近年来，迫于国际压力，韩国对大米市场的严格保护有所松动。为减少进口大米对国内大米市场的冲击，韩国将义务进口的外国大米主要用于工业、储备、饲料生产和对外粮食援助等。与此对照的是，近年来韩国基本放开了大麦、小麦和玉米进口，严重冲击了相关产品的国内生产。1975—1999 年，韩国大麦和玉米的播种面积分别减少了 90% 和 38%，小麦几乎停止生产。

谷物贸易自由化对谷物自给率下降的推动作用，还通过本币升值得到了进一步强化。从 1971 年起到 1995 年，日元对美元经历了长达

20多年的持续升值过程。尽管日本农业的劳动生产率不断提升，但提升速度赶不上日元升值速度，导致日本农产品竞争力下降，国外农产品进口成本下降、进口压力增大。

此外，农业政策选择的得失，也在很大程度上影响谷物自给率的变化。如20世纪50年代后，随着对小麦由直接控制向间接控制的转变和小麦进口的迅速增加，日本国内生产者的麦价相对于米价迅速下降，小麦生产比较利益低于大米的问题迅速凸显，这对20世纪60年代后小麦自给率的下降起到了推动作用。为解决水稻过剩问题，日本政府从1969年开始采取旨在调整稻米种植面积的“减反”政策，这种政策以强制性和按同一比例分配调整任务为特征，对生产效率较高的大规模农户不利。日本农地转用政策中暧昧的转用限制规定和巨额的转用收入，也给大规模农户集中土地增添了困难，成为阻碍农业自立的重要原因所在（速水佑次郎、神门善久，2003）。按照中国当前的说法，这些政策不但没有鼓励反而抑制了农业发展方式转变。

四 结论和启示

（一）日、韩两国进入经济高速增长阶段后谷物自给率下降的经历及其原因值得中国高度重视，以防患于未然

日、韩两国经济进入高速增长阶段后谷物自给率下降的原因，在中国也是程度不同地存在的。

1. 随着经济的持续快速发展和工业化、城镇化的迅速推进，中国工业化、城镇化与农业现代化争夺土地、资金、劳动力等生产要素的矛盾将会日趋激烈

近年来，随着中国经济发展进入新常态，经济从高速增长向中高速增长的转变正在迅速形成。但是，目前中国GDP的年均增长率仍在6.5%以上，接近韩国曾经经历的经济高速增长阶段GDP年均增长率。在此过程中，农业发展必然面临与工业化、城镇化争夺资源、资金和发展要素的严峻挑战。虽然中国政府一再强调要坚持在工业化、信息化、城镇化深入发展中同步推进农业现代化，但如何做好同步推

进农业现代化的文章，避免谷物自给率的持续快速下降，不可掉以轻心。

2. 随着对外开放的扩大和城镇化建设的推进，农产品消费结构多元化和农业结构调整对中国谷物生产和谷物自给的影响将日益深刻

实际上，农产品消费结构多元化，特别是肉奶蛋水产品消费地位的上升过程，在中国早已开始，并将在较长时间内持续。农业结构调整，特别是其中非谷物生产比重的上升，与中国谷物生产的资源竞争和市场竞争，近年来还呈加速趋势。只不过由于中国和日、韩相比在下列方面有明显不同，中国稻谷、小麦、玉米三大谷物之间的自给率不太容易形成类似日、韩那样大的反差而已。

第一，中国地域空间广阔，不同类型地区居民饮食结构和消费习惯的差异较大，有的以大米为主食，有的以小麦为主食，近年来随着地区之间人口流动的加快，出现了不同地区、不同人群主食消费习惯相互渗透和融合的倾向。这与日、韩两国主食消费结构有明显不同：日、韩两国的主食消费在历史上向大米“一头沉”，近几十年来受欧美消费习惯影响，出现明显的以麦代米倾向。况且，由于大米较面粉在使用上更为方便，近年来在中国传统的以小麦为主食的地区，大米消费增加和以米代面的倾向明显增强。

第二，日、韩两国的谷物种植长期以来也是向大米“一头沉”，由于地理条件和地貌类型等原因，两国小麦、玉米种植成本较高，相对于小麦、玉米进口缺乏经济合理性，这是将其逐步推向完全依赖国际市场的重要原因所在。而在中国，虽然近年来玉米生产在谷物生产中的相对地位不断提升，已由第三大谷物转变为第一大谷物，但到2016年在全国谷物总产量中，稻谷、小麦、玉米的占比仍然分别为36.61%、22.80%和38.85%。受稻谷、小麦、玉米生产比较利益变化的影响，至少在今后相当长的时期内，不同主要谷物品种之间的替代，短期内还难以形成类似日、韩两国“一头沉”的格局。

第三，在日本，作为主要谷物的大米传统上仅限于食用，与饲料谷物之间几乎不存在替代关系（速水佑次郎、神门善久，2003）。而在中国，由于部分地区、部分人群以小麦为主食，作为主食的小麦与

作为饲料粮的玉米等谷物之间具有较强的消费替代性。这些因素进一步增加了谷物市场和农产品贸易自由化对谷物自给率影响的复杂性。

3. 日、韩两国其他因素对谷物自给率变化的影响，近年来在中国也呈不断深化态势

第一，与日本、韩国类似，中国农户农业经营规模小的问题也较为突出。近年来，中国农户兼业经营，特别是以农为辅的兼业经营迅速发展，在许多地区已经呈现以第二种兼业农户为主导的特征。这种小规模农户兼业经营已经形成了对农业节本增效的严重制约。今后，随着工业化、城镇化的深入推进，由此形成的制约作用很可能进一步凸显。

第二，近年来中国农村劳动力老龄化的问题已经比较严重，今后还将进一步加重。如果不注意加强政策引导和对农业服务体系发展的支持，农村劳动力老龄化很可能进一步加剧中国耕地闲置、抛荒和农业劳动力不足的问题。①

第三，人民币汇率变化和农产品贸易的加快自由化，正是中国当下正在发生的事实，未来国际市场对中国的影响将更加全面、直接和深刻。况且，中国已是世界上农产品市场最开放的国家，平均关税水平是全球的1/4，随着国内农产品成本上升和人民币汇率变化，进口对中国谷物安全和谷物生产能力建设的影响日趋显著。② 在此情况下，对于人民币汇率变化和谷物贸易自由化对中国未来谷物自给率的影响，切不可掉以轻心。

上述日、韩两国推动谷物自给率下降的因素在中国虽然存在，但并不表明在未来时期内中国一定会重走日、韩谷物自给率显著下降的老路。中国空间辽阔，不同类型地区之间区域发展的梯度差较大，加之人口规模远远大于日、韩，经济社会发展的回旋余地较大，又有日、韩乃至其他国家正反两方面的经验教训可供借鉴。只要注意加强

---

① 关于农村劳动力老龄化的影响，有兴趣的读者请参见姜长云（2013）。

② 农业部贸易促进中心：《新阶段中国农产品贸易发展政策研讨会暨国际农业研究体系2013年工作会议在京召开》，中国农业外经外贸信息网（www. mczx. agri. cn）2013年7月21日。

政策引导，切实将在工业化、信息化、城镇化深入发展中同步推进农业现代化落到实处，那么规避谷物自给率的显著下降、确保粮食安全仍是有很大可能的。

尽管如此，采取有效措施和政策调整，加强对谷物生产和粮食安全的支持，避免重走日、韩谷物自给率显著下降的老路，仍是非常必要的。在此方面，多些忧患意识和风险意识，既是对国家负责，也是对世界负责的表现。作为一个拥有13亿人口、占世界人口接近1/5的发展中大国，不要说有朝一日中国的谷物自给率下降到日、韩两国现在的水平，就是在现有基础上再下降10个百分点，对世界粮食安全、粮食市场和中国国际形象的负面影响，也是不可想象的。从2003年到2012年，中国粮食生产虽然实现了“九连增”，但粮食自给率仍由99.9%下降到89.4%，降幅超过10个百分点。类推下去，如果不重视强化政策引导和政策支持，粮食或谷物自给率再下降10个百分点，未必是不可能发生的事。况且，近年来中国粮食或谷物连年增产，是建立在谷物特别是玉米生产大量挤占豆类、薯类、油料、麻类、棉花、甜菜生产的代价之上的。在一定意义上说，当前中国谷物自给率仍能维持在较高水平，是以谷物之外豆类、薯类、油料、麻类、棉花、甜菜等经济作物自给率的下降为代价的。可见，对于未来中国谷物自给率可能下降的风险或其连锁影响，必须高度警觉；对于未来维持谷物自给率较高水平的代价，必须充分评估。未雨绸缪，丝毫大意不得。

（二）日、韩两国谷物自给率下降过程中的部分经验教训，值得中国借鉴

1. 总量平衡与结构平衡统筹兼顾更加重视结构平衡，把主食自给放在更加重要的政策地位

1961—2009年，日本的谷物自给率由75.02%下降到23.62%，韩国的谷物自给率由90.54%下降到29.55%。2009年，日本小麦和玉米的自给率分别为12.49%和0%，韩国小麦和玉米的自给率分别为0.48%和1.04%。但日、韩两国作为主食的大米自给率始终维持

在90%以上。这与两国对主食自给的特殊重视有关。

日本长期实行“基本口粮自给＋进口替代”的谷物战略，努力保障基本口粮（大米）自给，同时进口国内生产效率较低的谷物品种，主要是饲用谷物和小麦等。在韩国农业政策中，稻米的重要地位无可替代。国内外要求日、韩两国开放农产品市场的压力加大，但两国对农产品市场的开放也是先从非主食品种开始，对大米市场开放的影响进行审慎评估。中国已加入WTO，不可能效仿日、韩对大米市场高度保护的做法，但两国特别重视主食自给的经验仍值得学习。

从中长期看，对粮食安全的政策选择，不仅要有总量概念，更要有结构视角。中国以稻谷和小麦作为主要口粮，玉米主要作为饲料粮和工业用粮，大豆兼有榨油和提供饲料蛋白等多种用途。今后在中国粮食安全问题上，对稻谷、小麦自给和供求平衡问题应予特别重视；至于玉米特别是大豆，适当扩大利用国际市场将是必然趋势。近年来，中央提出“实施以我为主、立足国内、确保产能、适度进口、科技支撑”的国家粮食安全新战略，要求“确保谷物基本自给、口粮绝对安全”，说的就是这个道理。

2. 科学评估政府干预对谷物自给率的短期和长期影响，创新中国粮食价格政策日趋迫切

20世纪50年代初，日本为实现稻米增产，国产米的政府收购价格“以确保稻米再生产为宗旨”来确定，稻米的政府销售价“以稳定国民生活为宗旨”来确定，前者定得较高，后者定得较低，二者的差额由政府补贴。这种双重米价制度，建立在政府对大米市场的高度管制之上，对大米保持较高的自给率发挥了重要作用，但扭曲了大米贸易，对大米过剩局面的形成产生了重要影响。近年来，日本政府对大米市场的管制逐步松动，随着大米过剩和市场自由化的深化，大米价格和比较利益下降的问题迅速凸显，甚至稻米产量中可以覆盖生产成本的比例急剧下降。如何维持大米自给率，日益成为日本农业面临的新挑战。

20世纪90年代中期后，韩国由于稻米连年丰收、国民稻米消费减少，导致稻米库存增加，市场大米价格下跌。因此，2001年韩国

农林部将之前长期实行的稻米增产政策调整为以优质大米为主的适量生产政策，同时将之前不断提高大米收购价格的做法，调整为实行“稳定收购价格”政策。对因收购价格下跌而遭受损失的农户给予适当补贴。鉴于近年来国际上对韩国开放大米市场的压力不断加大，这种政策调整有利于韩国避免在今后开放大米市场后陷入被动。

近年来，中国先后在粮食主产区对稻谷、小麦等重点口粮品种实行最低收购价政策，又出台了对玉米、大豆等重要农产品的临时收储政策，有效促进了粮食增产和农民增收，保持了粮价稳定，也避免了粮食自给率出现大幅下降。但是，由于粮食最低收购价、临时收储价水平不断提高，带动国内粮价高于国际市场的局面迅速形成，为国外谷物产品的大量进口提供了便利，加剧了国产谷物在国内市场的滞销和国家财政负担不断加重的问题，并因相关产品进口量的扩大，导致大量的财政补贴效益外泄。同时，长期实行稻谷、小麦最低收购价政策和大豆、玉米临时收储政策，在一定程度上形成了政府定价左右市场定价的问题，容易导致国有粮食收储企业在粮食市场的垄断地位，影响市场机制在粮食市场的正常作用。从日、韩的经验教训来看，加快粮食最低收购价和粮食临时收储制度改革已日趋迫切。对此，越早改革越主动，代价越小；越晚改革越被动，代价越大。

3. 加大对农业发展方式转变的支持引导，有利于增强农业的国际竞争力

日、韩两国在谷物自给率下降的过程中，仍然采取了一些措施稳定谷物自给率。尽管这些措施未能根本扭转谷物自给率下降的趋势，但换个角度看，如果不采取这些措施，日、韩两国谷物自给率的下降过程可能更为迅速，负面影响可能更大。

支持农业发展方式转变，增强农业的产业竞争力，一直是日、韩两国维护谷物自给率的重要政策导向之一。如日本1961年颁布的《农业基本法》，确立了培育自立经营农户的政策方向，虽因种种客观条件的限制，未能实现预期目标，但很难说这种政策导向是错误的。根据速水佑次郎和神门善久对日本农业的研究，日本农业要想脱离政府保护而自立，最关键的还是要多培养一些能够在规模扩大了的

土地上熟练使用新技术、面对市场环境的变化及时调整投入和产出的具有较高文化和经营素质的农民。从日本的经验看，以大型机械为主导的农业机械化及与此相配合的农业技术的开发应用，有利于促进小规模农户的土地流转，并为规模化的自立农业经营创造条件。20 世纪 90 年代中期，日本就提出要支持以稻作为中心的“高效、稳定的农业经营体”发展，为此日本地方自治体进行了“认定农业者”工作，将按要求提出经营改善计划、有意愿的农业生产者确定为“认定农业者”，引导农地向其集中，并给予融资、税制优惠（晖峻众三，2011）。为提高谷物自给率，近年来，日本以培育大规模经营为对象，通过收入保险方式补贴稻米生产的收入，并推进农业经营体法人化。韩国政府 1996 年出台的“大米产业促进综合计划”，要求增加对农业基础设施的投资，培养专业农民，改良农业机械，扩大农场规模，建立大米加工中心等。这些措施多少类似于当前中国支持家庭农场等新型经营主体、促进农业产业化经营的政策导向。

从日、韩两国的经验看，面对农村劳动力老龄化背景下耕地闲置和劳动力不足等问题，通过土地流转或土地租借等方式，促进土地向自立经营农户或规模化种植主体集中固然是一个方向，但是农业作业承包的发展也是一个重要途径，主要表现为小规模兼业农户或高龄农户将耕耘、收获等部分乃至全部农业作业委托给设备齐全的专业农户。进一步地说，将培育农业企业家或发展自立经营农户，与发展农业生产性服务业有机结合起来，可望更好地培育农业的产业竞争力和自我发展能力（姜长云，2013）。少数农业企业家 + 大量老弱化的农民 + 发达的农业生产性服务业，不失为发展现代农业的重要途径。

4. 支持农产品质量的提高和引导农产品消费方式转变，可以成为提高农业竞争力的重要措施

长期以来，日、韩两国农产品成本高、价格高，尤以稻米为重，这成为日、韩两国农业广受诟病的重要原因之一。但是，日、韩两国的稻米质量较高，在国际上也是不争的事实，这在相当程度上弥补了两国农产品价格竞争力的弱势。20 世纪 70 年代稻米实现基本自给后，韩国对大米高产的重视逐步让位于对品质的重视，加强对稻米质

量的控制。近年来，面对大米贸易自由化的压力不断加大，韩国及时修订了大米标准，通过技术壁垒手段应对大米进口。新修订的大米标准分为国产大米标准和进口大米标准，进口大米标准严于国产大米标准。这样既保护了国内消费者利益，又保护了国内稻米产业免受太大冲击。在韩国人看来，稻米质量首先是安全属性，其次是营养价值，然后是食味和经济价值（马雷、张洪程，2005）。近年来，韩国政府进一步重视稻米质量的提高，希望以此为基础，增强稻米的国际竞争力，更好地应对大米市场开放的挑战。追求稻米质量的提高，在一定程度上影响稻米单产的增加，成为推高农产品成本的重要原因之一。

日本在20世纪50年代中期作为主食的大米达到历史最高产量后，大米不足问题基本得到解决，对大米供给数量的关注就转向对优质大米的关注。在日本人看来，当国民可以对主要粮食的品质和安全放心，并以可接受的价格买到粮食时，才可以说国民的粮食安全得到了有效保障（晖峻众三，2011）。日本大米的质量往往明显高于外国米，口感和味道尤其如此，这是外国米难以代替的。近年来，在国内外推进大米贸易自由化的压力下，随着稻米进口规模的逐步扩大，日、韩两国稻米产业遭遇的冲击往往未必像事前预期的那么大，除与两国对进口大米的用途仍有较强限制有关外，一个重要原因是，日、韩两国的稻米质量较高，与进口的低质大米处于不同的市场层级。近年来，在中国市场上，日本大米的价格往往高出国内大米很多倍但仍能畅销，一个重要原因是日本大米的质量较好，迎合了部分高端消费群体的购买力。

通过政策支持和宣传措施，引导居民消费和消费方式转变，也是日、韩两国影响谷物自给率变化的重要措施。近年来，为解决日本水田利用率下降问题、用足水田，日本政府注意通过消费引导措施，拓展国民对水田产出作物的新需求，力求借此解决大米生产过剩问题。如宣传以大米为主食的饮食结构营养均衡可以避免许多现代病；从环保角度宣传食用自给谷物的好处，比如可以避免大量食用进口食物增加碳排放，引导居民消费国产农产品，特别是地产地消农产品；要求学生餐提供每周若干次的米饭供应；开发利用非主食用大米，如饲用、面包用、食用油用大米等；借助食品质量安全事件，引导国民疏远进口谷物、增加国货消费（杨秀平等，2009）。近年来，面对日趋严重的大米过剩问题，韩国采取了一系列促进大米消费的政策，如把旧米用于酿造酒精，把新米提供给学校食用，加强对大米消费市场的研究和大米加工制品的开发，宣传用大米消费代替面粉消费的好处，甚至开展“买爱国米运动”。

从日、韩两国经验看，今后随着收入水平的提高、收入差距的扩大和市场细分的推进，消费者对农产品品质，特别是食品安全、健康、便利、消费体验的需求将会快速增强，以质量为依托的高端大米市场将会呈现更快扩张的态势。提高谷物质量对于增强相关产业竞争力的重要性，仍将进一步提高。2017 年中央一号文件提出，“促进农业农村发展由过度依赖资源消耗、主要满足量的需求，向追求绿色生态可持续、更加注重满足质的需求转变”，就是顺应了城乡居民对农产品消费结构升级的趋势。加强对居民消费和消费方式转变的引导和宣传，也在一定程度上有利于增强国内谷物的市场竞争力。

主要参考文献

[1] Alain de Janvry:《以农业促发展：成功新模式与选择》,《农业经济问题》2009 年第 12 期。

[2] [美] 阿瑟·刘易斯:《二元经济论》，施炜等译，北京经济学院出版社 1989 年版。

[3] [德] 艾瑞保:《农业经营学概论》，刘潇然译，农业出版社 1990 年版。

[4] [德] 布林克曼:《农业经营经济学》，刘潇然译，中国农业出版社 1984 年版。

[5] 蔡昉:《全要素生产率是新常态经济增长动力》,《北京日报》2015 年 11 月 23 日。

[6] 陈金龙、李思庚:《发挥职能优势促进农业发展方式转变——关于供销合作社参与转变农业发展方式的几点建议》,《中国合作经济》2016 年第 1 期。

[7] 陈文胜:《“两型”农业：中国农业发展转型的战略方向》,《求索》2014 年第 9 期。

[8] 陈晓华:《深入推进农业供给侧结构性改革——在中国农业经济学会 2016 年会上的致辞》,《农业经济问题》2016 年第 12 期。

[9] 陈郁:《日本发展“六次产业化”的主要做法与启示》，调查研究报告（国务院发展研究中心），2015 年第 44 号。

[10] 戴孝悌:《产业链视域中的中国农业产业发展研究》，中国社会科学出版社 2015 年版。

[11] [美] D. 盖尔·约翰逊:《经济发展中的农业、农村、农民问

题》，林毅夫、赵耀辉译，商务印书馆 2005 年版。
[12] 丁永健：《面向全球产业价值链的中国制造业升级》，科学出版社 2010 年版。
[13] 杜志雄、肖卫东：《家庭农场发展的实际状态与政策支持：观照国际经验》，《改革》2014 年第 6 期。
[14] 冯晓明：《经济新常态下转变农业发展方式探析》，《农业经济》2016 年第 2 期。
[15] 高布权：《新常态下延安农业发展方式转变的“四大瓶颈”及其化解》，《延安职业技术学院学报》2015 年第 2 期。
[16] 高梦滔、张颖：《小农户更有效率？——八省农村的经验证据》，《统计研究》2006 年第 8 期。
[17] 顾善松：《对国产大豆面临问题的思考》，《管理世界》2006 年第 11 期。
[18] 国家发展改革委宏观经济研究院、国家发展改革委农村经济司课题组：《产业融合：中国农村经济新增长点》，经济科学出版社 2016 年版。
[19] 国务院发展研究中心农村经济研究部：《找准转变农业发展方式的支点》，中国发展出版社 2016 年版。
[20] 韩俊：《新常态下如何加快转变农业发展方式》，《中国发展观察》2015 年第 1 期。
[21] 黄祖辉、陈欣欣：《农户粮田规模经营效率：实证分析与若干结论》，《农业经济问题》1998 年第 11 期。
[22] [日] 晖峻众三：《日本农业 150 年（1850—2000）》，胡浩等译，中国农业大学出版社 2011 年。
[23] 姜长云、张立冬：《美国公司农场的发展及启示》，《世界农业》2014 年第 4 期。
[24] 姜长云：《创新驱动视野的农业发展方式转变》，《改革》2015 年第 12 期。
[25] 姜长云：《关于当前农产品价格问题之思考》，《农村经济文稿》2011 年第 3 期。

[26] 姜长云：《关于发展农业生产性服务业的思考》，《农业经济问题》2016 年第 5 期。

[27] 姜长云：《关于构建新型农业经营体系的思考——如何实现中国农业产业链、价值链的转型升级》，《人民论坛·学术前沿》2014 年第 1 期。

[28] 姜长云：《积极防范区域性、群体性农民减收的风险》，《新视野》2013 年第 1 期。

[29] 姜长云：《加快农业发展方式转变对依靠科技创新驱动的新要求》，《农业经济与管理》2016 年第 1 期。

[30] 姜长云：《农户分化对粮食生产和种植行为选择的影响及政策思考》，《理论探讨》2015 年第 1 期。

[31] 姜长云：《推进农村一二三产业融合发展新题应有新解法》，《中国发展观察》2015 年第 2 期。

[32] 姜长云：《完善农村一二三产业融合发展的利益联结机制要拓宽视野》，《中国发展观察》2016 年第 2 期。

[33] 姜长云：《以推进农业供给侧结构性改革为主线是新牌好牌》，《中国发展观察》2017 年第 4 期。

[34] 姜长云：《中国农民增收现状及其中长期影响因素》，《经济与管理研究》2013 年第 4 期。

[35] 姜长云：《中国农业发展的问题、趋势与加快农业发展方式转变的方向》，《江淮论坛》2015 年第 5 期。

[36] 姜长云：《中国服务业：发展与转型》，陕西经济出版社 2012 年版。

[37] 姜长云：《转型发展：中国“三农”新主题》，安徽人民出版社 2011 年版。

[38] 姜长云：《转型中国：农业 农村 农民》，安徽人民出版社 2012 年版。

[39] 姜长云等：《农机服务组织发展的新情况、新问题及对策建议》，《全球化》2014 年第 12 期。

[40] 课题组：《当前农产品贸易形势的几点认识》，《农村经济文稿》

2015 年第 3 期。

[41] 李波、洪涛：《供应链管理（SCM）教程》，电子工业出版社 2006 年版。

[42] [荷兰] L. 道欧、J. 鲍雅朴：《荷兰农业的勃兴——农业发展的背景和前景》，中国农业科学技术出版社 2003 年版。

[43] 李谷成等：《小农户真的更加具有效率吗？来自湖北省的经验证据》，《经济学（季刊）》2009 年第 1 期。

[44] 李国祥：《如何寻求农业发展方式转变新突破》，《经济研究参考》2015 年第 36 期。

[45] 李铜山：《加快农业发展方式转变的路径及重点》，《中州学刊》2014 年第 12 期。

[46] 李一平：《农业生产性服务业发展的难点与对策》，《中国乡村发现网》2013 年 4 月 26 日。

[47] 廖洪乐：《农户兼业及其对农地承包经营权流转的影响》，《管理世界》2012 年第 5 期。

[48] 林本喜、邓衡山：《农业劳动力老龄化对土地利用效率影响的实证分析——基于浙江省农村固定观察点数据》，《中国农村经济》2012 年第 4 期。

[49] 林万龙：《经营主体、经营方式与我国现代农业发展》，《农业经济与管理》2016 年第 1 期。

[50] 凌红：《低碳经济背景下转变农业发展方式研究——以广东省为例》，《中国农业资源与区划》2016 年第 9 期。

[51] 刘凤芹：《农业土地规模经营的条件与效果研究：以东北农村为例》，《管理世界》2006 年第 9 期。

[52] 刘丽伟、高中理：《国内外农业经济发展方式转变动力结构优化之语境及路径分析》，《世界农业》2014 年第 12 期。

[53] 刘丽伟：《荷兰：创意农业发展迅速，产业链完整发达》，《经济日报》2011 年 8 月 14 日。

[54] 刘世锦等：《由数量追赶到质量追赶》，中信出版集团 2016 年版。

[55] 刘志荣、姜长云：《转变农业发展方式的路径、实现机制与实践模式综述》，《经济研究参考》2012 年第 66 期。

[56] 罗丹等：《种粮效益：差异化特征与政策意蕴——基于 3400 个种粮户的调查》，《管理世界》2013 年第 7 期。

[57] [美] 迈克尔·波特：《国家竞争优势》，李明轩、邱如美译，华夏出版社 2002 年版。

[58] [美] 迈克尔·波特：《竞争优势》，陈小悦译，华夏出版社 1997 年版。

[59] 蒙丹：《全球价值链驱动机制演变趋势及启示》，《发展研究》2011 年第 2 期。

[60] 马雷、张洪程：《韩国稻米政策与标准研究》，《粮食与饲料工业》2005 年第 3 期。

[61] 倪洪兴：《WTO 规则下国内外农业产业保护对比研究》，《农业贸易研究》2010 年第 10 期。

[62] 倪洪兴：《农业贸易政策选择应注意的六大误区》，《农业经济问题》2008 年第 6 期。

[63] 倪洪兴：《统筹两个市场关键要确保进口适度适当可靠》，《中国农业新闻网》（www. farmer. com. cn）2016 年 2 月 27 日。

[64] 倪洪兴等：《开放条件下农产品价格形成机制与价格政策选择》，《农村经济文稿》2016 年第 7 期。

[65] 彭超：《中国农业补贴政策的影响研究：宏观效果与微观行为》，中国农业出版社 2013 年版。

[66] [俄] 恰亚诺夫：《农民经济组织》，萧正洪译，中央编译出版社 1996 年版。

[67] 钱克明、彭廷军：《我国农户粮食生产适度规模的经济学分析》，《农业经济问题》2014 年第 3 期。

[68] [意] 乔瓦尼·费德里科：《养活世界——农业经济史 1800—2000》，何秀荣译，中国农业大学出版社 2011 年版。

[69] [日] 山下一仁：《日本在提高农业和农村收入方面的相关立法和政策》，国家发改委法规司、国际司与日本财团法人国际民

商事法中心、法务省法务综合研究所联合召开的“第十九届中日民商事法研讨会”会议材料，2015 年 1 月 13 日，北京。

[70] 上海市经济和信息化委员会、上海科学技术情报研究所：《2013 世界服务业重点行业发展动态》，上海科学技术出版社 2013 年版。

[71] 沈坤荣：《供给侧改革重心：提升全要素生产率》，《中国社会科学报》2016 年 7 月 27 日。

[72] [日] 速水佑次郎、拉坦：《农业发展的国际分析》，郭熙保译，中国社会科学出版社 2000 年版。

[73] [日] 速水佑次郎、神门久善：《农业经济论》，沈金虎、周应恒等译，中国农业出版社 2003 年版。

[74] 孙长学、吴冠男：《转变农业发展方式的制度创新之路》，《人民论坛 · 学术前沿》2014 年第 21 期。

[75] 檀学文、杜志雄：《食品短链、生态农场与农业永续》，《改革》2015 年第 5 期。

[76] 王建军等：《不同土地规模农户经营行为及其经济效益的比较研究——以长江流域稻农调查数据为例》，《调研世界》2012 年第 5 期。

[77] 卫新等：《浙江省农户土地规模经营实证分析》，《中国农村经济》2003 年第 10 期。

[78] 魏志甫：《农业型工业化：促进我国农业发展方式转变和经济发展的新途径、新亮点》，《财政研究》2015 年第 7 期。

[79] [美] 西奥多 · W. 舒尔茨：《报酬递增的源泉》，李海明、赵波译，中国人民大学出版社 2016 年版。

[80] [美] 西奥多 · W. 舒尔茨：《改造传统农业》，梁小民译，商务印书馆 2013 年版。

[81] 夏永祥：《农业效率与土地经营规模》，《农业经济问题》2002 年第 7 期。

[82] 肖晓红：《中国农业产业链培育论》，科学出版社 2012 年版。

[83] 谢培秀：《新常态下我国转变农业发展方式的思考》，《中州学

刊》2016 年第 1 期。

[84] 徐晖、李鸥:《日本农业新政的主要内容及启示》,《世界农业》2014 年第 9 期。

[85] 徐琪:《供应链管理:理论与实验》,上海人民出版社 2008 年版。

[86] 许庆等:《规模经济、规模报酬与农业适度规模经营——基于我国粮食生产的实证研究》,《经济研究》2011 年第 3 期。

[87] 闫石等:《依靠改革创新推进农业发展方式转变和结构调整》,《农业部管理干部学院学报》2015 年第 3 期。

[88] 杨建利、邢娇阳:《我国农业供给侧结构性改革研究》,《农业现代化研究》2016 年第 4 期。

[89] 杨秀平等:《低食物自给率下日本朝野的不安全感与应对措施》,《中国软科学》2009 年第 8 期。

[90] 叶兴庆:《演进轨迹、困境摆脱与转变我国农业发展方式的政策选择》,《改革》2016 年第 6 期。

[91] 叶兴庆:《以问题为导向推进农业结构性改革》,《农民日报》2016 年 4 月 24 日。

[92] 易富贤:《从单独二孩实践看生育意愿和人口政策 2015—2080 年中国人口形势展望》,《中国发展观察》2014 年第 12 期。

[93] 易小燕等:《基于生态资源优势转变农业发展方式的湖州经验与借鉴》,《环境与可持续发展》2016 年第 5 期。

[94] 苑鹏、张瑞娟:《新型农业经营体系建设的进展、模式及建议》,《江西社会科学》2016 年第 10 期。

[95] 张春舒:《转变农业发展方式研究观点综述》,《经济纵横》2011 年第 3 期。

[96] 张合成:《应用紧平衡理念调控农产品市场》,《经济日报》2015 年 4 月 29 日。

[97] 张辉等:《全球价值链下北京产业升级研究》,北京大学出版社 2007 年版。

[98] 张军:《农业发展的第三次浪潮》,《中国农村经济》2015 年第

5 期。

[99] 张士云等：《美国和日本农业规模化经营进程分析及启示》，《农业经济问题》2014 年第 1 期。

[100] Alain de Janvry et al. (2015) 'Delinking land rights from land use: certification and migration in mexico', *American Economic Review*, 105 (10): 3125 - 3149.

[101] Allen, D. W., Lueck. D. (1998) 'Nature of the farm', *Journal of Law and Economics*, 41 (2): 363 - 369.

[102] Alston Julian, M. (2010) '*The incidence of US farm programs*, New York: The Economic Impact of Public Support to Agriculture.

[103] Assun cao, J. J., Ghatak M. (2003) 'Can unobserved heterogeneity in farmer ability explain the inverse relationship between farm size and productivity?', *Economics Letters*, 80: 189 - 194.

[104] Bathfield, B. et al. (2016) 'Understanding the long-term strategies of vulnerable small-scale farmers dealing with markets' uncertainty', *The Geographical Journal*, 182 (2): 165 - 177.

[105] Dan, B. et al. (2017) 'Best practices for integrating the romanian small farmers into the agri-food chain', *Amfiteatru Economic Journal*, 19 (44): 315 - 326.

[106] Banasik, A. et al. (2017) 'Closing loops in agricultural supply chains using multi-objective optimization: a case study of an industrial mushroom supply chain', *International Journal of Production Economics*, 183: 409 - 420.

[107] Barbier, E. B., Burgess, J. C. (1997) 'The economics of tropical forest land use options', *Land Econ*, 73 (2): 174 - 195.

[108] Bardhan, P. K. (1973) 'Size, productivity and returns to scale: an analysis of farm-level data in Indian agriculture', *Journal of Political Economy*, 81 (6): 1370 - 1386.

[109] Barrett E. Kirwan and Michael J., Roberts. (2016) 'Who really benefits from agricultural subsidies? evidence from field-level da-

ta', *American Journal of Agricultural Economics*, 98 (4): 1095 - 1113.

[110] Barrett E., Kirwan. (2009) 'The incidence of U. S. agricultural subsidies on farmland rental rates', *Journal of Political Economy*, 117 (1): 138 - 164.

[111] Belton B, Padiyar A, Ravibabu G., Rao, KG. (2017) 'Boom and bust in Andhra Pradesh: development and transformation in India's domestic aquaculture value chain', *Aquaculture*, 470: 196 - 206.

[112] Berry, R. A., W. R. Cline. (1979) *Agrarian structure and productivity in developing countries*, Baltimore: Johns Hopkins University Press.

[113] Bhalla, S S., P Roy. (1988) 'Mis-specification in farm productivity analysis: the role of land quality', *Oxford Economic Papers*, 40 (1): 55 - 73.

[114] Bhaskar A., Beghin J. C. (2009) 'How coupled are decoupled farm payments?: a review of the evidence', *Journal of Agricultural and Resource Economics*, 34 (1): 130 - 153.

[115] Bingswanger, Hans P., Vernon W. Ruttan. (1978) *Induced innovation: technology, institutions and development*, Baltimore: Johns Hopkins University Press.

[116] Chand Ramesh, P. A Lakshmi Prasanna, Aruna Singh. (2011) 'Farm size and productivity: understanding the strengths of small holders and improving their livelihoods', *Economic & Political Weekly*, 46 (26): 5 - 11.

[117] De Oliveira, ALR, Alvim, AM. (2017) 'The supply chain of Brazilian maize and soybeans: the effects of segregation on logistics and competitiveness', *International Food and Agribusiness Management Review*, 20 (1): 45 - 61.

[118] Deolalikar, Anil B. (1981) 'The inverse relationship between

productivity and farm size: a test using regional data from India', *American Journal of Agricultural Economics*, 63 (2): 275 – 279.

[119] DW Jorgenson. (1967) 'Surplus agricultural labour and the development of a dual economy', *Oxford Economic Papers*, 19 (3): 288 – 312.

[120] DW Jorgenson. (1961) 'The development of a dual economy', *Economic Journal*, 71 (282): 309 – 334.

[121] Eastwood R. (2009) 'Chapter 65 farm size', *Handbook of Agricultural Economics*, (09): 3323 – 3397.

[122] Eastwood R, Lipton M, Newell A T. (2010) *Farm size*, Elsevier.

[123] Emerick, K. et al. (2016) '*Technological innovations, downside risk, and the modernization of agriculture*', *American Economic Review*, 106 (6): 1537 – 1561.

[124] FAO. (2009) *The state of food and agriculture: livestock in the balance*, Rome.

[125] Feder, G. et al. (1992) 'The determinants of farm investment and residential construction in postreform China', *Econ. Dev. Cultur. Change*, 41 (1): 1 – 26.

[126] Feder G. (1985) 'The relation between farm size and farm productivity, the role of family labor, supervision and credit constraints', *Journal of Development Economics*, 18 (2 – 3): 297 – 313.

[127] Flanigan S, Sutherland, LA. (2016) 'Buying access to social capital? from collaboration to service provision in an agricultural co-operative', *Sociologia Ruralis*, 56 (4): 471 – 490.

[128] G Ranis, JCH Fei. (1961) 'A theory of economic development', *American Economic Review*, 51 (4): 533 – 565.

[129] Gaiha, R. et al. (2009) *Fiscal stimulus, agricultural growth and poverty in Asia and the Pacific Region: evidence from panel data*, E-

conomics Discussion Paper, University of Manchester, No. EDP - 0919.

[130] Garcia, P., Sonka, S. T., Yoo, M. S. (1982) 'Farm size, tenure and economic efficiency in a sample of Illinois grain farms', *American Journal of Agriculture Association*, 64 (1): 119 - 123.

[131] Ghezavati, VR. et al. (2017) 'A Benders´decomposition algorithm for optimizing distribution of perishable products considering postharvest biological behavior in agri-food supply chain: a case study of tomato', *Central European Journal of Operations Research*, 25 (1): 29 - 54.

[132] Frederick, H. (2011) *Demand for food quantity and quality in China*, http://papers.ssrn.com/sol3/papers.cfm?abstract_id = 1739091.

[133] Hayami, Yujiro, Vernon W. Ruttan. (1971) *Agricultural development: an international perspective*, Baltimore: The Johns Hopkins University Press.

[134] Hazell, P. (2007) 'Transformations in agriculture and their implications for rural development', *Electronic Journal of Agricultural and Development Economics*, 4 (1): 47 - 65.

[135] Hicks, John R. (1932) *The theory of wages*, London: Macmillan.

[136] Hooks T, Macken-Walsh A, McCarthy O, Power C. (2017) 'The impact of a values-based supply chain (VBSC) on farm-level viability, sustainability and resilience: case study evidence', *Sustainability*, 9 (2): 1 - 19.

[137] Humphrey J. (2016) 'Policy implications of trends in agribusiness value chains', *The European Journal of Development Research*, 18 (4): 572 - 592.

[138] Hvitsand C. (2016) 'Community supported agriculture (CSA) as a transformational act-distinct values and multiple motivations among

farmers and consumers', *Agroecology & Sustainable Food Systems*, 40 (4): 333 - 351.

[139] JBA Oduol, et al. (2005) 'The effect of farm size on agricultural intensification and resource allocation decisions: evidence from smallholder farms in Embu District, Kenya', *Journal of the Faculty of Agriculture Kyushu University*, 50 (2): 727 - 742.

[140] Jouzi, Z. et al. (2017) 'Organic farming and small-scale farmers: main opportunities and challenges', *Ecological Economics*, 132: 144 - 154.

[141] Ju Munsol, Osako Masahiro, Harashina Sachihiko. (2017) 'Food loss rate in food supply chain using material flow analysis', *Waste Management (New York, N. Y.)*, 61: 443 - 454.

[142] Jules N. Pretty. (1977) 'Sustainable agriculture, people and the resources base, impacts on food production', 「 *Forum for Development Studies*, 24 (1): 7 - 23.

[143] Khan, M. Hasan. (1977) 'Land productivity, farm size and returns to scale in Pakistan agriculture', *World Development*, 5 (4): 317 - 323.

[144] Kinsella, J., et al. (2000) 'Pluriactivity as a livelihood strategy in Irish farm households and its role in rural development', *Sociologia Ruralis*, 40 (4): 481 - 496.

[145] Kolackova G, Krejci I, Ticha I. (2017) 'Dynamics of the small farmers´ behaviour-scenario simulations', *Agricultural Economics-Zemedelska Ekonomika*, 63 (3): 103 - 120.

[146] Long TB, Blok V, Poldner K. (2017) 'Business models for maximising the diffusion of technological innovations for climate-smart agriculture', *International Food and Agribusiness Management Review*, 20 (1): 5 - 23.

[147] Luqman M, Shahbaz B, Ali T. (2016) '*I*mpact of agricultural services provided by non-state actors on rural livelihoods: a case of

district Mansehra, Khyber Pukhtunkhwa, Pakistan', *Pakistan Journal of Agricultural Sciences*, 53 (3): 743 – 750.

[148] MacDonald, J. M. and McBride, W. D. (2009) *The transformation of U. S. livestock agriculture: scale, efficiency, and risks*, USDA Electronic Information Bulletin.

[149] McCullough, E. B. et al. (2008) *Small farmers and the transformation of food systems: an overview*, Earthscan, London, UK.

[150] Mehmann J, Teuteberg F. (2016) 'The fourth-party logistics service provider approach to support sustainable development goals in transportation-a case study of the German agricultural bulk logistics sector', *Journal of Cleaner Production*, 126: 382 – 393.

[151] Mellor, John. (1976) T*he new economics of growth: a styategy for India and the developing world*, Ithaca, N. Y.: Cornell University Press.

[152] Minot, N., et al. (2003) *Income diversification and poverty in the northern uplands of Vietnam*, Report Prepared for the Japan Bank for International Cooperation, Hanoi, Vietnam.

[153] Roling, N. G. & M. A. E. Wagemakers (1998) *Facilitating sustainable agriculture: participatory learning and adaptive management in times of environmental uncertainty*, UK: Cambridge, .

[154] Narasimhan R, Swink M, Viswanathan S. (2010) 'On decisions for integration implementation: an examination of complementarities between product process technology integration and supply chain integration: Narasimhan, Swink, and Viswanathan', *Decision Sciences*, 41 (2): 355 – 372.

[155] Nathan P. Hendricks, Aaron Smith, and Daniel A. (2014) 'Sumner. crop supply dynamics and the illusion of partial adjustment', *American Journal of Agricultural Economics*, 96 (5): 1469 – 1491.

[156] OECD/FAO (2011) *Agricultural outlook* 2011 – 2020, *OECD pub-*

lishing and FAO, http: //dx. doi. org/10. 1787/agr _ outlook - 2011 - en, (accessed 5 May 2017) .

[157] Pingali P. and G. Traxler. (2002) ' Changing locus of agricultural research: will the poor benefit from biotechnology and privatization trends', *Food Policy*, 2 (3): 223 - 238.

[158] Vignola, R. et al. (2015) ' Ecosystem-based adaptation for small-holder farmers: Definitions, opportunities and constraints', *Agriculture Ecosystems & Environment*, 211: 126 - 132.

[159] Ramos-Sandoval R, Garcia-Alvarez-Coque JM, Mas-Verdu F. (2016) ' Innovation behaviour and the use of research and extension services in small-scale agricultural holdings', *Spanish Journal of Agricultural Research*, 14 (4) .

[160] Reardon, et al. (2009) ' Agri-food industry transformation and small farmers in developing countries', *World Development*, 37 (11) . 1717 - 1727.

[161] Robert W. Herdt. (2012) ' People, institutions, and technology: a personal view of the role of foundations in international agricultural research and development 1960 - 2010', *Food Policy*, 37 (2): 179 - 190.

[162] Roberts, Michael J. , Barrett Kirwan, Jeffery Hopkins. (2003) ' The Incidence of government program payments on agricultural land rents: the challenges of identification', *American Journal of Agricultural Economics*, 85 (3): 762 - 769.

[163] Rodrik Dani. (2006) *Industrial development: stylized facts and policies*, Harvard University: John F. Kennedy School of Government.

[164] Rosenzweig, M. R. , H. P. Binswanger. (1993) ' Wealth, weather risk and the composition and profit ability of agricultural investments', *Economic Journal*, (103): 56 - 78.

[165] Rueda X, Garrett RD, Lambin EF. (2017) ' Corporate investments in supply chain sustainability: selecting instruments in the agri-food

industry', *Journal of Cleaner Production*, 142: 2480 – 2492.

[166] Sansi Yang and Richard Shumwa. (2016) 'Dynamic adjustment in US agriculture under climate change', *American Journal of Agricultural Economics*, 98 (3): 910 – 924.

[167] Sen A K. (1962) 'An aspect of Indian agriculture', *Economic Weekly*, (2): 243 – 246.

[168] Sharma VK, Chandna P, Bhardwaj A. (2017) 'Green supply chain management related performance indicators in agro industry: a review', *Journal of Cleaner Production*, 142: 1194 – 1208.

[169] Shashi, Singh R, Shabani A. (2017) 'Value-adding practices in food supply chain: evidence from Indian food industry', *Agribusiness*, 33 (1): 116 – 130.

[170] Swinnen J F M, Maertens M. (2006) 'Globalization, privatization, and vertical coordination in food value chains in developing and transition countries', *Agricultural Economics*, 37 (s1): 89 – 102.

[171] Vries W M. (1995) *Studies van landbouw en platteland* [*M*] // *Pluri-activiteit in de Nederlandse landbouw*, Wageningen: Landbouw universiteit Wageningen.

[172] Wan, GH., Cheng, E. (2001) 'Effects of land frag-mentation and returns to scale in the Chinese farming sector', *Journal of Applied Economics*, 33 (2): 183 – 194.

[173] Weber J. G., Key N. (2012) 'How much do decoupled payments affect production? an instrumental variable approach with panel data', *American Journal of Agricultural Economics*, 94 (1): 52 – 66.

后　　记

近年来，中国农业发展方式转变如火如荼，精彩纷呈。但由于发展阶段、发展环境和主要矛盾的变化，中国农业发展仍然面临农业供求结构失衡、要素配置不当、资源环境压力加大、农民持续增收乏力等问题的困扰，增加产量与优化品质、成本增加与提价艰难、库存高企与销售不畅、小生产与大市场、农产品国内外价格倒挂等矛盾亟待化解。这说明，加快农业发展方式转变的进展，与新阶段促进“农业强、农村美、农民富”的要求，仍然存在很大差距。加快农业发展方式转变，仍是当前解决“三农”问题的“必修课”。

近年来，国内关于加快转变农业发展方式的研究较多。但从产业链、供应链、价值链视角进行的研究相对不足，却是一个突出问题。从加快转变农业发展方式的需求来看，把产业链、供应链、价值链等现代产业发展理念和组织方式引入农业，促进农业延伸产业链、打造供应链、提升价值链，恰恰是新阶段加快转变农业发展方式的时代要求。2012 年我在申请国家社会科学基金重大项目时，正是基于这一原因，申请了“产业链视角下的加快转变农业发展方式研究”这一课题。国家社科规划办反馈了立项评审专家组对本项目的改进意见：第一，充实农业发展方式转变的基本理论和问题的研究，包括内涵、外延、影响因素和转变途径等；第二，建议由单一视角扩展为多视角研究；第三，加强国际比较和典型案例研究。因此，在本项目研究中，注意将产业链、供应链、价值链等视角与其他视角结合起来，力求用多维视角深入研究加快转变农业发展方式问题。

本书汇集了我主持并作为首席专家的国家社会科学基金重大项

目“产业链视角下的加快转变农业发展方式研究”（项目批准号12&ZD056）的部分研究成果。本项目自2012年8月获批准立项以来，注意突出问题导向，坚持立足当前、着眼长远和理论联系实际，注意发现苗头性、倾向性、潜在性问题，努力体现战略性、全局性、前瞻性和现实针对性，提升研究成果的创新价值和决策参考意义。到2017年4月，该项目共在学术杂志发表文章和研究报告43篇，其中被《新华文摘》转载1篇，被中国人民大学复印报刊资料转载5篇以上。我受邀参加《关于推进农村一二三产业融合发展的指导意见》（国办发〔2015〕93号）的起草工作，多次应邀为国家发改委、农业部的相关工作培训会议做专题培训报告，为学术单位做专题学术报告。我作为项目首席专家提交的两篇报告被国家社科规划办《成果要报》《国家高端智库报告》采用，其中一篇获国务院副总理汪洋肯定性批示。我还有两篇稿件获时任中央农村工作领导小组副组长、办公室主任陈锡文肯定性批示，并被农业部软科学委员会《决策参考》采纳。我的《澄清认识，推进农业供给侧结构性改革》一文获时任国家发改委主任徐绍史批示。课题组还有其他5篇报告通过国务院研究室、中国社科院等部委内部上报。

本项目在研究过程中，得到全国哲学社会科学规划办和中央党校科研部的大力支持和帮助。特别是全国哲学社会科学规划办陈俊乾处长、李朝晖处长对本项目相关《成果要报》上报件多次提供了专业、优质的指导。中央党校科研部，特别是规划处高彦斌处长对本项目研究从立项到结项全程的贴心关心与帮助，大幅增加了首席专家做好本项目的动力。

本项目申请书的设计和立项答辩、部分课题研究，得到中国社会科学院财经战略研究院党委书记、时任农村发展研究所副所长杜志雄研究员的热心参与和讨论。本项目在研究过程中，先后得到中共中央政策研究室潘盛洲副主任、中国社会科学院学部委员张晓山研究员、国家发改委宏观经济研究院原副院长马晓河研究员、农业部经管司张红宇司长、国务院发展研究中心农村经济研究部叶兴庆研究员、中国农业大学副校长辛贤教授、中国农业大学图书馆馆长何秀荣教授、武汉大学经济管理学院博士生导师简新华教授、中国农业科学院农业经济与发展研究所原所长秦富研究员和蒋和平教授、中央财经领导小组办公室副局长罗丹博士、中国农业大学经济管理学院张正河教授、农业部农村经济研究中心王忠海副主任、中国社会科学院农村发展研究所崔红志研究员提供的不同形式的关心和支持。本课题项目在调研过程中，还得到有关地方领导的大力协助。

课题组成员中国农业大学教务处处长、博士生导师林万龙教授，国家发改委经济体制与管理研究所研究室主任孙长学研究员，中国社会科学院农村发展研究所胡冰川副研究员，中国农业大学经济管理学院博士生导师张利琴教授，国家发改委经济体制与管理研究所研究室主任张林山副研究员和广东金融学院副教授刘志荣博士，北京市发改委经济社会发展研究所副研究员张晓敏博士，江苏省社会科学院农村发展研究所刘明轩博士，四川大学博士后董欢博士，国务院扶贫办国际合作中心副处长赵佳博士，中国农业大学经济管理学院博士生芦千文，南京农业大学经济管理学院博士生李显戈和江苏省社会科学院农村发展研究所副所长、副研究员张立冬博士等热心参与本项目研究，为本项目的完成增色不少。因篇幅所限，也考虑本书的系统性，课题组成员的部分成果未能收入本书，在此表示歉意。在本项目问卷设计和问卷调查组织、问卷复核过程中，张晓敏、董欢、刘志荣、刘明轩、李显戈认真负责的工作，在本项目结项过程中芦千文等提供的优质服务，也对本项目贡献良多。

本书能以现在这种形式面世，要感谢中国社会科学出版社赵剑英社长，还要特别感谢中国社会科学出版社王茵博士、吕丞编辑，以及责任校对李莉、责任印制王超。他们专业、敬业、周到、优质的编辑工作，让本书增色不少。

谨对以上专家、领导和同事们对本项目研究提供的支持，表示衷心的感谢和敬意！“在外靠朋友”，在本项目研究中提供过支持的专家和朋友还有很多，因为疏忽可能未曾提及，在此表示歉意。好在朋友首先需要记在心里，而非挂在嘴上。

本书主要写作分工如下：姜长云，第一章、第三章、第四章、第五章第三节和第四节、第七章第二节和第三节、第八章、第九章、第十章、第十一章、第十二章。林万龙，第六章、第三章第二节第四部分。芦千文、李乾，第二章。姜长云、杜志雄，第五章第一节和第二节。姜长云、张立冬、李乾、郭志芳，第七章第一节。赵佳，第八章附。全书由我统稿，我的几位在读博士生帮助通读了初稿。

姜长云

2017 年 5 月